大展好書　好書大展
品嘗好書　冠群可期

大展好書　好書大展
品嘗好書　冠群可期

物業管理：1

住宅租賃
法律彙編

柯貴勝　編著

大展出版社有限公司

▌自序▌

　　居住為基本人權，房屋租賃是人民一般生活中常有私法行為，為民事基本內容之一，1804年法國《民法典》（拿破崙法典）第三編「取得財產的各種方法」第八章「租賃」即有房屋租賃條文（第1708～1778條）。第1709條：稱物之租賃，謂當事人約定，一方於一定時間內以物租予他方使用及收益，他方支付租金之契約。第1711條並將物之租賃分為房屋租賃及土地租賃二種。爾後，住宅租賃成為各國民法典必要規範內容。

　　現行民法於民國18年（1929年）制定，有關房屋租賃詳見第二編「債」第二章「各種之債」第五節「租賃」第421～462-1條（88年4月21日修正）。第421條：稱租賃者，謂當事人約定，一方以物租與他方使用、收益，他方支付租金之契約。前項租金，得以金錢或租賃物之孳息充之。另為補充民法房屋租賃條文之不足，土地法第三編「土地使用」第三章「房屋及基地使用」第94～105條，亦有相關規定。

　　為維護人民居住權，健全租賃住宅市場，保障租賃當事人權益，發展租賃住宅服務業，政府於106年12月27日制定「租賃住宅市場發展及管理條例」，107年6月27日施行。共計5章46條文；主要內容有二；「健全住宅租賃關係」及「租賃住宅服務業」。

　　本書適用房地產、地政、土地管理、不動產經營之大專院校學生及從業人員使用，也可使一般房東、房客明確租賃雙方權利義務，避免租屋糾紛，特於住宅專法及子法、契約範本全部發佈施行之際，特編纂本書，尚祈宏達先進不吝指正是幸。

柯貴勝

2019年10月僅識於台中逢甲大學／逢甲大學土地管理系講師
東海大學建築學系講師／台中市租賃住宅房東協會理事長

▌目錄▐

一	租賃住宅市場發展及管理條例（106.12.27）	007
二	租賃住宅市場發展及管理條例施行細則（108.2.18）	025
三	租賃住宅服務業資訊提供辦法（107.7.18）	036
四	租賃住宅管理人員訓練發證及收費辦法（107.7.2）	038
五	租賃住宅服務業許可及登記收費標準（107.6.29）	044
六	租賃住宅服務業營業保證金繳存及退還辦法（107.6.27）	045
七	租賃住宅服務業營業保證基金管理委員會組織及基金管理辦法（107.6.14）	049
八	住宅租賃事務輔導及獎勵辦法（107.7.31）	055
九	租賃住宅團體獎勵辦法（107.7.31）	057
十	「租賃住宅服務商業」團體業別及業務範圍（107.6.15）	059
十一	房屋租賃契約書範本（105.6.23）	062
十二	房屋租賃定型化契約應記載及不得記載事項（106.1.1生效）	080
十三	住宅租賃契約書範本（107.6.27）	090
十四	住宅租賃契約應約定及不得約定事項（107.6.27生效）	116
十五	租賃住宅委託管理契約書範本（出租人為企業經營者適用）（108.9.5）	134

十六	租賃住宅委託管理契約書範本（出租人為非企業經營者適用）（108.9.5）	154
十七	租賃住宅委託管理定型化契約應記載及不得記載事項（108.12.1生效）	175
十八	住宅轉租契約書範本（108.2.23）	199
十九	住宅轉租定型化契約應記載及不得記載事項（108.6.1生效）	226
二十	住宅包租契約書範本（108.2.23）	245
二十一	住宅包租契約應約定及不得約定事項（108.6.1生效）	273
二十二	租賃糾紛存證信函範本（108.10.15）	293
二十三	租屋服務事業認定及獎勵辦法（106.6.22）	296
二十四	非租賃住宅服務業而經營租賃住宅代管業務或包租業務者之營業行為認定參考（109.2.25）	299
二十五	租賃住宅服務業業務檢查及非法經營包租代管業務查處注意事項（109.1.30）	301
二十六	租賃住宅相關解釋令	311
二十七	民法（租賃）節錄（108.6.19）	343
二十八	土地法（租賃）節錄（100.6.15）	351
二十九	住宅法（租賃）節錄（106.1.11）	354
三十	第二期租屋服務事業辦理承租民間住宅並轉租或媒合承出租及其他服務注意事項（108.4.18）	357
三十一	高普考不動產租賃題目	365
三十二	租賃住宅管理人員資格測驗題庫租賃住宅市場發展及管理條例相關法規（108.2.1）	377

租賃住宅市場發展及管理條例

106.12.27總統華總一義字第10600154651號制定
並自公布後六個月（107.6.27）施行

第一章 總 則

第 一 條　為維護人民居住權，健全租賃住宅市場，保障租賃當事人
　　　　　權益，發展租賃住宅服務業，特制定本條例。

第 二 條　本條例所稱主管機關：在中央為內政部；在直轄市為直轄
　　　　　市政府；在縣（市）為縣（市）政府。

第 三 條　本條例用詞，定義如下：
　　　　　一、租賃住宅：指以出租供居住使用之建築物。
　　　　　二、住宅租賃契約（以下簡稱租賃契約）：指當事人約定，
　　　　　　　一方以建築物租與他方居住使用，他方支付租金之契
　　　　　　　約。
　　　　　三、租賃住宅服務業：指租賃住宅代管業及租賃住宅包租
　　　　　　　業。
　　　　　四、租賃住宅代管業（以下簡稱代管業）：指受出租人之
　　　　　　　委託，經營租賃住宅管理業務（以下簡稱代管業務）
　　　　　　　之公司。
　　　　　五、租賃住宅包租業（以下簡稱包租業）：指承租租賃住
　　　　　　　宅並轉租，及經營該租賃住宅管理業務（以下簡稱包
　　　　　　　租業務）之公司。
　　　　　六、租賃住宅管理業務：指租賃住宅之屋況與設備點交、

收租與押金管理、日常修繕維護、糾紛協調處理及其他與租賃住宅管理有關之事項。

七、營業處所：指租賃住宅服務業經營代管業務或包租業務之店面或辦公室等固定場所。

八、租賃住宅管理人員：指租賃住宅服務業依本條例規定所置從事代管業務或包租業務之人員。

九、轉租：指承租租賃住宅，以其全部或一部租與他人居住使用，他人支付租金之租賃行為。

十、轉租人：指以其租用之住宅全部或一部租與他人居住者。

十一、次承租人：指支付租金租用他人承租之租賃住宅供居住使用者。

十二、租賃住宅服務當事人：指代管業服務之委託人及承租人，或包租業服務之出租人及次承租人。

十三、押金：指承租人為擔保租賃住宅之損害賠償行為及處理遺留物責任，預為支付之金錢。

第　四　條　租賃住宅有下列情形之一者，不適用本條例規定：

一、供休閒或旅遊為目的。

二、由政府或其設立之專責法人或機構經營管理。

三、由合作社經營管理。

四、租賃期間未達三十日。

第二章　健全住宅租賃關係

第　五　條　租賃契約具消費關係者，適用消費者保護法相關規定；非具消費關係者，其應約定及不得約定事項，由中央主管機關定之。

前項應約定事項，其內容得包括：

一、契約之重要權利義務事項。

二、違反契約之法律效果。

三、契約之終止權及其法律效果。

四、其他與契約履行有關之重要事項。

第一項不得約定事項，其內容得包括：

一、限制或免除租賃當事人之一方義務或責任。

二、限制或剝奪租賃當事人之一方行使權利，及加重其義
務或責任。

三、其他顯失公平事項。

非具消費關係之租賃契約條款，違反第一項應約定及
不得約定事項者，無效；該應約定事項未記載於契約
者，仍構成契約之內容；其為口頭約定者，亦同。

租賃契約條款，一部無效或不構成契約內容之一部，
除去該部分，契約亦可成立者，該契約之其他部分，
仍為有效。但對當事人之一方顯失公平者，該契約全
部無效。

第 六 條 租賃住宅之租金，由出租人與承租人約定，不適用土地法
第九十七條規定。

第 七 條 押金之金額，不得逾二個月之租金總額。

出租人應於租賃契約消滅，承租人返還租賃住宅及清償租
賃契約所生之債務時，返還押金或抵充債務後之賸餘押
金。

第 八 條 出租人應以合於所約定居住使用之租賃住宅，交付承租
人，並應於租賃期間保持其合於居住使用之狀態。

出租人應於簽訂租賃契約前，向承租人說明由出租人負責

修繕項目及範圍，並提供有修繕必要時之聯絡方式。

前項由出租人負責修繕者，如出租人未於承租人所定適當期限內修繕，承租人得自行修繕並請求出租人償還其費用或於約定之租金中扣除。

出租人為修繕租賃住宅所為之必要行為，承租人不得拒絕。

第　九　條　轉租人應經出租人書面同意，始得轉租其租用之住宅全部或一部。

轉租人簽訂轉租契約時，應向次承租人提供前項同意轉租之書面文件，並於轉租契約載明其與出租人之租賃標的範圍、期間及得終止租賃契約之事由。

轉租人應於簽訂轉租契約後三十日內，以書面通知出租人。

第　十　條　租賃期間發生下列情形之一者，出租人得提前終止租賃契約，且承租人不得要求任何賠償：

一、承租人毀損租賃住宅或附屬設備，不為修繕或相當之賠償。

二、承租人遲付租金或費用，達二個月之租額，經催告仍拒繳。

三、承租人未經出租人書面同意，將租賃住宅轉租於他人。

四、出租人為重新建築而必要收回。

五、其他依法律規定得提前終止租賃契約。

出租人依前項規定提前終止租賃契約者，應依下列規定期限，檢附相關事證，以書面通知承租人：

一、依前項第一款至第三款及第五款規定終止者，於終止
前三十日。

二、依前項第四款規定終止者，於終止前三個月。

第十一條　租賃期間發生下列情形之一，致難以繼續居住者，承租人
得提前終止租賃契約，且出租人不得要求任何賠償：

一、因疾病、意外產生有長期療養之需要。

二、租賃住宅未合於居住使用，並有修繕之必要，經承租
人定相當期限催告，而不於期限內修繕。

三、因不可歸責於承租人之事由，致租賃住宅之一部滅
失，且其存餘部分難以繼續居住。

四、因第三人就租賃住宅主張其權利，致承租人不能為約
定之居住使用。

承租人死亡，繼承人得主張終止租賃契約。

承租人依第一項各款或其繼承人依前項提前終止租賃
契約者，應於終止前三十日，檢附相關事證，以書面
通知出租人。

第十二條　租賃契約消滅時，租賃住宅之返還，應由租賃當事人共同
完成屋況及附屬設備之點交。一方未會同點交，經他方定
相當期限催告仍不會同者，視為完成點交。

前項點交後尚有遺留物，除租賃當事人另有約定外，經出
租人定相當期限催告仍不取回時，視為拋棄其所有權，其
所需處理費用，得由押金扣除，不足者，出租人得請求承
租人給付。

第十三條　出租人提供之租賃住宅廣告內容應與事實相符。

受託刊登租賃住宅廣告之媒體經營者明知或可得而知廣告
之租賃住宅面積、屋齡、樓層別及法定用途與事實不符

者，就承租人因信賴該廣告所受之損害與出租人負連帶賠償責任；其損害賠償責任，不得預先約定限制或拋棄。

前項資訊來源得以政府公開資訊、刊登者提供之謄本或建物所有權狀影本查證之。

第一項及第二項廣告主為租賃住宅服務業者，應註明租賃住宅服務業者名稱。

第十四條　主管機關為健全住宅租賃關係，得建立租賃住宅專業服務制度、發展租賃住宅服務產業、研究住宅租賃制度與提供住宅租賃糾紛處理及諮詢。

主管機關得輔導、獎勵其他機關（構）及住宅租賃之相關團體辦理前項事務；其輔導、獎勵之對象、內容、方式及其他相關事項之辦法，由中央主管機關定之。

第一項事務屬住宅法規定之經濟或社會弱勢者，應優先由服務經濟或社會弱勢者之團體辦理。

第十五條　主管機關為保障租賃當事人權益，得輔導成立以出租人或承租人為會員基礎之非營利團體，提供專業諮詢、教育訓練或協助糾紛處理等相關事務。

前項非營利團體，於事務執行範圍內應主動瞭解、詢問當事人有無通譯需求，並視個案需要選任通譯。

非營利團體辦理第一項事務，主管機關得予以獎勵，其獎勵辦法，由中央主管機關定之。

第十六條　住宅租賃爭議，出租人或承租人得向直轄市或縣（市）政府申請調處，並免繳調處費用。

第十七條　個人住宅所有權人將住宅委託代管業或出租予包租業轉租，契約約定供居住使用一年以上者，得依下列規定減徵

租金所得稅：

一、出租期間每屋每月租金收入不超過新臺幣六千元部分，免納綜合所得稅。

二、出租期間每屋每月租金收入超過新臺幣六千元部分，其租金所得必要損耗及費用之減除，住宅所有權人未能提具確實證據者，依下列方式認列：

㈠每屋每月租金收入超過新臺幣六千元至二萬元部分，依該部分租金收入百分之五十三計算。

㈡每屋每月租金收入超過新臺幣二萬元部分，依該部分租金收入按所得稅法相關法令規定之減除標準計算。

前項減徵租金所得稅規定，實施年限為五年；其年限屆期前半年，行政院得視情況延長之，並以一次為限。

第十八條　符合前條規定之租賃住宅，直轄市、縣（市）政府應課徵之地價稅及房屋稅，得予適當減徵。

前項減徵之期限、範圍、基準及程序之自治條例，由直轄市、縣（市）主管機關定之，並報財政部備查。

第一項減徵地價稅及房屋稅規定，實施年限為五年；其年限屆期前半年，行政院得視情況延長之，並以一次為限。

第三章　租賃住宅服務業

第一節　設立登記

第十九條　經營租賃住宅服務業者，應向直轄市、縣（市）主管機關申請許可，並於許可後三個月內辦妥公司登記；屆期未辦

妥公司登記者，由直轄市、縣（市）主管機關廢止其許可。

租賃住宅服務業應於完成公司登記後六個月內繳存營業保證金、置租賃住宅管理人員及加入登記所在地之同業公會，檢附有關證明文件向直轄市、縣（市）主管機關申請租賃住宅服務業登記並領得登記證後，始得營業；屆期未辦妥登記者，由直轄市、縣（市）主管機關廢止其許可，並通知公司登記主管機關廢止其登記。

租賃住宅服務業分設營業處所者，應於繳存營業保證金及置租賃住宅管理人員後，向直轄市、縣（市）主管機關申請分設營業處所登記並領得登記證，始得營業。

前二項營業保證金繳存金額，依租賃住宅服務業營業處所數及經營規模計算。

租賃住宅服務業或其分設營業處所於領得登記證後逾六個月未開始營業或自行停止營業連續六個月以上者，由直轄市、縣（市）主管機關廢止其登記並註銷其登記證。但依法辦理停業登記者，不在此限。

租賃住宅服務業及其分設營業處所之登記均經廢止並註銷其登記證者，由直轄市、縣（市）主管機關廢止其許可，並通知公司登記主管機關廢止其登記。

代管業及包租業組織商業團體，應以租賃住宅服務商業之業別為之，不得依其業務性質分別組織。

第二十條　　有下列情形之一者，不得充任租賃住宅服務業之負責人；已充任者，經直轄市、縣（市）主管機關令租賃住宅服務業限期改正；屆期未改正者，廢止其許可及註銷其登記證，並通知公司登記主管機關廢止其登記：

一、受破產之宣告，尚未復權。

二、使用票據經拒絕往來，尚未期滿。

三、經法院依消費者債務清理條例裁定開始清算程序，尚未復權。

四、無行為能力、限制行為能力，或受監護或輔助宣告，尚未撤銷。

五、曾犯詐欺、背信、侵占、搶奪、強盜、恐嚇及擄人勒贖罪、中華民國刑法第一百七十三條、第一百七十四條、第一百七十六條、第一百七十八條、第一百七十九條、第二百二十六條之一、第二百七十一條至第二百七十六條、第三百三十二條、第三百三十四條、第三百四十八條、性侵害犯罪防治法第二條、兒童及少年性交易防制條例第二十三條至第二十七條、兒童及少年性剝削防制條例第三十二條至第三十七條、組織犯罪防制條例第三條第一項、第六條、第九條、槍砲彈藥刀械管制條例第七條、第八條、第十四條、第十五條所定之罪，經受有期徒刑一年以上刑之宣告確定，尚未執行、執行未畢、執行完畢或赦免後未滿三年。但受緩刑宣告者，不在此限。

六、曾經營租賃住宅服務業，經撤銷或廢止許可，自撤銷或廢止之日起未滿一年。但依第十九條第六項規定廢止許可者，不在此限。

第二十一條　租賃住宅服務業原許可事項變更者，應於變更後三十日內檢附有關證明文件向直轄市、縣（市）主管機關申請變更許可。

租賃住宅服務業或其分設營業處所營業後，原登記事項變更者，除所置租賃住宅管理人員之異動，依第三項規定辦

理外，應於變更後三十日內檢附有關證明文件向直轄市、縣（市）主管機關申請變更登記。

租賃住宅服務業及其分設營業處所營業後，所置租賃住宅管理人員異動者，應於異動之日起三十日內，造具名冊報請直轄市、縣（市）主管機關備查。

第二十二條　租賃住宅服務業應繳存之營業保證金，超過一定金額者，得就超過部分以金融機構提供保證函擔保之。

第十九條第二項及第三項營業保證金，由中華民國租賃住宅服務商業同業公會全國聯合會（以下簡稱全國聯合會）於金融機構設置營業保證基金專戶儲存，並組成管理委員會負責保管；基金之孳息部分，僅得運用於健全租賃住宅服務業經營管理制度。

前項基金管理委員會委員，由租賃住宅服務業擔任者，其人數不得超過委員總數之五分之二。基金管理委員會之組織、基金管理及運用辦法，由中央主管機關定之。

第二項營業保證金，除有第三十一條第四項規定之情形外，不得動支。

租賃住宅服務業繳存之營業保證金低於第二十四條第三項辦法規定之額度時，全國聯合會應通知租賃住宅服務業者於一個月內補足；屆期未補足者，全國聯合會應通知直轄市、縣（市）主管機關依第三十七條第三款規定處罰。

第二十三條　營業保證基金獨立於租賃住宅服務業及其受僱人之外，除第三十一條第四項規定之情形外，不因租賃住宅服務業或其受僱人之債權債務關係而為讓與、扣押、抵銷或設定負擔。

租賃住宅服務業因合併或變更組織型態時，其所繳存之營業保證金應隨之移轉。

第二十四條　租賃住宅服務業無被害人依第三十一條第四項規定請求代為賠償案件而有下列情形之一者，得自事實發生日起滿一年之次日起二年內，以書面向全國聯合會請求退還原繳存之營業保證金。但不包括營業保證金之孳息：

一、公司解散。

二、公司變更登記後不再經營租賃住宅服務業。

三、經直轄市、縣（市）主管機關撤銷或廢止許可。

四、經公司登記主管機關撤銷或廢止登記。

租賃住宅服務業因減少營業處所或縮減經營規模，致已繳存之營業保證金逾第三項辦法規定金額且無被害人依第三十一條第四項規定請求代為賠償案件者，得依前項規定之期限及程序請求退還溢繳之營業保證金。

第十九條第二項及第三項繳存營業保證金程序、第四項營業保證金繳存金額與經營規模、第二十二條第一項提供擔保金額及前二項退還營業保證金程序之辦法，由中央主管機關定之。

第二十五條　租賃住宅服務業應僱用具備租賃住宅管理人員資格者從事代管業務及包租業務。

租賃住宅服務業應置專任租賃住宅管理人員至少一人；其分設營業處所者，每一營業處所，應置專任租賃住宅管理人員至少一人。

前項專任租賃住宅管理人員，不得同時受僱於二家以上租賃住宅服務業。

第二節　租賃住宅管理人員

第二十六條　經參加全國聯合會舉辦租賃住宅管理人員資格訓練並測驗合格者，應於取得合格證明之日起一年內向中央主管機關或其指定之機關（構）、團體、學校登錄及領有租賃住宅管理人員證書，始得充任租賃住宅管理人員。

前項證書有效期限為四年，期滿前六個月內，租賃住宅管理人員應檢附其於最近二年內參加全國聯合會舉辦換證訓練並測驗合格之證明文件，向中央主管機關或其指定之機關（構）、團體、學校重新辦理登錄及換證。

前二項訓練、測驗資格、課程內容、時數、收費費額、登錄、發證、換證作業、規費收取及其他應遵行事項之辦法，由中央主管機關定之。

第二十七條　有第二十條第四款、第五款情形之一者，不得充任租賃住宅管理人員。已充任者，由中央主管機關撤銷或廢止其證書及公告，並註銷其登錄。

租賃住宅服務業所屬租賃住宅管理人員有前項所定不得充任之情形者，不得執行代管業務或包租業務。

第三節　業務及責任

第二十八條　代管業應與委託人簽訂委託管理租賃住宅契約書後，始得執行租賃住宅管理業務。

前項代管業不得委託他代管業執行租賃住宅管理業務。

第二十九條　包租業應經出租人同意轉租其租賃住宅並與其簽訂租賃契約書後，始得刊登廣告及執行業務。

包租業與次承租人簽訂租賃契約書時，應提供住宅租賃標的現況確認書及前項經出租人同意轉租之書面文件，並於該契約書載明包租業與出租人之住宅租賃標的範圍、租賃期間及得終止租賃契約之事由。

包租業應於前項契約書籤訂後三十日內，將該契約轉租標的範圍、租賃期間及次承租人資訊以書面通知出租人。

第 三十 條　包租業轉租租賃住宅後，出租人提前終止租賃契約者，包租業除應於知悉終止租賃契約之次日起五日內通知次承租人終止轉租契約，協調返還租賃住宅、執行屋況及附屬設備點交事務、退還預收租金及全部或一部押金外，並應協助次承租人優先承租其他租賃住宅。

前項出租人提前終止租賃契約之情形，於包租業因故停業、解散或他遷不明時，得由出租人通知次承租人。出租人或次承租人得請求所在地同業公會或其全國聯合會協調返還租賃住宅或續租事宜，該同業公會或其全國聯合會不得拒絕。

前二項出租人提前終止租賃契約之情形，因可歸責於包租業之事由，致出租人或次承租人受損害時，適用第三十一條規定。

第三十一條　因可歸責於租賃住宅服務業之事由不能履行契約，致租賃住宅服務當事人受損害時，由該租賃住宅服務業負賠償責任。

租賃住宅服務業因其受僱人執行業務之故意或過失致租賃住宅服務當事人受損害者，該租賃住宅服務業應與其受僱人負連帶賠償責任。

前二項被害人向全國聯合會請求代為賠償時，其所設基金管理委員會應即進行調處。

被害人取得對租賃住宅服務業或其受僱人之執行名義或經基金管理委員會調處決議支付者，得於該租賃住宅服務業繳存營業保證金及提供擔保總額內，向全國聯合會請求代為賠償；經代為賠償後，即應依第二十二條第五項規定，通知租賃住宅服務業限期補繳。

第三十二條　下列文件應由租賃住宅服務業指派專任租賃住宅管理人員簽章：

一、委託管理租賃住宅契約書。

二、租賃契約書。

三、住宅租賃標的現況確認書。

四、屋況與附屬設備點交證明文件。

五、租金、押金及相關費用收據。

六、退還租金、押金證明。

前項第一款規定，於經營包租業務者不適用之；前項第二款及第三款規定，於經營代管業務者不適用之。

第一項第一款契約書及第二款契約書中之轉租契約書，其定型化契約應記載及不得記載事項，由中央主管機關定之。

第三十三條　租賃住宅服務業應於營業處所明顯之處及其網站，揭示下列文件資訊：

一、登記證。

二、同業公會會員證書。

三、租賃住宅管理人員證書。

四、代管費用收取基準及方式。

前項第四款規定，於經營包租業務者不適用之。

第三十四條　租賃住宅服務業應於每季結束後十五日內，將其受託管理、承租或轉租租賃住宅之相關資訊，提供直轄市、縣（市）主管機關。

前項資訊類別、內容、提供方式及其他應遵行事項之辦法，由中央主管機關定之。

第三十五條　主管機關檢查租賃住宅服務業之業務，租賃住宅服務業不得規避、妨礙或拒絕。

第四章　罰　則

第三十六條　非租賃住宅服務業而經營代管業務或包租業務者，由直轄市、縣（市）主管機關禁止其營業，並處公司負責人、商業負責人、有限合夥負責人或行為人新臺幣四萬元以上二十萬元以下罰鍰，並限期改正；屆期未改正者，按次處罰；情節重大者並得勒令歇業。

第三十七條　租賃住宅服務業有下列情事之一者，由直轄市、縣（市）主管機關處新臺幣一萬元以上五萬元以下罰鍰，並限期改正；屆期未改正者，按次處罰：
一、違反第十三條第一項、第四項規定，廣告內容與事實不符或廣告未註明租賃住宅服務業名稱。
二、違反第十九條第三項規定，分設營業處所未申領登記證即開始營業。
三、違反第二十二條第五項規定，未於期限內補足營業保證金。
四、違反第二十五條第一項規定，僱用未具備租賃住宅管

理人員資格者從事業務。

五、違反第二十八條第一項規定，未簽訂委託管理租賃住宅契約書即執行業務。

六、違反第二十九條第一項規定，未經出租人同意轉租並簽訂租賃契約書即刊登廣告或執行業務。

七、違反第三十五條規定，規避、妨礙或拒絕主管機關檢查業務。

第三十八條　租賃住宅服務業有下列情事之一者，由直轄市、縣（市）主管機關處新臺幣六千元以上三萬元以下罰鍰，並限期改正；屆期未改正者，按次處罰：

一、違反第二十八條第二項規定，委託他代管業執行業務。

二、違反第二十九條第二項規定，與次承租人簽訂租賃契約書時未提供住宅租賃標的現況確認書，或出租人同意轉租之文件，或未於租賃契約書載明其與出租人之住宅租賃標的範圍、租賃期間及得提前終止租賃契約之事由。

三、違反第三十條第一項規定，未於期限內通知次承租人終止轉租契約、無正當理由未協調返還租賃住宅、無正當理由未執行屋況或附屬設備點交事務、未退還預收租金或押金。

四、違反第三十二條第一項規定，未指派專任租賃住宅管理人員簽章。

五、違反第三十四條第一項規定，未於期限內提供相關資訊或提供不實資訊予直轄市、縣（市）主管機關。

第三十九條　租賃住宅服務業有下列情事之一者，由直轄市、縣（市）主管機關限期改正；屆期未改正者，處新臺幣六千元以上

三萬元以下罰鍰：

一、違反第二十一條第一項規定，未於期限內申請變更許可。

二、違反第二十一條第二項規定，未於期限內申請變更登記。

三、違反第二十一條第三項規定，租賃住宅管理人員異動未於期限內報請備查。

四、違反第二十五條第二項規定，未置專任租賃住宅管理人員。

五、違反第二十五條第三項規定，所屬專任租賃住宅管理人員同時受僱於二家以上之租賃住宅服務業。

六、違反第二十九條第三項規定，簽訂租賃契約書後未於期限內將轉租資訊以書面通知出租人。

七、違反第三十三條第一項規定，未於營業處所明顯之處及其網站揭示相關文件資訊。

租賃住宅服務業經依前項規定處罰，並限期改正而屆期未改正者，按次處罰。

第五章　附　則

第四十條　　本條例施行前已經營代管業務或包租業務者，自施行之日起，得繼續營業二年；二年屆滿後未依第十九條規定領有租賃住宅服務業登記證者，不得繼續營業。

違反前項規定繼續營業者，依第三十六條規定處罰。

本條例施行前已訂定之租賃契約或委託管理租賃住宅契約，其租賃或委託管理期間持續至本條例施行之日以後

者，不適用本條例規定。但當事人約定適用本條例規定者，從其約定。

第四十一條　本條例施行前已從事代管業務或包租業務之租賃住宅管理人員，自本條例施行之日起，得繼續執業二年；二年屆滿未領有租賃住宅管理人員證書者，不得繼續執行代管業務或包租業務。

租賃住宅服務業僱用違反前項規定之租賃住宅管理人員，依第三十七條第四款規定處罰。

第四十二條　外國人得依第二十六條規定參加租賃住宅管理人員訓練及測驗。

前項測驗合格並登錄及領有租賃住宅管理人員證書者，得受僱於租賃住宅服務業為租賃住宅管理人員。

外國人在中華民國充任租賃住宅管理人員者，其有關業務上所為之文件及圖說，應以中華民國文字為之。但租賃住宅服務當事人不諳中華民國文字者，得增加其通曉之文字。

第四十三條　全國聯合會成立前，其應辦理之業務，由中央主管機關指定之機關（構）、團體或學校辦理之。

第四十四條　依本條例規定受理申請核發租賃住宅服務業許可及登記證，應收取規費；其收費標準，由中央主管機關定之。

第四十五條　本條例施行細則，由中央主管機關定之。

第四十六條　本條例自公佈後六個月施行。

租賃住宅市場發展及管理條例施行細則

內政部107.5.17內授中辦地字第1071303246號發布
內政部108.2.18內授中辦地字第1080260682號修正第7、8、13、23條

第 一 條　細則依租賃住宅市場發展及管理條例（以下簡稱本條例）
　　　　　第四十五條規定訂定之。

第 二 條　租人依本條例第十條第一項第四款規定提前終止租賃契約
　　　　　者，其應檢附之相關事證，為下列文件之一：

　　　　　一、主管建築機關核發之拆除執照。

　　　　　二、屬建築法第七十八條但書規定得免請領拆除執照之證
　　　　　　　明文件。

第 三 條　租人依本條例第十一條第一項第一款規定提前終止租賃契
　　　　　約者，其應檢附之相關事證，為設立有案醫療機構出具療
　　　　　養時程需六個月以上之診斷證明。

第 四 條　條例第十七條第一項序文所定契約約定供居住使用一年以
　　　　　上之認定基準如下：

　　　　　一、個人住宅所有權人委託租賃住宅代管業管理者：簽訂
　　　　　　　委託管理租賃住宅契約書與租賃契約書約定之委託管
　　　　　　　理及租賃期間均達一年以上。

　　　　　二、個人住宅所有權人出租予租賃住宅包租業者：簽訂租
　　　　　　　賃契約書約定之租賃期間達一年以上。

第 五 條　條例第十七條第一項第一款及第二款所定每屋之認定基準
　　　　　如下：

一、經戶政機關編釘門牌者：每一個別門牌。

二、未經戶政機關編釘門牌者：每一房屋稅籍證明所登載之範圍。

第　六　條　營租賃住宅服務業者，應檢附下列文件，依本條例第十九條第一項規定，向所在地直轄市、縣（市）主管機關申請許可：

一、申請書。

二、負責人身分證明文件影本。

三、公司名稱及所營事業登記預查證明文件影本。

四、其他經中央主管機關規定之文件。

前項第一款申請書，應載明事項如下：

一、租賃住宅服務業名稱。

二、負責人。

三、營業項目。

四、所在地。

五、其他經中央主管機關規定之事項。

第　七　條　賃住宅服務業經許可並辦妥公司登記後，所在地同業公會尚未設立者，應加入鄰近直轄市、縣（市）同業公會。

租賃住宅服務業依前項規定加入鄰近直轄市、縣（市）同業公會者，於所在地同業公會設立時，應即向鄰近直轄市、縣（市）同業公會申請退會，並於退會後一個月內加入所在地同業公會。

租賃住宅服務業遷出原許可之直轄市、縣（市）主管機關管轄區域者，應向原所在地同業公會或已加入之鄰近直轄市、縣（市）同業公會申請退會，並於依第二十條第一項規定重新申請租賃住宅服務業登記前，加入遷入地同業公

會或第一項規定之鄰近直轄市、縣（市）同業公會。但有下列情形之一者，免申請退會及重新加入同業公會：

一、遷入地所在地同業公會與原加入鄰近直轄市、縣（市）同業公會相同。

二、遷入地所在地同業公會尚未設立且鄰近直轄市、縣（市）同業公會與原加入鄰近直轄市、縣（市）同業公會相同。

第 八 條　經營租賃住宅服務業者，應檢附下列文件，依本條例第十九條第二項規定，向所在地直轄市、縣（市）主管機關申請租賃住宅服務業登記：

一、申請書。

二、公司登記證明文件影本。

三、營業保證金繳存證明影本。

四、租賃住宅管理人員名冊及其證書影本。

五、同業公會會員證明影本

六、其他經中央主管機關規定之文件。

前項第一款申請書，應載明事項如下：

一、租賃住宅服務業名稱、統一編號、負責人、營業項目及所在地。

二、經營型態。

三、營業保證金繳存金額。

四、加入同業公會別。

五、其他經中央主管機關規定之事項。
　　直轄市、縣（市）主管機關依第一項規定准予登記者，應核發租賃住宅服務業登記證。

前項租賃住宅服務業登記證，應載明事項如下：

一、租賃住宅服務業名稱、統一編號、所在地、代表公司

之負責人、營業項目及經營型態。

二、核發機關、核發日期及登記證字號。

第　九　條　本條例第十九條第一項及第二項所稱公司登記，於外國租賃住宅服務業申請在中華民國境內經營代管業務或包租業務者，指分公司登記。

第　十　條　租賃住宅服務業分設營業處所者，應檢附下列文件，依本條例第十九條第三項規定，向分設營業處所所在地直轄市、縣（市）主管機關申請分設營業處所登記：

一、申請書。

二、所屬租賃住宅服務業登記證影本。

三、營業保證金繳存證明影本。

四、租賃住宅管理人員名冊及其證書影本。

五、其他經中央主管機關規定之文件。

前項第一款申請書，應載明事項如下：

一、所屬租賃住宅服務業名稱、統一編號、代表公司之負責人、營業項目及經營型態。

二、分設營業處所名稱、所在地及營業保證金繳存金額。

三、其他經中央主管機關規定之事項。

直轄市、縣（市）主管機關依第一項規定准予登記者，應核發分設營業處所登記證。

前項分設營業處所登記證，應載明事項如下：

一、所屬租賃住宅服務業名稱、統一編號、代表公司之負責人、營業項目及經營型態。

二、分設營業處所名稱及所在地。

三、核發機關、核發日期及登記證字號。

租賃住宅服務業之分設營業處所非在該業所在地直轄

市、縣（市）主管機關管轄區域者，分設營業處所所在地直轄市、縣（市）主管機關除依第三項規定核發登記證外，並應將第一項之資料通知該業所在地直轄市、縣（市）主管機關。

第十一條　租賃住宅服務業或其分設營業處所登記證遺失或毀損者，得以書面敘明原因或檢具原登記證，向該業或其分設營業處所所在地直轄市、縣（市）主管機關申請補發或換發。

第十二條　租賃住宅服務業經許可後，下列事項有變更者，應依本條例第二十一條第一項規定，於變更後三十日內，檢附原核發許可及變更證明文件，向所在地直轄市、縣（市）主管機關申請變更許可：

一、租賃住宅服務業名稱。

二、負責人。

三、營業項目。

第十三條　租賃住宅服務業經登記後，下列事項有變更者，除停業、復業、解散及所在地遷移至原登記之直轄市、縣（市）主管機關管轄區域以外，依第十六條、第十七條及第二十條規定辦理外，應依本條例第二十一條第二項規定，於變更後三十日內，檢附變更證明文件，向所在地直轄市、縣（市）主管機關申請租賃住宅服務業變更登記：

一、租賃住宅服務業名稱。

二、統一編號。

三、負責人。

四、營業項目。

五、所在地。

六、經營型態。

七、組織。

八、所屬同業公會或商業會別。

前項第一款、第三款及第四款事項有變更者，租賃住宅服務業應先依前條規定辦妥變更許可，始得依前項規定申請變更登記。

直轄市、縣（市）主管機關依第一項規定准予變更登記者，應依下列規定辦理：

一、第一項第一款、第二款、第五款或第六款事項變更：應換發租賃住宅服務業登記證。

二、第一項第三款事項涉及代表公司之負責人變更：應換發租賃住宅服務業登記證。

三、第一項第四款事項變更：變更後仍經營租賃住宅服務業者，應換發租賃住宅服務業登記證；變更後已無經營租賃住宅服務業者，應廢止原登記及註銷原核發登記證。

第十四條　租賃住宅服務業分設營業處所經登記後，下列事項有變更者，除所在地遷移至原登記之直轄市、縣（市）主管機關管轄區域以外、停業、復業及裁撤，依第十五條、第十六條及第十八條規定辦理外，應依本條例第二十一條第二項規定，於變更後三十日內，檢附變更證明文件，向分設營業處所所在地直轄市、縣（市）主管機關申請分設營業處所變更登記：

一、分設營業處所名稱或所在地。

二、所屬租賃住宅服務業名稱、統一編號、代表公司之負責人、營業項目、經營型態或組織。

前項第二款事項有變更者，租賃住宅服務業應先依前條規定辦妥變更登記，始得依前項規定申請分設營業處所變更登記。

直轄市、縣（市）主管機關依第一項規定准予分設營業處所變更登記者，應換發分設營業處所登記證。

第十五條　租賃住宅服務業分設營業處所經登記後，遷出原登記之直轄市、縣（市）主管機關管轄區域者，應依本條例第二十一條第二項規定，於遷出後三十日內，檢附原登記證及相關證明文件，向遷入地直轄市、縣（市）主管機關申請分設營業處所變更登記。

前項分設營業處所遷入地直轄市、縣（市）主管機關准予該分設營業處所變更登記者，應核發該分設營業處所登記證，及通知原登記之直轄市、縣（市）主管機關廢止原登記及註銷原登記證；分設營業處所原非在該業所在地直轄市、縣（市）主管機關管轄區域者，並應通知該業所在地直轄市、縣（市）主管機關。

第十六條　租賃住宅服務業或其分設營業處所停業者，應依本條例第二十一條第二項規定，於停業後三十日內，檢附原核發之登記證及相關證明文件，向所在地直轄市、縣（市）主管機關申請停業登記；復業時，亦同。

直轄市、縣（市）主管機關依前項規定准予停業或復業登記者，應於其登記證註記停業期間或復業日期後發還。

租賃住宅服務業或其分設營業處所經依前項規定准予停業登記者，於登記停業期間內，非經辦妥復業登記，不得有營業行為。

第十七條　租賃住宅服務業解散者，應依本條例第二十一條第二項規定，於公司登記主管機關辦妥解散登記後三十日內，檢附原登記證及相關證明文件，向所在地直轄市、縣（市）主管機關申請解散登記。

直轄市、縣（市）主管機關依前項規定准予解散登記者，應註銷其登記證。

租賃住宅服務業申請第一項解散登記者，應併同申請裁撤其所屬分設營業處所。

第十八條　租賃住宅服務業裁撤分設營業處所者，應依本條例第二十一條第二項規定，於裁撤後三十日內，檢附原分設營業處所登記證及相關證明文件，向分設營業處所所在地直轄市、縣（市）主管機關申請分設營業處所裁撤登記。

直轄市、縣（市）主管機關依前項規定准予分設營業處所裁撤登記者，應註銷其分設營業處所登記證；裁撤之分設營業處所非在租賃住宅服務業所在地直轄市、縣（市）主管機關管轄區域者，並應通知該業所在地直轄市、縣（市）主管機關。

第十九條　經營租賃住宅服務業者經主管機關許可後，遷出原許可之直轄市、縣（市）主管機關管轄區域者，應依第六條規定重新申請許可。直轄市、縣（市）主管機關於許可後並應通知原許可之直轄市、縣（市）主管機關廢止原許可。

第二十條　租賃住宅服務業經遷入地直轄市、縣（市）主管機關依前條規定重新許可後，應依第八條規定向遷入地直轄市、縣（市）主管機關重新申請租賃住宅服務業登記。遷入地直轄市、縣（市）主管機關於登記及核發租賃住宅服務業登記證後並應通知原登記之直轄市、縣（市）主管機關廢止原登記及註銷原核發登記證。

租賃住宅服務業之分設營業處所非在該業遷入地直轄市、縣（市）主管機關管轄區域者，該業遷入地直轄市、縣（市）主管機關除依前項規定核發登記證外，並應通知其

分設營業處所所在地直轄市、縣（市）主管機關。

第二十一條　租賃住宅服務業或其分設營業處所於同一直轄市、縣（市）主管機關管轄區域有第八條、第十條、第十一條、第十三條至第十八條或前條所定申請事由者，得併同向該直轄市、縣（市）主管機關申請。

直轄市、縣（市）主管機關受理第六條、第八條、第十條至前條規定之申請，經審查不合規定或資料有欠缺者，應通知租賃住宅服務業或其分設營業處所於十五日內補正，屆期未補正者，駁回其申請。

第二十二條　租賃住宅服務業或其分設營業處所之租賃住宅管理人員有到職或離職異動者，應依本條例第二十一條第三項規定，於異動之日起三十日內，造具名冊向該業或其分設營業處所所在地直轄市、縣（市）主管機關報請備查。

租賃住宅服務業因停業、解散或他遷不明而怠於依前項規定報請備查者，得由租賃住宅管理人員檢具相關證明文件逕向該業所在地直轄市、縣（市）主管機關報請備查。

第二十三條　租賃住宅服務業或其分設營業處所所置租賃住宅管理人員為外國人者，於依前條第一項規定報請到職備查時，並應檢附符合就業服務法第四十八條第一項第二款規定資格、第五十條、第五十一條或外國專業人才延攬及僱用法第十七條規定取得工作許可之證明文件影本。

第二十四條　租賃住宅管理人員經中央主管機關依本條例第二十七條第一項規定撤銷或廢止租賃住宅管理人員證書者，於原因消滅後，得重新請領租賃住宅管理人員證書。

第二十五條　租賃住宅服務業依本條例第三十三條第一項規定應揭示之

文件資訊，於營業處所明顯之處揭示者，得以影本為之；於其網站揭示者，得以電子影像為之。

第二十六條　租賃住宅服務業及其分設營業處所係加盟經營者，應於廣告、市招及名片明顯處，標明加盟店字樣。

第二十七條　租賃住宅服務業收受租賃住宅服務當事人之有關費用或文件者，應掣給收據。

第二十八條　主管機關依本條例第三十五條規定檢查租賃住宅服務業之業務時，得查詢或取閱其執行業務有關紀錄及文件，並得要求其陳述辦理業務情形，租賃住宅服務業不得規避、妨礙或拒絕。

前項有關紀錄及文件，應至少保存五年，並得以電子檔案保存之。

第一項查核結果，主管機關得公開相關資訊。

第二十九條　本條例第三十六條規定處罰之管轄權如下：

一、處罰公司負責人、商業負責人或有限合夥負責人：由公司、商業或有限合夥所在地直轄市、縣（市）主管機關處罰；經營代管業務或包租業務行為地與公司、商業或有限合夥所在地非屬同一直轄市、縣（市）主管機關管轄區域者，由經營業務行為地直轄市、縣（市）主管機關查明後，移請公司、商業或有限合夥所在地直轄市、縣（市）主管機關處罰。

二、處罰行為人：由行為人行為時之戶籍地直轄市、縣（市）主管機關處罰；代管或包租之租賃住宅所在地與行為人行為時之戶籍地非屬同一直轄市、縣（市）主管機關管轄區域者，由租賃住宅所在地直轄市、縣（市）主管機關查明後，移請行為人行為時之戶籍地

　　　　　　　直轄市、縣（市）主管機關處罰。

第 三十 條　本條例第三十七條至第三十九條規定處罰之管轄權如下：

　　　　一、租賃住宅服務業所在地與其執行業務行為地屬同一直
　　　　　　轄市、縣（市）主管機關管轄區域：由該業所在地直
　　　　　　轄市、縣（市）主管機關處罰。

　　　　二、租賃住宅服務業所在地與其執行業務行為地非屬同一
　　　　　　直轄市、縣（市）主管機關管轄區域：由該業執行業
　　　　　　務行為地直轄市、縣（市）主管機關查明後，移請該
　　　　　　業所在地直轄市、縣（市）主管機關處罰。

　　　　三、租賃住宅服務業之分設營業處所所在地與該業所在地
　　　　　　非屬同一直轄市、縣（市）主管機關管轄區域：由分
　　　　　　設營業處所所在地直轄市、縣（市）主管機關查明
　　　　　　後，移請該業所在地直轄市、縣（市）主管機關處
　　　　　　罰。

　　　　四、租賃住宅服務業之分設營業處所執行業務行為地與該
　　　　　　業所在地非屬同一直轄市、縣（市）主管機關管轄區
　　　　　　域：由分設營業處所執行業務行為地直轄市、縣（市）
　　　　　　主管機關查明後，移請該業所在地直轄市、縣（市）
　　　　　　主管機關處罰。

第三十一條　本條例及本細則所定書、表、證、冊及其他文件之格式，
　　　　　　由中央主管機關定之。

第三十二條　本細則自本條例施行之日施行。

租賃住宅服務業
資訊提供辦法

內政部107.7.18台內地字第1071304344號
自租賃住宅市場發展及管理條例施行之日（107.6.27）施行

第　一　條　本辦法依租賃住宅市場發展及管理條例（以下簡稱本條例）
　　　　　　第三十四條第二項規定訂定之。

第　二　條　租賃住宅代管業（以下簡稱代管業）應提供之租賃住宅相
　　　　　　關資訊類別及內容如下：
　　　　　　一、受託管理標的資訊：建物門牌、基地地號、建物型
　　　　　　　　態、代管範圍及代管面積。
　　　　　　二、受託管理契約資訊：契約簽訂日期、代管期間、代管
　　　　　　　　費用及代收租金。
　　　　　　前項第二款之契約提前終止時，代管業應提供提前終止之
　　　　　　日期及原因。

第　三　條　租賃住宅包租業（以下簡稱包租業）應提供之租賃住宅相
　　　　　　關資訊類別及內容如下：
　　　　　　一、包租標的資訊：建物門牌、基地地號、建物型態、包
　　　　　　　　租範圍及包租面積。
　　　　　　二、包租契約資訊：契約簽訂日期、包租期間、租金、押
　　　　　　　　金及車位租金。
　　　　　　三、轉租契約資訊：轉租範圍、轉租面積、契約簽訂日
　　　　　　　　期、轉租期間、租金、押金及車位租金。
　　　　　　前項第二款及第三款之契約提前終止時，包租業應提供提
　　　　　　前終止之日期及原因。

第 四 條　　租賃住宅服務業應於每季結束後十五日內，將前季依前二
　　　　　條規定應提供之租賃住宅相關資訊，使用電子憑證以網際
　　　　　網路方式提供直轄市、縣（市）主管機關。

第 五 條　　直轄市、縣（市）主管機關發現租賃住宅服務業未於前條
　　　　　所定期限內提供租賃住宅相關資訊或有提供不實之虞者，
　　　　　得要求查詢或取閱租賃住宅服務業受託管理、包租或轉租
　　　　　有關文書。

第 六 條　　本辦法自本條例施行之日施行。

租賃住宅管理人員訓練發證及收費辦法

內政部107.7.2內授中辦地字第1070430037號
自租賃住宅市場發展及管理條例施行之日（107.6.27）施行

第 一 條　本辦法依租賃住宅市場發展及管理條例（以下簡稱本條例）第二十六條第三項規定訂定之。

第 二 條　中華民國租賃住宅服務商業同業公會全國聯合會（以下簡稱全國聯合會）辦理租賃住宅管理人員（以下簡稱管理人員）之訓練、測驗，及中央主管機關或其指定之機關（構）、團體、學校（以下簡稱登錄發證單位）辦理管理人員之登錄、發證，應依本辦法規定為之。

第 三 條　中華民國國民具行為能力，且有下列資格之一者，得參加全國聯合會舉辦之管理人員資格訓練（以下簡稱資格訓練）：

一、國內、外公私立高級中等以上學校畢業，持有證明文件。

二、通過考試院舉辦高等、普通考試或相當之特種考試及格，持有及格證書。

三、自學進修學力鑑定考試通過，持有普通高級中等學校、技術型高級中等學校或專科學校畢業程度學力鑑定通過證書。

前項規定於外國人，準用之。

第 四 條　資格訓練應包括下列課程：

一、本條例相關法規。

二、不動產租賃及租稅相關法規。

三、消費者保護相關法規。

四、公寓大廈管理相關法規。

五、各式住宅租賃契約與委託管理契約應記載（約定）及
　　不得記載（約定）事項。

六、租賃關係管理及糾紛處理實務。

七、屋況設備點交及故障排除實務。

八、建築物設備管理維護實務。

九、室內裝修相關法規。

十、專業倫理規範。

前項訓練課程總時數，不得少於三十小時。

第　五　條　符合第三條規定資格且具下列各款執業資格之一，其執業
　　　　　　資格證明文件有效期限為二年以上者，得於報名參加資格
　　　　　　訓練時檢具執業資格證明文件，向全國聯合會申請折抵課
　　　　　　程時數：

一、不動產經紀人及經紀營業員：不動產租賃及租稅相關
　　法規、消費者保護相關法規。

二、地政士：不動產租賃及租稅相關法規。

三、不動產估價師：不動產租賃及租稅相關法規。

四、公寓大廈事務管理人員、防火避難設施管理人員及設
　　備安全管理人員：公寓大廈管理相關法規、建築物設
　　備管理維護實務。

前項執業資格證明文件有效期限之計算，以報名截止日為
基準。

第　六　條　經登錄及領有管理人員證書者，除本辦法另有規定外，得
　　　　　　參加全國聯合會舉辦之管理人員換證訓練（以下簡稱換證
　　　　　　訓練）。

第 七 條　換證訓練應包括下列課程：

一、本條例相關法規及實務。

二、不動產租賃與租稅相關法規及實務。

三、消費者保護相關法規及實務。

四、公寓大廈管理相關法規及實務。

五、各式住宅租賃契約與委託管理契約規範及實務。

六、租賃關係管理與糾紛處理實務及新知。

七、屋況設備點交與故障排除實務及新知。

八、建築物設備管理維護實務及新知。

九、室內裝修相關法規及實務。

十、專業倫理規範。

前項訓練課程總時數，不得少於二十小時。

第 八 條　符合第六條規定且具下列各款執業資格之一，其執業資格證明文件有效期限為二年以上者，得於報名參加換證訓練時檢具執業資格證明文件，向全國聯合會申請折抵課程時數：

一、不動產經紀人及經紀營業員：不動產租賃與租稅相關法規及實務、消費者保護相關法規及實務。

二、地政士：不動產租賃與租稅相關法規及實務。

三、不動產估價師：不動產租賃與租稅相關法規及實務。

四、公寓大廈事務管理人員、防火避難設施管理人員及設備安全管理人員：公寓大廈管理相關法規及實務、建築物設備管理維護實務及新知。

前項執業資格證明文件有效期限之計算，以報名截止日為基準。

第 九 條　完成資格訓練課程及時數者，得參加管理人員資格測驗。

完成換證訓練課程及時數者，得參加管理人員換證測驗。

資格訓練或換證訓練之課程或時數不足者，應補足其課程或時數，始得參加前二項規定之測驗。

第一項及第二項測驗不合格者，得重新參加測驗。

第 十 條　完成管理人員資格訓練及換證訓練（以下簡稱管理人員訓練）課程及時數，並經測驗合格者，全國聯合會應發給合格證明。

第 十一 條　全國聯合會辦理管理人員訓練，其課程師資應具有與講授課程相關大專校院講師以上之資格，或為大專校院畢業且從事與講授課程相關業務五年以上經驗之專業人員。

每位師資人員每班不得講授超過二門課程。

第 十二 條　全國聯合會辦理管理人員訓練及測驗，應按所需費用覈實編列，並依下列規定向參加者收取費用：
一、訓練費用，每小時收費不得逾新臺幣二百元。
二、資格測驗費用，不得逾新臺幣六百元。
三、換證測驗費用，不得逾新臺幣五百元。

第 十三 條　全國聯合會辦理管理人員訓練及測驗事務，應訂定相關作業規範，並報送中央主管機關備查。

第 十四 條　全國聯合會辦理管理人員訓練及測驗期間，應組成辦理訓練及測驗事務之工作小組。

第 十五 條　全國聯合會應於每年度開始一個月前，將年度管理人員訓練及測驗實施計畫登載於該會網站及中央主管機關指定之網站，並報送中央主管機關備查；其內容有變動者，亦同。

前項訓練及測驗實施計畫，應包含下列內容：
一、辦理訓練之類別、課程計畫、時數及測驗方式。

二、辦理訓練及測驗事務之工作小組名冊。

三、聘請之師資人員名冊，包含學歷、經歷及講授課程。

四、訓練及測驗場地。

第 十六 條　全國聯合會開辦管理人員訓練及測驗，應於每班開課或測驗二星期前，將訓練類別、開課日期、課程表、測驗日期及場地等資料公告於該會網站及中央主管機關指定之網站。

前項資料有變動者，全國聯合會應將變動部分於每班開課或測驗二日前，於該會網站及中央主管機關指定之網站公告之。

第 十七 條　管理人員訓練，每班參加人數不得逾八十人。

第 十八 條　全國聯合會辦理管理人員訓練及測驗，應核實記錄參加訓練及測驗人員之出缺席情形及參加訓練人員之簽到退時間。

前項參加訓練遲到或早退超過十分鐘者，應扣除該課程一小時之訓練時數。

第 十九 條　全國聯合會應於管理人員訓練課程開課前，建立參加訓練人員名冊，並於訓練完成後一星期內記錄訓練課程時數。

全國聯合會應於管理人員測驗前，建立參加測驗人員名冊，並於測驗完成後一星期內記錄測驗成績。

前二項人員名冊、訓練課程時數及測驗成績，全國聯合會應於中央主管機關指定之網站登載。

第 二十 條　全國聯合會應將辦理管理人員訓練及測驗之每班學員名冊、出缺席紀錄、經費收支、師資名冊及測驗成績等資料建檔保存至少五年，並得以電子檔案方式保存。

第二十一條　完成管理人員訓練課程及時數，並經測驗合格者，得檢附

合格證明文件向登錄發證單位申請登錄。

前項登錄事項如下：
一、姓名。
二、出生年月日。
三、身分證明文件編號。
四、戶籍地址。
五、通訊住址。
六、聯絡電話。
七、登錄日期及字號。
八、有效期限。

第二十二條　完成前條登錄者，登錄發證單位應發給管理人員證書。

第二十三條　管理人員證書有效期限屆滿前，未重新辦理登錄及換證者，應重新參加資格訓練及測驗，經取得合格證明後，始得再申請登錄及發證。

第二十四條　向登錄發證單位申請管理人員登錄及核發證書者，應繳納費用新臺幣三百元。

管理人員證書有效期限屆滿向登錄發證單位申請重新登錄及換發證書者，應繳納費用新臺幣二百元；其他原因申請補（換）發管理人員證書者，亦同。

第二十五條　登錄發證單位應將登錄及發證之申請相關文件建檔保存至少五年，並得以電子檔案方式保存。

第二十六條　全國聯合會成立前，經中央主管機關指定辦理管理人員訓練及測驗業務之機關（構）、團體或學校，準用本辦法關於全國聯合會之規定。

第二十七條　本辦法自本條例施行之日施行。

租賃住宅服務業許可及登記收費標準

內政部107.6.29內授中辦地字第1071304157號
自租賃住宅市場發展及管理條例施行之日（107.6.29）施行

第 一 條　本標準依租賃住宅市場發展及管理條例（以下簡稱本條例）第四十四條及規費法第十條第一項規定訂定之。

第 二 條　經營租賃住宅服務業或其分設營業處所，應依下列規定繳納規費：
　　　　　一、申請或變更許可：每案收取許可費新臺幣五百元。
　　　　　二、申請或變更登記：每案收取登記費新臺幣五百元；經發給登記證者，每張收取證照費新臺幣三百元。
　　　　　三、申請補發或換發登記證：每張收取證照費新臺幣三百元。

第 三 條　前條申請案件，有下列情形之一者，直轄市、縣（市）主管機關得退還規費：
　　　　　一、於審查前申請退件，得退還許可費或登記費。
　　　　　二、於製作登記證前申請退件，得退還證照費。

第 四 條　本標準自本條例施行之日施行。

租賃住宅服務業
營業保證金繳存及退還辦法

內政部107.6.27內授中辦地字第1071303976號
自租賃住宅市場發展及管理條例施行之日（107.6.27）施行

第 一 條　本辦法依租賃住宅市場發展及管理條例（以下簡稱本條例）第二十四條第三項規定訂定之。

第 二 條　租賃住宅服務業應於完成公司登記後六個月內，申請租賃住宅服務業登記前，向中華民國租賃住宅服務商業同業公會全國聯合會（以下簡稱全國聯合會）繳存營業保證金。

租賃住宅服務業分設營業處所者，應於申請分設營業處所登記前，依前項規定繳存營業保證金。

全國聯合會成立前，前二項營業保證金應向中央主管機關依本條例第四十三條規定指定之機關（構）、團體或學校繳存。

第 三 條　本條例第十九條第四項所稱經營規模，指依下列規定計算之契約總件數：

一、以每年六月三十日及十二月三十一日為計算基準日。

二、經營代管業務者，以每一營業處所簽訂之委託管理租賃住宅契約件數計算。

三、經營包租業務者，以每一營業處所簽訂之包租及轉租租賃契約件數計算。

四、前二款契約，應於計算基準日時，契約關係仍存續或契約關係消滅未滿三個月。

第 四 條　租賃住宅服務業應依下列規定，繳存營業保證金，其總額
　　　　　最高為新臺幣五百萬元：
　　　　　一、每設一營業處所，繳存新臺幣十五萬元。
　　　　　二、每一營業處所之經營規模，達二百五十件者，增繳新
　　　　　　　臺幣十萬元；逾二百五十件者，每逾一百件，再增繳
　　　　　　　新臺幣十萬元。

第 五 條　租賃住宅服務業繳存營業保證金，應以現金或即期支票為
　　　　　之。但總額超過新臺幣二百五十萬元者，得就超過部分以
　　　　　金融機構提供之保證函擔保之。

　　　　　前項金融機構之保證函，應承諾就其擔保部分，無條件代
　　　　　為賠償，並不得主張民法第七百四十五條之先訴抗辯權。

第 六 條　租賃住宅服務業向全國聯合會繳存營業保證金時，應檢附
　　　　　下列文件：
　　　　　一、營業保證金繳存估算書。
　　　　　二、公司登記證明文件影本。
　　　　　三、全部營業處所清冊。

第 七 條　租賃住宅服務業因增設營業處所或經營規模擴增，致已繳
　　　　　存之營業保證金低於第四條規定數額，應檢附下列文件向
　　　　　全國聯合會補足營業保證金：
　　　　　一、營業保證金繳存估算書。
　　　　　二、新增營業處所或經營規模擴增部分清冊。

第 八 條　全國聯合會受理前二條租賃住宅服務業繳存或補足營業保
　　　　　證金之案件，應就其檢附之全部營業處所清冊、新增營業
　　　　　處所或經營規模擴增部分清冊，核對應繳存或補足營業保
　　　　　證金之數額，函請該租賃住宅服務業於接獲通知後三日內
　　　　　繳存或補足營業保證金；繳存或補足完竣者，應發給繳存

證明。

租賃住宅服務業對前項應繳存或補足營業保證金之數額有疑義者，得請求直轄市、縣（市）主管機關邀集全國聯合會及該租賃住宅服務業，就疑義部分共同核對。經核對無誤後，全國聯合會應函請租賃住宅服務業於接獲通知後三日內繳存或補足營業保證金。

全國聯合會依本條例第三十一條規定代為賠償後，租賃住宅服務業如對通知補繳營業保證金之數額有疑義者，適用前項規定。

第　九　條　租賃住宅服務業有下列情形之一，經全國聯合會通知補繳營業保證金後，逾一個月仍未補足者，全國聯合會應通知租賃住宅服務業所在地直轄市、縣（市）主管機關依本條例第三十七條第三款規定處罰：

一、依第四條第二款規定，應增繳營業保證金。

二、經全國聯合會依本條例第三十一條規定代為賠償後，原繳存之營業保證金低於第四條規定數額。

第　十　條　租賃住宅服務業依本條例第二十四條第一項規定向全國聯合會請求退還原繳存之營業保證金時，應檢附下列文件：

一、退款請求書：載明退還理由及退還營業保證金之方式。

二、符合本條例第二十四條第一項各款情形之證明文件。

三、第八條第一項規定之營業保證金繳存證明。

第十一條　租賃住宅服務業依本條例第二十四條第二項規定向全國聯合會請求退還溢繳之營業保證金時，應檢附下列文件：

一、退款請求書：載明退還理由、退還營業保證金之數額及方式。

二、營業處所裁撤證明文件或經營規模縮減前後對照表。

三、第八條第一項規定之營業保證金繳存證明。

租賃住宅服務業對全國聯合會退還營業保證金之數額有疑義者，適用第八條第二項規定。

第十二條　　本辦法自本條例施行之日施行。

租賃住宅服務業營業保證基金管理委員會組織及基金管理辦法

內政部107.6.14內授中辦地字第1071303856號
自租賃住宅市場發展及管理條例施行之日（107年6月27日）施行

第 一 條　本辦法依租賃住宅市場發展及管理條例（以下簡稱本條例）第二十二條第三項規定訂定之。

第 二 條　中華民國租賃住宅服務商業同業公會全國聯合會（以下簡稱全國聯合會）應依本條例第二十二條第二項規定，組成租賃住宅服務業營業保證基金管理委員會（以下簡稱本會），負責保管營業保證基金（以下簡稱本基金）。

第 三 條　全國聯合會應於銀行法第二十條規定之銀行開設專戶，戶名為中華民國租賃住宅服務業營業保證基金，儲存租賃住宅服務業所繳存之營業保證金及其孳息。

第 四 條　本會之職掌如下：
一、營業保證金及其孳息之收支、保管及運用。
二、營業保證金保證函之保管及處理。
三、被害人請求代為賠償案件之調處事宜。
四、營業保證金補繳之審核。
五、營業保證金退還之審核。
六、本會執行長及工作人員聘僱之提報。
七、提報全國聯合會辦理本會委員與監察人之補聘及解職事項。
八、本基金孳息運用計畫、預算報告及結算報告之編列。
九、其他經中央主管機關指定辦理之事項。

前項業務之執行或決議事項,以全國聯合會名義行之。

第　五　條　本會置委員九人至十三人,由全國聯合會就下列人員聘任之,其中一人為主任委員,由委員互選之:

一、租賃住宅服務業代表三人至五人。

二、專家學者二人。

三、消費者保護團體代表一人或二人。

四、依本條例第十五條輔導成立之租賃住宅出租人團體代表一人。

五、依本條例第十五條輔導成立之租賃住宅承租人團體代表一人。

六、中華民國律師公會全國聯合會代表一人或二人。

第　六　條　本會置執行長一人,並得置工作人員若干人,由本會提報全國聯合會審議通過後聘僱;承主任委員之命,執行本會決議事項及處理本會日常事務。

第　七　條　第二條至第四條及前條規定事項,全國聯合會應於章程載明。

第　八　條　本會會議由主任委員召集,並為會議主席;主任委員因故不能出席或有第十條規定應自行迴避之情形時,由委員互推一人代理之。

本會第一次會議或因主任委員尚未產生,不能召集會議時,由全國聯合會理事長召集之。

第　九　條　本會開會應有委員三分之二以上之出席;決議事項應有出席委員二分之一以上之同意。

委員應親自出席前項會議,不得委託代表出席;因故不能出席時,應事先請假。

第　十　條　　本會委員對具有利害關係之議案，應自行迴避。

第 十一 條　　本會調處全國聯合會受理之代為賠償案件，應依下列規定辦理：

一、全國聯合會受理日起三十日內，應指派委員召開調處會議討論之。

二、調處會議應邀請當事人列席說明或提供書面資料。

三、當事人無正當理由，於調處日期不到場者，視為調處不成立。

四、調處結果應送請本會審議，於審議決定後十日內提報全國聯合會並通知當事人。

第 十二 條　　本會設監察小組，置監察人三人，由全國聯合會就下列人員聘任之，其中一人為召集人，由監察人互選之：

一、租賃住宅服務業代表一人。

二、專家學者一人。

三、中華民國會計師公會全國聯合會代表一人。

第 十三 條　　監察小組之職權如下：

一、審議本基金預算及結算報告。

二、稽核本基金會計簿冊、文件及財產資料。

三、監察本會業務、財務是否依本會決議及本辦法規定辦理。

除前項第一款事項應經監察人二人以上之審議同意外，其他事項監察人均得獨立行使。

第一項第一款、第二款之審議及稽核，得委請律師或會計師提供書面意見，其費用由本基金孳息支付。

監察小組執行第一項職權時，如發現有違反法令或不當情事者，應送請全國聯合會為必要處置。

第十四條　本會委員及監察人任期為三年，期滿得續聘一次。但代表團體出任者，應隨其職務進退。

前項委員或監察人出缺時，本會應提報全國聯合會補聘；補聘委員或監察人之任期至原委員或監察人任期屆滿之日為止。

前二項委員或監察人之續聘、補聘，應分別依第五條及第十二條之程序辦理。

第十五條　本會委員及監察人均為無給職。但得發給出席費或交通費。

本會執行長及工作人員得支給薪資。

第十六條　本會委員或監察人有下列情事之一者，全國聯合會得予以解職：

一、委員未經請假致未出席本會會議達三次，經本會決議後提報。

二、監察人無故未參與監察小組達三次，經本會決議後提報。

三、委員或監察人涉及違反法令或不當情事，委員經監察小組或監察人經其他監察人送請為必要處置。

第十七條　營業保證金除依本條例第三十一條第四項規定供代為賠償使用或依本條例第二十四條第一項及第二項規定退還租賃住宅服務業外，不得動支。

第十八條　本條例第二十二條第二項規定本基金孳息之運用範圍如下：

一、關於租賃住宅服務業經營管理與市場趨勢資訊之蒐集、分析、統計及研究事項。

二、關於租賃住宅服務業政策、法令、制度之宣導及研究建議事項。

三、關於租賃住宅服務業教育訓練及優良從業人員表揚事項。

四、關於租賃住宅糾紛諮詢、調處及代為賠償等業務事項。

五、第十五條規定之出席費、交通費及薪資。

六、其他辦理營業保證金收支管理業務之相關支出。

第 十九 條　本會應編製下一會計年度之基金孳息運用計畫及預算報告，經本會委員三分之二以上出席，出席委員二分之一以上同意，並經本會監察小組審議通過後，於下一會計年度開始前二個月，將該運用計畫及預算報告連同委員會會議紀錄經向全國聯合會報告後，函報中央主管機關備查。

第 二十 條　被害人取得對租賃住宅服務業或其受僱人之執行名義或由本會調處經決議支付者，全國聯合會應於接獲通知或本會決議後十五日內償付被害人。

前項支付金額應以租賃住宅服務業繳存營業保證金及提供擔保總額為限。

除以繳存營業保證金代為賠償外，不足部分須以金融機構提供擔保金額支付者，應由本基金先行償付，再由全國聯合會通知擔保之金融機構按保證函所載擔保總額如數撥付至指定基金專戶。

第二十一條　本會對金融機構出具租賃住宅服務業應繳存營業保證金超過一定金額部分提供擔保之保證函，應置專簿登錄並妥為保管。

第二十二條　本會應於每季（年）結束後三十日內，編列該季（年）基

金結算報告，由本會監察小組審議並經向全國聯合會報告後，函報中央主管機關備查。

前項結算報告應於每年度終了後三個月內，公告基金年度結算報告。

第二十三條　全國聯合會成立前，經中央主管機關依本條例第四十三條規定指定辦理營業保證金繳存作業之機關（構）、團體或學校，準用本辦法規定辦理該會及本基金管理委員會業務。

第二十四條　全國聯合會成立後，前條經中央主管機關指定辦理營業保證金繳存作業之機關（構）、團體或學校，應將保管之營業保證金及其相關繳存證明文件移轉至全國聯合會。

營業保證金經依前項規定移轉後，租賃住宅服務業原領有之營業保證金繳存證明，仍為有效。

第二十五條　本辦法自本條例施行之日施行。

住宅租賃事務輔導及獎勵辦法

內政部107.7.31台內地字第1071304471號令訂定發布全文7條；
並自租賃住宅市場發展及管理條例施行之日（107.6.27）施行

第 一 條 本辦法依租賃住宅市場發展及管理條例（以下簡稱本條例）第十四條第二項規定訂定之。

第 二 條 本辦法所稱機關（構）及團體，指符合下列各款規定之一者：

一、政府機關、機構。

二、設有地政或不動產相關係（所）、科之大專校院。

三、中華民國租賃住宅服務商業同業公會全國聯合會或直轄市、縣（市）租賃住宅服務商業同業公會。

四、以住宅法第四條第二項所定經濟或社會弱勢者為服務對象之相關團體。

五、其他住宅租賃相關之機構或團體。

第 三 條 主管機關為輔導機關（構）或團體辦理住宅租賃事務，得編列預算辦理相關教育訓練、提供資源或其他輔導措施。

第 四 條 主管機關對辦理住宅租賃事務具有卓越具體成效之機關（構）或團體，得以頒發獎金、獎狀、獎牌、獎座或其他適當方式獎勵，並以公開儀式為之。

第 五 條 主管機關為前條之獎勵，應訂定獎勵計畫，辦理評選。

前項獎勵計畫，應包括下列事項，並於評選三個月前公告：

一、獎勵資格及條件。

二、申請方式及受理期間。

三、申請應附文件。

四、評選方式、基準及程序。

五、獎勵方式。

六、其他相關事項。

第　六　條　主管機關辦理前條獎勵之評選，得遴聘專家學者組成評選
小組。

第　七　條　本辦法自本條例施行之日施行。

租賃住宅團體獎勵辦法

內政部107.7.31台內地字第1071304547號令訂定發布全文7條
並自租賃住宅市場發展及管理條例施行之日（一107.6.27）施行

第 一 條　本辦法依租賃住宅市場發展及管理條例（以下簡稱本條例）
　　　　　第十五條第三項規定訂定之。

第 二 條　本辦法所稱租賃住宅團體，指以出租人或承租人為會員基
　　　　　礎，並依法成立之非營利團體。

第 三 條　租賃住宅團體提供下列租賃住宅相關事務，主管機關得予
　　　　　以獎勵：
　　　　　一、法律、金融、保險、租稅優惠、租金補貼、福利措
　　　　　　　施、租金行情、搬遷服務及住宅服務業之資訊或諮
　　　　　　　詢。
　　　　　二、住宅屋況檢查及修繕之資訊。
　　　　　三、租賃契約書協助檢視服務。
　　　　　四、協助糾紛處理及諮詢。
　　　　　五、教育訓練或研習活動。
　　　　　六、其他與出租人或承租人權益相關之事務。

第 四 條　主管機關對辦理前條租賃住宅相關事務成績優良之租賃住
　　　　　宅團體，得以頒發獎金、獎狀、獎牌、獎座或其他適當方
　　　　　式獎勵，並以公開儀式為之。

第 五 條　主管機關為前條之獎勵，應訂定獎勵計畫，辦理評選。

前項獎勵計畫，應包括下列事項，並於評選三個月前公告：

一、獎勵資格及條件。

二、申請方式及受理期間。

三、申請應附文件。

四、評選方式、基準及程序。

五、獎勵方式。

六、其他相關事項。

第 六 條　主管機關辦理前條獎勵之評選，得遴聘專家學者組成評選小組。

第 七 條　本辦法自本條例施行之日施行。

增訂發佈「租賃住宅服務商業」團體業別及業務範圍

107.6.15經濟部經商字第10702410860號令、內政部台內團字第1070039037號令會銜

團體業別	業務範圍	備註
租賃住宅服務商業	經營租賃住宅代管業務或包租業務	

公司行號及有限合夥營業項目代碼表8.0版修列代碼內容

經濟部107.4.19經商字第10702406820號公告

一、增列部分：

（一）新增「H706011租賃住宅代管業」

大類	H金融、保險及不動產業
中類	H7不動產業
小類	H706租賃住宅服務業
細類	H706011租賃住宅代管業 Rental housing management business

定義內容	
依租賃住宅市場發展及管理條例規定，指受出租人之委託，經營租賃住宅管理業務之行業。	

相關法令依據	
租賃住宅市場發展及管理條例第3條第4款、第6款、第19條第1項。	

有無專業經營之限制	無
是否為公司登記前須經許可之業務	是（依據租賃住宅市場發展及管理條例第19條第1項規定）。
是否須於公司名稱標明業務種類	否
是否有組織之限制	是，限公司組織（依據租賃住宅市場發展及管理條例第3條第4款）。
目的事業主管機關	內政部

備註：配合「租賃住宅市場發展及管理條例」訂於107年6月27日行。本營業項目之新增，亦自該日開始實施。

（二）新增「H 706021租賃住宅包租業」

大類	H金融、保險及不動產業
中類	H7不動產業
小類	H 706租賃住宅服務業
細類	H706021租賃住宅包租業 Rental housing subleasing business

定義內容
依租賃住宅市場發展及管理條例規定，指承租租賃住宅並轉租，及經營該租賃住宅管理業務之行業。

相關法令依據
租賃住宅市場發展及管理條例第3條第5款、第6款、第19條第1項。

有無專業經營之限制	無
是否為公司登記前須經許可之業務	是（依據租賃住宅市場發展及管理條例第19條第1項規定）。
是否須於公司名稱標明業務種類	否
是否有組織之限制	是，限公司組織（依據租賃住宅市場發展及管理條例第3條第5款）。
目的事業主管機關	內政部

備註：配合「租賃住宅市場發展及管理條例」訂於107年6月27日行。本營業項目
　　　之新增，亦自該日開始實施。

房屋租賃契約書範本

91年1月30日內政部台內中地字第0910083141號公告頒行
105年6月23日內政部內授中辦地字第1051305386號公告修正
（行政院消費者保護會第47次會議通過）

契約審閱權

　　本契約於中華民國＿＿年＿＿月＿＿日經承租人攜回審閱＿＿日（契約審閱期間至少三日）

承租人簽章：

出租人簽章：

　　立契約書人承租人＿＿＿＿，出租人＿＿＿＿【為□所有權人□轉租人（應提示經原所有權人同意轉租之證明文件）】茲為房屋租賃事宜，雙方同意本契約條款如下：

第一條　房屋租賃標的

一、房屋標示：

　　（一）門牌＿＿縣（市）＿＿鄉（鎮、市、區）＿＿街（路）＿＿段＿＿巷＿＿弄＿＿號＿＿樓（基地坐落＿＿段＿＿小段＿＿地號）。

　　（二）專有部分建號＿＿，權利範圍＿＿，面積共計＿＿平方公尺。

　　　　1.主建物面積：

　　　　　＿＿層＿＿平方公尺，＿＿層＿＿平方公尺，＿＿層＿＿平方公尺共計＿＿平方公尺，用途＿＿。

　　　　2.附屬建物用途＿＿，面積＿＿平方公尺。

　　（三）共有部分建號＿＿，權利範圍＿＿，持分面積＿＿平方公尺。

　　（四）□有□無設定他項權利，若有，權利種類：＿＿。

（五）□有□無查封登記。

二、租賃範圍：

（一）房屋□全部□部分：第__層□房間__間□第__室，面積____平
方公尺（如「房屋位置格局示意圖」標註之租賃範圍）。

（二）車位：

1. 車位種類及編號：

地上（下）第__層□平面式停車位□機械式停車位，編號第
__號車位__個。

2. 使用時間：

□全日□日間□夜間□其他_____。（如無則免填）

（三）租賃附屬設備：

□有□無附屬設備，若有，除另有附屬設備清單外，詳如後附
房屋租賃標的現況確認書。

（四）其他：_____。

第二條　租賃期間

租賃期間自民國__年__月__日起至民國__年__月__日止。

第三條　租金約定及支付

承租人每月租金為新臺幣（下同）____元整，每期應繳納____個月租
金，並於每□月□期____日前支付，不得藉任何理由拖延或拒絕；出租人
亦不得任意要求調整租金。

租金支付方式：□現金繳付□轉帳繳付：金融機構：_____，
戶名：_____，帳號：_____。□其他：_____。

第四條　擔保金（押金）約定及返還

擔保金（押金）由租賃雙方約定為____個月租金，金額為____元整
（最高不得超過二個月房屋租金之總額）。承租人應於簽訂本契約之同時

給付出租人。

前項擔保金（押金），除有第十一條第三項、第十二條第四項及第十六條第二項之情形外，出租人應於租期屆滿或租賃契約終止，承租人交還房屋時返還之。

第五條　租賃期間相關費用之支付

租賃期間，使用房屋所生之相關費用：

一、管理費：

　　□由出租人負擔。

　　□由承租人負擔。

　　房屋每月＿＿＿＿＿元整。

　　停車位每月＿＿＿＿＿元整。

　　租賃期間因不可歸責於雙方當事人之事由，致本費用增加者，承租人就增加部分之金額，以負擔百分之十為限；如本費用減少者，承租人負擔減少後之金額。

　　□其他：＿＿＿＿＿。

二、水費：

　　□由出租人負擔。

　　□由承租人負擔。

　　□其他：＿＿＿＿＿。（例如每度＿＿元整）

三、電費：

　　□由出租人負擔。

　　□由承租人負擔。

　　□其他：＿＿＿＿＿。（例如每度＿＿元整）

四、瓦斯費：

　　□由出租人負擔。

　　□由承租人負擔。

　　□其他：＿＿＿＿＿。

五、其他費用及其支付方式：_____。

第六條　稅費負擔之約定

本租賃契約有關稅費、代辦費，依下列約定辦理：

一、**房屋稅、地價稅由出租人負擔。**

二、**銀錢收據之印花稅由出租人負擔。**

三、**簽約代辦費**_____**元**

　　□由出租人負擔。

　　□由承租人負擔。

　　□由租賃雙方平均負擔。

　　□其他：_____。

四、**公證費**_____**元**

　　□由出租人負擔。

　　□由承租人負擔。

　　□由租賃雙方平均負擔。

　　□其他：_____。

五、**公證代辦費**_____**元**

　　□由出租人負擔。

　　□由承租人負擔。

　　□由租賃雙方平均負擔。

　　□其他：_____。

六、**其他稅費及其支付方式：**_____。

第七條　使用房屋之限制

本房屋係供住宅使用。非經出租人同意，不得變更用途。

承租人同意遵守住戶規約，不得違法使用，或存放有爆炸性或易燃性物品，影響公共安全。

出租人□同意□不同意將本房屋之全部或一部分轉租、出借或以其他

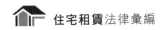

方式供他人使用,或將租賃權轉讓於他人。

前項出租人同意轉租者,承租人應提示出租人同意轉租之證明文件。

第八條　修繕及改裝

房屋或附屬設備損壞而有修繕之必要時,應由出租人負責修繕。但租賃雙方另有約定、習慣或可歸責於承租人之事由者,不在此限。

前項由出租人負責修繕者,如出租人未於承租人所定相當期限內修繕時,承租人得自行修繕並請求出租人償還其費用或於第三條約定之租金中扣除。

房屋有改裝設施之必要,承租人應經出租人同意,始得依相關法令自行裝設,但不得損害原有建築之結構安全。

前項情形承租人返還房屋時,□應負責回復原狀□現況返還□其他＿＿＿＿＿。

第九條　承租人之責任

承租人應以善良管理人之注意保管房屋,如違反此項義務,致房屋毀損或滅失者,應負損害賠償責任。但依約定之方法或依房屋之性質使用、收益,致房屋有毀損或滅失者,不在此限。

第十條　房屋部分滅失

租賃關係存續中,因不可歸責於承租人之事由,致房屋之一部滅失者,承租人得按滅失之部分,請求減少租金。

第十一條　提前終止租約

本契約於期限屆滿前,租賃雙方□得□不得終止租約。

依約定得終止租約者,租賃之一方應於□一個月前□＿＿＿個月前通知他方。一方未為先期通知而逕行終止租約者,應賠償他方＿＿＿個月(最高不得超過一個月)租金額之違約金。

前項承租人應賠償之違約金得由第四條之擔保金（押金）中扣抵。

租期屆滿前，依第二項終止租約者，出租人已預收之租金應返還予承租人。

第十二條　房屋之返還

租期屆滿或租賃契約終止時，承租人應即將房屋返還出租人並遷出戶籍或其他登記。

前項房屋之返還，應由租賃雙方共同完成屋況及設備之點交手續。租賃之一方未會同點交，經他方定相當期限催告仍不會同者，視為完成點交。

承租人未依第一項約定返還房屋時，出租人得向承租人請求未返還房屋期間之相當月租金額外，並得請求相當月租金額一倍（未足一個月者，以日租金折算）之違約金至返還為止。

前項金額及承租人未繳清之相關費用，出租人得由第四條之擔保金（押金）中扣抵。

第十三條　房屋所有權之讓與

出租人於房屋交付後，承租人占有中，縱將其所有權讓與第三人，本契約對於受讓人仍繼續存在。

前項情形，出租人應移交擔保金（押金）及已預收之租金與受讓人，並以書面通知承租人。

本契約如未經公證，其期限逾五年或未定期限者，不適用前二項之約定。

第十四條　出租人終止租約

承租人有下列情形之一者，出租人得終止租約：

一、遲付租金之總額達二個月之金額，並經出租人定相當期限催告，承租人仍不為支付。

二、違反第七條規定而為使用。

三、違反第八條第三項規定而為使用。

四、積欠管理費或其他應負擔之費用達相當二個月之租金額，經出租
　　人定相當期限催告，承租人仍不為支付。

第十五條　承租人終止租約

出租人有下列情形之一者，承租人得終止租約：

一、房屋損害而有修繕之必要時，其應由出租人負責修繕者，經承租
　　人定相當期限催告，仍未修繕完畢。

二、有第十條規定之情形，減少租金無法議定，或房屋存餘部分不能
　　達租賃之目的。

三、房屋有危及承租人或其同居人之安全或健康之瑕疵時。

第十六條　遺留物之處理

租期屆滿或租賃契約終止後，承租人之遺留物依下列方式處理：

一、承租人返還房屋時，任由出租人處理。

二、承租人未返還房屋時，經出租人定相當期限催告搬離仍不搬離
　　時，視為廢棄物任由出租人處理。

前項遺留物處理所需費用，由擔保金（押金）先行扣抵，如有不足，
出租人得向承租人請求給付不足之費用。

第十七條　通知送達及寄送

　　除本契約另有約定外，出租人與承租人雙方相互間之通知，以郵寄為
之者，應以本契約所記載之地址為準；並得以□電子郵件□簡訊□其他＿＿
方式為之（無約定通知方式者，應以郵寄為之）；如因地址變更未通知他
方或因＿＿，致通知無法到達時（包括拒收），以他方第一次郵遞或通知之
日期推定為到達日。

第十八條　疑義處理

本契約各條款如有疑義時，應為有利於承租人之解釋。

第十九條　其他約定

本契約雙方同意□辦理公證□不辦理公證。

本契約經辦理公證者，租賃雙方□不同意；□同意公證書載明下列事項應逕受強制執行：

一、承租人如於租期屆滿後不返還房屋。

二、承租人未依約給付之欠繳租金、出租人代繳之管理費，或違約時應支付之金額。

三、出租人如於租期屆滿或租賃契約終止時，應返還之全部或一部擔保金（押金）。

公證書載明金錢債務逕受強制執行時，如有保證人者，前項後段第＿＿款之效力及於保證人。

第二十條　爭議處理

因本契約發生之爭議，雙方得依下列方式處理：

一、向房屋所在地之直轄市、縣（市）不動產糾紛調處委員會申請調處。

二、向直轄市、縣（市）消費爭議調解委員會申請調解。

三、向鄉鎮市（區）調解委員會申請調解。

四、向房屋所在地之法院聲請調解或進行訴訟。

第二十一條　契約及其相關附件效力

本契約自簽約日起生效，雙方各執一份契約正本。

本契約廣告及相關附件視為本契約之一部分。

本契約所定之權利義務對雙方之繼受人均有效力。

第二十二條　未盡事宜之處置

本契約如有未盡事宜，依有關法令、習慣、平等互惠及誠實信用原則公平解決之。

附件

□建物所有權狀影本

□使用執照影本

□雙方身分證影本

□保證人身分證影本

□授權代理人簽約同意書

□房屋租賃標的現況確認書

□附屬設備清單

□房屋位置格局示意圖

□其他（測量成果圖、室內空間現狀照片）

立契約書人

出租人：

　　　　姓名（名稱）：＿＿＿＿＿＿＿＿＿＿＿＿＿＿（簽章）

　　　　統一編號：＿＿＿＿＿＿＿＿＿＿＿＿＿＿＿＿

　　　　戶籍地址：＿＿＿＿＿＿＿＿＿＿＿＿＿＿＿＿

　　　　通訊地址：＿＿＿＿＿＿＿＿＿＿＿＿＿＿＿＿

　　　　聯絡電話：＿＿＿＿＿＿＿＿＿＿＿＿＿＿＿＿

　　　　負責人：＿＿＿＿＿＿＿＿＿＿＿＿＿＿＿＿（簽章）

　　　　統一編號：＿＿＿＿＿＿＿＿＿＿＿＿＿＿＿＿

　　　　電子郵件信箱：＿＿＿＿＿＿＿＿＿＿＿＿＿＿

承租人：

　　　　姓名（名稱）：＿＿＿＿＿＿＿＿＿＿＿＿＿＿（簽章）

統一編號：＿＿＿＿＿＿＿＿＿＿＿＿＿＿＿＿＿

戶籍地址：＿＿＿＿＿＿＿＿＿＿＿＿＿＿＿＿＿

通訊地址：＿＿＿＿＿＿＿＿＿＿＿＿＿＿＿＿＿

聯絡電話：＿＿＿＿＿＿＿＿＿＿＿＿＿＿＿＿＿

電子郵件信箱：＿＿＿＿＿＿＿＿＿＿＿＿＿＿＿

保證人：

姓名（名稱）：＿＿＿＿＿＿＿＿＿＿＿＿＿（簽章）

統一編號：＿＿＿＿＿＿＿＿＿＿＿＿＿＿＿＿＿

戶籍地址：＿＿＿＿＿＿＿＿＿＿＿＿＿＿＿＿＿

通訊地址：＿＿＿＿＿＿＿＿＿＿＿＿＿＿＿＿＿

聯絡電話：＿＿＿＿＿＿＿＿＿＿＿＿＿＿＿＿＿

電子郵件信箱：＿＿＿＿＿＿＿＿＿＿＿＿＿＿＿

不動產經紀業：

名稱（公司或商號）：＿＿＿＿＿＿＿＿＿＿＿

地址：＿＿＿＿＿＿＿＿＿＿＿＿＿＿＿＿＿＿＿

電話：＿＿＿＿＿＿＿＿＿＿＿＿＿＿＿＿＿＿＿

統一編號：＿＿＿＿＿＿＿＿＿＿＿＿＿＿＿＿＿

負責人：＿＿＿＿＿＿＿＿＿＿＿＿＿＿＿（簽章）

統一編號：＿＿＿＿＿＿＿＿＿＿＿＿＿＿＿＿＿

電子郵件信箱：＿＿＿＿＿＿＿＿＿＿＿＿＿＿＿

不動產經紀人：

姓名：＿＿＿＿＿＿＿＿＿＿＿＿＿＿＿＿（簽章）

統一編號：＿＿＿＿＿＿＿＿＿＿＿＿＿＿＿＿＿

通訊地址：＿＿＿＿＿＿＿＿＿＿＿＿＿＿＿＿＿

聯絡電話：＿＿＿＿＿＿＿＿＿＿＿＿＿＿＿＿＿

證書字號：＿＿＿＿＿＿＿＿＿＿＿＿＿＿＿＿＿

　　電子郵件信箱：＿＿＿＿＿＿＿＿＿＿＿＿＿＿＿＿＿＿

　　　　　　中華民國＿＿＿＿年＿＿＿＿月＿＿＿＿日

房屋租賃標的現況確認書

填表日期　　年　　月　　日

項次	內容	備註說明
1	□有□無　包括未登記之改建、增建、加建、違建部分： □壹樓＿平方公尺□＿樓＿平方公尺。 □頂樓＿平方公尺□其他＿平方公尺。	若為違建（未依法申請增、加建之建物），出租人應確實加以說明，使承租人得以充分認知此範圍之建物隨時有被拆除之虞或其他危險。
2	建物型態：＿＿＿＿＿＿。 建物現況格局： ＿房（間、室）＿廳＿衛 □有□無隔間。	一、建物型態： （一）一般建物：透天厝、別墅（單獨所有權無共有部分）。 （二）區分所有建物：公寓（五樓含以下無電梯）、透天厝、店面（店鋪）、辦公商業大樓、住宅或複合型大樓（十一層含以上有電梯）、華廈（十層含以下有電梯）、套房（一房、一廳、一衛）等。 （三）其他特殊建物：如工廠、廠辦、農舍、倉庫等型態。 二、現況格局（例如：房間、廳、衛浴數，有無隔間）。
3	車位類別□坡道平面□升降平面□坡道機械□升降機械□塔式車位□一樓平面□其他＿。 編號：＿號□有□無　獨立權狀。 □有□無　檢附分管協議及圖說。	

4	□是□否□不知有消防設施，若有， 項目： （1）＿＿（2）＿＿（3）＿＿。	
5	供水及排水□是□否　正常。	
6	□是□否有公寓大廈規約；若有， □有□無　檢附規約。	
7	附屬設備項目如下： □電視＿台□電視櫃＿件□沙發＿組□茶几＿件□餐桌＿張 □餐桌椅＿張□鞋櫃＿件□窗簾＿組□燈飾＿件□冰箱＿台□洗衣機＿台 □書櫃＿件□床組（頭）＿件□衣櫃＿組□梳妝台＿件 □書桌椅＿組□置物櫃＿件□電話＿具□保全設施＿組□微波爐＿台 □洗碗機＿台□冷氣＿台□排油煙機＿件□流理台＿件□瓦斯爐＿台 □熱水器＿台□天然瓦斯□其他＿。	

出租人：＿＿＿＿＿＿＿＿＿＿（簽章）

承租人：＿＿＿＿＿＿＿＿＿＿（簽章）

不動產經紀人：＿＿＿＿＿＿＿＿＿＿（簽章）

簽章日期：＿＿＿年＿＿＿月＿＿＿日

簽約注意事項

一、適用範圍

本契約書範本之租賃房屋用途，係由承租人供作住宅使用，並提供消費者與企業經營者簽訂房屋租賃契約時參考使用。

二、契約審閱權

房屋出租人為企業經營者，其與承租人訂立定型化契約前，應有三十日以內之合理期間，供承租人審閱全部條款內容。

出租人以定型化契約條款使承租人拋棄前項權利者，無效。

出租人與承租人訂立定型化契約未提供第一項之契約審閱期間者，其條款不構成契約之內容。但承租人得主張該條款仍構成契約之內容。

（消費者保護法第十一條之一第一項至第三項）

三、租賃意義

稱租賃者，謂當事人約定，一方以物租與他方使用收益，他方支付租金之契約（民法第四百二十一條）。當事人就標的物及租金為同意時，租賃契約即為成立。為使租賃當事人清楚瞭解自己所處之立場與權利義務關係，乃簡稱支付租金之人為承租人，交付租賃標的物之人為出租人。

四、房屋租賃標的

（一）房屋租賃範圍屬已登記者，以登記簿記載為準；未登記者以房屋稅籍證明或實際測繪結果為準。

（二）房屋租賃範圍非屬全部者（如部分樓層之套房或雅房出租），應由出租人出具「房屋位置格局示意圖」標註租賃範圍，以確認實際房屋租賃位置或範圍。

（三）為避免租賃雙方對於租賃房屋是否包含未登記之改建、增建、加建及違建部分，或冷氣、傢俱等其他附屬設備認知差異，得參依本契約範本附件「房屋租賃標的現況確認書」，由租賃雙方互為確認，以杜糾紛。

（四）承租人遷入房屋時，可請出租人會同檢查房屋設備現況並拍照存證，如有附屬設備，並得以清單列明，以供返還租屋回復原狀之參考。

五、租賃期間

（一）房屋租賃之期間超過一年者，應訂立契約，未訂立契約者，視為不定期限之租賃。租賃契約之期限，不得超過二十年，超過二十年者，縮短為二十年。

（二）房屋租賃契約未定期限者，租賃雙方當事人得隨時終止租約。但有利於承租人之習慣者，從其習慣。故租賃雙方簽約時宜明訂租賃期間，以保障雙方權益。

六、租金約定及支付

（一）土地法第九十七條第一項之規定，城市地方房屋之租金，以不超過土地及其建築物申報總價額年息百分之十為限。

（二）土地法第九十七條所稱「城市地方」，依內政部六十七年九月十五日台內地字第八○五四四七號函釋，係指已依法公佈實施都市計畫之地方。又同條所稱「房屋」，依內政部七十一年五月二十四日台內地字第八七一○三號函釋，係指供住宅用之房屋。

七、擔保金（押金）約定及返還

（一）土地法第九十九條規定，擔保金（押金）以不得超過二個月之租金總額為宜，超過部分，承租人得以超過之部分抵付房租。承租人仍得於二個月之租金總額範圍內與出租人議定擔保金（押金）額度，如經約定承租人無須支付者，因屬私權行為，尚非法所不許。有關擔保金額之限制，依內政部一百零二年十月三日內授中辦地字第一○二六○三八九○八號函釋，係指供住宅用之房屋，至營業用房屋，其應付擔保金額，不受土地法第九十九條之限制。

（二）承租人於支付擔保金（押金）或租金時，應要求出租人簽寫收據或於承租人所持有之租賃契約書上註明收訖為宜；若以轉帳方式支付，應保留轉帳收據。同時出租人返還擔保金（押金）予承租人時，亦應要求承租人簽寫收據或於出租人所持有之租賃契約書上記明收訖為宜。

八、租賃期間相關費用之支付

（一）有關使用房屋而連帶產生之相關費用如水、電、瓦斯及管理費等，實務上有不同類型，部分契約係包含於租金中，部分則約定由承租人另行支付，亦有係由租賃雙方共同分擔等情形，宜事先於契約中明訂數額或雙方分擔之方式，以免日後產生爭議。

（二）房屋租賃範圍非屬全部者（如部分樓層之套房或雅房出租），相關費用及其支付方式，宜由租賃雙方依實際租賃情形事先於契約中明訂數額或雙方分攤之方式，例如以房間分度表數計算每度電費應支付之金額。

九、使用房屋之限制

（一）承租人應依約定方法，為租賃房屋之使用、收益，並應遵守規約所定之一切權利義務及住戶共同約定事項。

（二）租賃物為房屋者，依民法第四百四十三條第一項規定，除出租人有反對轉租之約定外，承租人得將其一部分轉租他人。故出租人未於契約中約定不得轉租，則承租人即得將房屋之一部分轉租他人。

（三）本契約書範本之租賃房屋用途，係由承租人供作住宅使用，而非營業使用，出租人得不同意承租人為公司登記、商業登記及營業（稅籍）登記。

十、修繕及改裝

（一）房屋或附屬設備之修繕，依民法第四百二十九條第一項規定，除契約另有訂定或另有習慣外，由出租人負擔。

（二）出租人之修繕義務，在使承租人就租賃物能為約定之使用收益，如承租人就租賃物以外有所增設時，該增設物即不在出租人修繕義務範圍。（最高法院六十三年台上字第九九號判例）

（三）房屋有無滲漏水之情形，租賃雙方宜於交屋前確認，若有滲漏水，宜約定其處理方式（如由出租人修繕後交屋、以現況交屋、減租或由承租人自行修繕等）。

十一、提前終止租約

（一）租賃定有期限者，其租賃關係，於期限屆滿時消滅。未定期限者，租賃雙方得隨時終止契約。故契約當事人於簽訂契約時，請記得約定得否於租賃期間終止租約，以保障自身權益。

（二）租賃雙方雖約定不得終止租約，但如有本契約書範本第十四條或

第十五條得終止租約之情形，因係屬法律規定，仍得終止租約。

（三）定有期限之租賃契約，如約定租賃之一方於期限屆滿前，得終止契約者，其終止契約，應按照本契約書範本第十一條約定先期通知他方。

十二、房屋之返還

（一）承租人返還房屋時，如有附屬設備清單或拍照存證相片，宜由租賃雙方會同逐一檢視點交返還。

（二）承租人返還房屋時，如未將戶籍或商業登記或營業（稅籍）登記遷出，房屋所有權人得依戶籍法或商業登記法或營業登記規則等相關規定，證明無租借房屋情事，向房屋所在地戶政事務所或主管機關申請遷離或廢止。

十三、出租人終止租約

不定期之房屋租賃，承租人積欠租金除擔保金抵償外達二個月以上時，依土地法第一百條第三款之規定，出租人固得收回房屋。惟該條款所謂因承租人積欠租金之事由收回房屋，應仍依民法第四百四十條第一項規定，對於支付租金遲延之承租人，定相當期限催告其支付，承租人於其期限內不為支付者，始得終止租賃契約。在租賃契約得為終止前，尚難謂出租人有收回房屋請求權存在。（最高法院四十二年台上字第一一八六號判例）

十四、疑義處理

（一）本契約書範本所訂之條款，均不影響承租人依消費者保護法規定之權利。

（二）本契約各條款如有疑義時，依消費者保護法第十一條第二項規定，應為有利於承租人之解釋。惟承租人為再轉租之二房東者，因二房東所承租之房屋非屬最終消費，如有契約條款之疑義，尚無消費者保護法有利於承租人解釋之適用。

十五、消費爭議處理

因本契約發生之消費爭議，雙方得依下列方式處理：

（一）依直轄市縣（市）不動產糾紛調處委員會設置及調處辦法規定申請調處。

（二）依消費者保護法第四十三條及第四十四條規定，承租人得向出租人、消費者保護團體或消費者服務中心申訴；未獲妥適處理時，得向租賃房屋所在地之直轄市或縣（市）政府消費者保護官申訴；再未獲妥適處理時得向直轄市或縣（市）消費爭議調解委員會申請調解。

（三）依鄉鎮市調解條例規定向鄉鎮市（區）調解委員會申請調解，或依民事訴訟法第四百零三條及第四百零四條規定，向房屋所在地之法院聲請調解或進行訴訟。

十六、租賃契約之效力

為確保私權及避免爭議，簽訂房屋租賃契約時不宜輕率，宜請求公證人就法律行為或私權事實作成公證書或認證文書。

十七、契約分存

訂約時務必詳審契約條文，由雙方簽章或按手印，寫明戶籍、通訊住址及統一編號並分存契約，以免權益受損。

十八、確定訂約者之身分

（一）簽約時應先確定簽訂人之身分，例如國民身分證、駕駛執照或健保卡等身分證明文件之提示。如未成年人（除已結婚者外）訂定本契約，應依民法規定，經法定代理人或監護人之允許或承認。若非租賃雙方本人簽約時，應請簽約人出具授權簽約同意書。

（二）出租人是否為屋主或二房東，可要求出租人提示產權證明如所有權狀、登記謄本或原租賃契約書（應注意其租賃期間有無禁止轉租之約定）。

十九、經紀人簽章

房屋租賃若透過不動產經紀業辦理者，應由該經紀業指派經紀人於本契約簽章。

房屋租賃定型化契約
應記載及不得記載事項

105.6.23內政部內授中辦地字第1051305384號公告（106年1月1日生效）
行政院消費者保護會第47次會議通過

｜壹、應記載事項｜

一、契約審閱期

本契約於中華民國＿＿年＿＿月＿＿日經承租人攜回審閱＿＿日（契約審閱期間至少三日）。

出租人簽章：＿＿＿＿＿＿＿＿＿＿＿＿＿＿＿＿＿＿＿＿＿＿＿

承租人簽章：＿＿＿＿＿＿＿＿＿＿＿＿＿＿＿＿＿＿＿＿＿＿＿

二、房屋租賃標的

（一）房屋標示：

1. 門牌＿＿縣（市）＿＿鄉（鎮、市、區）＿＿街（路）＿＿段＿＿巷＿＿弄＿＿號＿＿樓（基地坐落＿段＿小段＿地號）。

2. 專有部分＿＿建號，權利範圍＿＿，面積共計＿＿平方公尺。

   (1) 主建物面積：
   ＿＿層＿＿平方公尺，＿＿層＿＿平方公尺，＿＿層＿＿平方公尺共計＿＿平方公尺，用途＿＿。

   (2) 附屬建物用途＿＿，面積＿＿平方公尺。

3. 共有部分建號＿＿，權利範圍＿＿，持分面積＿＿平方公尺。

4. □有□無設定他項權利，若有，權利種類：＿＿。

5. □有□無查封登記。

（二）租賃範圍：

　　1. 房屋□全部□部分：第＿＿層□房間＿＿間□第＿＿室，面積＿＿平方公尺（如「房屋位置格局示意圖」標註之租賃範圍）。

　　2. 車位：

　　　(1) 車位種類及編號：

　　　　地上（下）第＿＿層□平面式停車位□機械式停車位，編號第＿＿號車位＿＿個。（如無則免填）

　　　(2) 使用時間：

　　　　□全日□日間□夜間□其他＿＿。

　　3. 租賃附屬設備：

　　　□有□無附屬設備，若有，除另有附屬設備清單外，詳如後附房屋租賃標的現況確認書。

　　4. 其他：＿＿。

三、租賃期間

租賃期間自民國＿＿年＿＿月＿＿日起至民國＿＿年＿＿月＿＿日止。

四、租金約定及支付

承租人每月租金為新臺幣（下同）＿＿元整，每期應繳納＿＿個月租金，並於每□月□期＿＿日前支付，不得藉任何理由拖延或拒絕；出租人亦不得任意要求調整租金。

租金支付方式：□現金繳付□轉帳繳付：金融機構：＿＿＿＿＿＿，戶名：＿＿＿＿＿＿，帳號：＿＿＿＿＿＿。□其他：＿＿＿＿＿。

五、擔保金（押金）約定及返還

擔保金（押金）由租賃雙方約定為＿＿個月租金，金額為＿＿元整（最高不得超過二個月房屋租金之總額）。承租人應於簽訂本契約之同時給付出租人。

前項擔保金（押金），除有第十二點第三項及第十三點第四項之情形外，出租人應於租期屆滿或租賃契約終止，承租人交還房屋時返還之。

六、租賃期間相關費用之支付

租賃期間，使用房屋所生之相關費用：

（一）管理費：

□由出租人負擔。

□由承租人負擔。

房屋每月_____元整。

停車位每月_____元整。

租賃期間因不可歸責於雙方當事人之事由，致本費用增加者，承租人就增加部分之金額，以負擔百分之十為限；如本費用減少者，承租人負擔減少後之金額。

□其他：____。

（二）水費：

□由出租人負擔。

□由承租人負擔。

□其他：____。（例如每度____元整）

（三）電費：

□由出租人負擔。

□由承租人負擔。

□其他：____。（例如每度____元整）

（四）瓦斯費：

□由出租人負擔。

□由承租人負擔。

□其他：____。

（五）其他費用及其支付方式：____。

七、稅費負擔之約定

本租賃契約有關稅費、代辦費，依下列約定辦理：

（一）房屋稅、地價稅由出租人負擔。

（二）銀錢收據之印花稅由出租人負擔。

（三）簽約代辦費＿＿＿＿＿元整。

　　□由出租人負擔。

　　□由承租人負擔。

　　□由租賃雙方平均負擔。

　　□其他：＿＿＿。

（四）公證費＿＿＿＿＿元整。

　　□由出租人負擔。

　　□由承租人負擔。

　　□由租賃雙方平均負擔。

　　□其他：＿＿＿。

（五）公證代辦費＿＿＿＿＿元整。

　　□由出租人負擔。

　　□由承租人負擔。

　　□由租賃雙方平均負擔。

　　□其他：＿＿＿。

（六）其他稅費及其支付方式：＿＿＿＿＿。

八、使用房屋之限制

本房屋係供住宅使用。非經出租人同意，不得變更用途。

承租人同意遵守住戶規約，不得違法使用，或存放有爆炸性或易燃性物品，影響公共安全。

出租人□同意□不同意將本房屋之全部或一部分轉租、出借或以其他方式供他人使用，或將租賃權轉讓於他人。

前項出租人同意轉租者，承租人應提示出租人同意轉租之證明文件。

九、修繕及改裝

房屋或附屬設備損壞而有修繕之必要時，應由出租人負責修繕。但租賃雙方另有約定、習慣或可歸責於承租人之事由者，不在此限。

前項由出租人負責修繕者，如出租人未於承租人所定相當期限內修繕

時，承租人得自行修繕並請求出租人償還其費用或於第四點約定之租金中扣除。

房屋有改裝設施之必要，承租人應經出租人同意，始得依相關法令自行裝設，但不得損害原有建築之結構安全。

前項情形承租人返還房屋時，□應負責回覆原狀□現況返還□其他＿＿＿＿＿＿。

十、承租人之責任

承租人應以善良管理人之注意保管房屋，如違反此項義務，致房屋毀損或滅失者，應負損害賠償責任。但依約定之方法或依房屋之性質使用、收益，致房屋有毀損或滅失者，不在此限。

十一、房屋部分滅失

租賃關係存續中，因不可歸責於承租人之事由，致房屋之一部滅失者，承租人得按滅失之部分，請求減少租金。

十二、提前終止租約

本契約於期限屆滿前，租賃雙方□得□不得終止租約。

依約定得終止租約者，租賃之一方應於□一個月前□＿＿＿個月前通知他方。一方未為先期通知而逕行終止租約者，應賠償他方＿＿＿個月（最高不得超過一個月）租金額之違約金。

前項承租人應賠償之違約金得由第五點之擔保金（押金）中扣抵。

租期屆滿前，依第二項終止租約者，出租人已預收之租金應返還予承租人。

十三、房屋之返還

租期屆滿或租賃契約終止時，承租人應即將房屋返還出租人並遷出戶籍或其他登記。

前項房屋之返還，應由租賃雙方共同完成屋況及設備之點交手續。租賃之一方未會同點交，經他方定相當期限催告仍不會同者，視為完成點交。

承租人未依第一項約定返還房屋時，出租人得向承租人請求未返還房

屋期間之相當月租金額外,並得請求相當月租金額一倍(未足一個月者,以日租金折算)之違約金至返還為止。

前項金額及承租人未繳清之相關費用,出租人得由第五點之擔保金(押金)中扣抵。

十四、房屋所有權之讓與

出租人於房屋交付後,承租人占有中,縱將其所有權讓與第三人,本契約對於受讓人仍繼續存在。

前項情形,出租人應移交擔保金(押金)及已預收之租金與受讓人,並以書面通知承租人。

本契約如未經公證,其期限逾五年或未定期限者,不適用前二項之約定。

十五、出租人終止租約

承租人有下列情形之一者,出租人得終止租約:

(一)遲付租金之總額達二個月之金額,並經出租人定相當期限催告,承租人仍不為支付。

(二)違反第八點規定而為使用。

(三)違反第九點第三項規定而為使用。

(四)積欠管理費或其他應負擔之費用達相當二個月之租金額,經出租人定相當期限催告,承租人仍不為支付。

十六、承租人終止租約

出租人有下列情形之一者,承租人得終止租約:

(一)房屋損害而有修繕之必要時,其應由出租人負責修繕者,經承租人定相當期限催告,仍未修繕完畢。

(二)有第十一點規定之情形,減少租金無法議定,或房屋存餘部分不能達租賃之目的。

(三)房屋有危及承租人或其同居人之安全或健康之瑕疵時。

十七、通知送達及寄送

除本契約另有約定外,出租人與承租人雙方相互間之通知,以郵寄為

之者，應以本契約所記載之地址為準；並得以□電子郵件□簡訊□其他__方式為之（無約定通知方式者，應以郵寄為之）；如因地址變更未通知他方或因__，致通知無法到達時（包括拒收），以他方第一次郵遞或通知之日期推定為到達日。

十八、其他約定

本契約雙方同意□辦理公證□不辦理公證。

本契約經辦理公證者，經租賃雙方□不同意；□同意公證書載明下列事項應逕受強制執行：

□（一）承租人如於租期屆滿後不返還房屋。

□（二）承租人未依約給付之欠繳租金、出租人代繳之管理費，或違約時應支付之金額。

□（三）出租人如於租期屆滿或租賃契約終止時，應返還之全部或一部擔保金（押金）。

公證書載明金錢債務逕受強制執行時，如有保證人者，前項後段第__款之效力及於保證人。

十九、契約及其相關附件效力

本契約自簽約日起生效，雙方各執一份契約正本。

本契約廣告及相關附件視為本契約之一部分。

本契約所定之權利義務對雙方之繼受人均有效力。

二十、當事人及其基本資料

本契約應記載當事人及其基本資料：

（一）承租人之姓名（名稱）、統一編號、戶籍地址、通訊地址、聯絡電話、電子郵件信箱。

（二）出租人之姓名（名稱）、統一編號、戶籍地址、通訊地址、聯絡電話、電子郵件信箱。

｜貳、不得記載事項｜

一、不得約定拋棄審閱期間。

二、不得約定廣告僅供參考。

三、不得約定承租人不得申報租賃費用支出。

四、不得約定承租人不得遷入戶籍。

五、不得約定應由出租人負擔之稅賦，若較出租前增加時，其增加部分由承租人負擔。

六、出租人故意不告知承租人房屋有瑕疵者，不得約定排除民法上瑕疵擔保責任。

七、不得約定承租人須繳回契約書。

八、不得約定違反法律上強制或禁止規定。

附件

房屋租賃標的現況確認書

填表日期　　年　　月　　日

項次	內容	備註說明
1	□有□無　包括未登記之改建、增建、加建、違建部分： □壹樓__平方公尺□__樓__平方公尺。 □頂樓__平方公尺□其他__平方公尺。	若為違建（未依法申請增、加建之建物），出租人應確實加以說明，使承租人得以充分認知此範圍之建物隨時有被拆除之虞或其他危險。
2	建物型態：_____。 建物現況格局： __房（間、室）__廳__衛 □有□無隔間。	一、建物型態： （一）一般建物：透天厝、別墅（單獨所有權無共有部分）。 （二）區分所有建物：公寓（五樓含以下無電梯）、透天厝、店面（店鋪）、辦公商業大樓、住宅或複合型大樓（十一層含以上有電梯）、華廈（十層含以下有電梯）、套房（一房、一廳、一衛）等。 （三）其他特殊建物：如工廠、廠辦、農舍、倉庫等型態。 二、現況格局（例如：房間、廳、衛浴數，有無隔間）。
3	車位類別□坡道平面□升降平面□坡道機械□升降機械□塔式車位□一樓平面□其他__。編號：__號□有□無獨立權狀。 □有□無　檢附分管協議及圖說。	

4	□是□否□不知有消防設施，若有，項目： （1）＿＿（2）＿＿（3）＿＿。	
5	供水及排水□是□否正常。	
6	□是□否　有公寓大廈規約；若有， □有□無　檢附規約。	
7	附屬設備項目如下： □電視＿台□電視櫃＿件□沙發＿組□茶几＿件□餐桌＿張 □餐桌椅＿張□鞋櫃＿件□窗簾＿組□燈飾＿件□冰箱＿台□洗衣機＿台 □書櫃＿件□床組（頭）＿件□衣櫃＿組□梳妝台＿件 □書桌椅＿組□置物櫃＿件□電話＿具□保全設施＿組□微波爐＿台 □洗碗機＿台□冷氣＿台□排油煙機＿件□流理台＿件□瓦斯爐＿台 □熱水器＿台□天然瓦斯□其他＿。	

出租人：＿＿＿＿＿＿＿＿＿＿＿＿＿（簽章）

承租人：＿＿＿＿＿＿＿＿＿＿＿＿＿（簽章）

不動產經紀人：＿＿＿＿＿＿＿＿＿＿＿＿＿（簽章）

簽章日期：＿＿＿＿年＿＿＿＿月＿＿＿＿日

住宅租賃契約書範本

107.6.27內政部內授中辦地字第1071304160號函
附件一　租賃標的現況確認書
附件二　出租人同意轉租範圍、租賃期間及終止租約事由確認書
附件三　出租人負責修繕項目及範圍確認書
簽約注意事項

立契約書人

　　出租人＿＿＿＿＿，承租人＿＿＿＿＿，茲為住宅租賃事宜，雙方同意本
契約條款如下：

第一條　租賃標的

（一）租賃住宅標示：

1. 門牌＿＿縣（市）＿＿鄉（鎮、市、區）＿＿街（路）＿＿段
　＿＿巷＿＿弄＿＿號＿＿樓之＿＿（基地坐落＿＿段＿＿小段
　＿＿地號）。無門牌者，其房屋稅籍編號：＿＿或其位置略
　圖。

2. 專有部分建號＿＿＿，權利範圍＿＿＿，面積共計＿＿＿平方公
　尺。
　(1) 主建物面積：
　　＿＿＿層＿＿＿平方公尺，＿＿＿層＿＿＿平方公尺，＿＿＿層
　　＿＿＿平方公尺共計＿＿＿平方公尺，用途＿＿＿。
　(2) 附屬建物用途＿＿＿，面積＿＿＿平方公尺。

3. 共有部分建號＿＿＿，權利範圍＿＿＿，持分面積＿＿＿平方公尺。

4. 車位：□有（汽車停車位＿＿＿個、機車停車位＿＿＿個）□無。

5. □有□無設定他項權利，若有，權利種類：＿＿＿。

6. □有□無查封登記。

（二）租賃範圍：

　　1. 租賃住宅□全部□部分：第＿＿層□房間＿＿間□第＿＿室，面積＿＿平方公尺（如「租賃住宅位置格局示意圖」標註之租賃範圍）。

　　2. 車位（如無則免填）：

　　　（1）汽車停車位種類及編號：

　　　　　地上（下）第＿＿層□平面式停車位□機械式停車位，編號第＿＿號。

　　　（2）機車停車位：地上（下）第＿層編號第＿號或其位置示意圖。

　　　（3）使用時間：

　　　　　□全日□日間□夜間□其他＿＿＿。

　　3. 租賃附屬設備：

　　　　□有□無附屬設備，若有，除另有附屬設備清單外，詳如後附租賃標的現況確認書（如附件一）。

　　4. 其他：＿＿＿＿＿＿。

第二條　租賃期間

　　租賃期間自民國＿＿年＿＿月＿＿日起至民國＿＿年＿＿月＿＿日止。（租賃期間至少三十日以上）

第三條　租金約定及支付

　　承租人每月租金為新臺幣（下同）＿＿元整，每期應繳納＿＿個月租金，並於每□月□期＿＿日前支付，不得藉任何理由拖延或拒絕，出租人於租賃期間亦不得任意要求調整租金。

　　租金支付方式：□現金繳付□轉帳繳付：金融機構：＿＿＿＿＿＿，戶名：＿＿＿＿＿＿，帳號：＿＿＿＿＿＿。□其他：＿＿＿＿＿＿。

第四條　押金約定及返還

押金由租賃雙方約定為＿＿＿個月租金，金額為＿＿＿元整（最高不得超過二個月租金之總額）。承租人應於簽訂住宅租賃契約（以下簡稱本契約）之同時給付出租人。

前項押金，除有第十三條第三項、第十四條第四項及第十八條第二項之情形外，出租人應於租期屆滿或租賃契約終止，承租人返還租賃住宅時，返還押金或抵充本契約所生債務後之賸餘押金。

第五條　租賃期間相關費用之支付

租賃期間，使用租賃住宅所生之相關費用如下：

（一）管理費：

　　　□由出租人負擔。

　　　□由承租人負擔。

　　　　租賃住宅每月＿＿＿＿元整。

　　　　停車位每月＿＿＿＿元整。

　　　□其他：＿＿＿。

（二）水費：

　　　□由出租人負擔。

　　　□由承租人負擔。

　　　□其他：＿＿＿。（例如每度＿＿＿元整）

（三）電費：

　　　□由出租人負擔。

　　　□由承租人負擔。

　　　□其他：＿＿＿。（例如每度＿＿＿元整，但不得超過台灣電力公司所定夏季用電量最高級距之每度金額。）

（四）瓦斯費：

　　　□由出租人負擔。

　　　□由承租人負擔。

□其他：＿＿＿。

（五）網路費：

　　□由出租人負擔。

　　□由承租人負擔。

　　□其他：＿＿＿。

（六）其他費用及其支付方式：＿＿＿。

第六條　稅費負擔之約定

本契約有關稅費、代辦費，依下列約定辦理：

（一）租賃住宅之房屋稅、地價稅由出租人負擔。

（二）出租人收取現金者，其銀錢收據應貼用之印花稅票由出租人負擔。

（三）簽約代辦費＿＿＿＿元整。

　　□由出租人負擔。

　　□由承租人負擔。

　　□由租賃雙方平均負擔。

　　□其他：＿＿＿。

（四）公證費＿＿＿＿元整。

　　□由出租人負擔。

　　□由承租人負擔。

　　□由租賃雙方平均負擔。

　　□其他：＿＿＿。

（五）公證代辦費＿＿＿＿元整。

　　□由出租人負擔。

　　□由承租人負擔。

　　□由租賃雙方平均負擔。

　　□其他：＿＿＿。

（六）其他稅費及其支付方式：＿＿＿。

第七條　使用租賃住宅之限制

本租賃標的係供居住使用，承租人不得變更用途。

承租人同意遵守公寓大廈規約或其他住戶應遵循事項，不得違法使用、存放有爆炸性或易燃性物品，影響公共安全、公共衛生或居住安寧。

出租人□同意□不同意承租人將本租賃標的之全部或一部分轉租、出借或以其他方式供他人使用，或將租賃權轉讓於他人。

前項出租人同意轉租者，應出具同意書（如附件二）載明同意轉租之範圍、期間及得終止本契約之事由，供承租人轉租時向次承租人提示。

第八條　修繕

租賃住宅或附屬設備損壞時，應由出租人負責修繕。但租賃雙方另有約定、習慣或因可歸責於承租人之事由者，不在此限。

前項由出租人負責修繕者，如出租人未於承租人所定相當期限內修繕時，承租人得自行修繕，並請求出租人償還其費用或於第三條約定之租金中扣除。

出租人為修繕租賃住宅所為之必要行為，承租人不得拒絕。

前項出租人於修繕期間，致租賃標的全部或一部不能居住使用者，承租人得請求出租人扣除該期間全部或一部之租金。

第九條　室內裝修

租賃住宅有室內裝修之必要，承租人應經出租人同意，始得依相關法令自行裝修，且不得損害原有建築之結構安全。

承租人經出租人同意裝修者，其裝修增設部分若有損壞，由承租人負責修繕。

第一項情形承租人返還租賃住宅時，□應負責回覆原狀□現況返還□其他＿＿。

第十條　出租人之義務及責任

出租人應出示有權出租本租賃標的之證明文件及國民身分證或其他足資證明身分之文件，供承租人核對。

出租人應以合於所約定居住使用之租賃住宅，交付承租人，並應於租賃期間保持其合於居住使用之狀態。

出租人與承租人簽訂本契約，應先向承租人說明租賃住宅由出租人負責修繕項目及範圍（如附件三），並提供有修繕必要時之聯絡方式。

第十一條　承租人之義務及責任

承租人應於簽訂本契約時，出示國民身分證或其他足資證明身分之文件，供出租人核對。

承租人應以善良管理人之注意義務保管、使用、收益租賃住宅。

承租人違反前項義務，致租賃住宅毀損或滅失者，應負損害賠償責任。但依約定之方法或依租賃住宅之性質使用、收益，致有變更或毀損者，不在此限。

承租人經出租人同意轉租者，應於簽訂轉租契約後三十日內，以書面將轉租範圍、期間、次承租人之姓名及通訊住址等相關資料通知出租人。

第十二條　租賃住宅部分滅失

租賃關係存續中，因不可歸責於承租人之事由，致租賃住宅之一部滅失者，承租人得按滅失之部分，請求減少租金。

第十三條　提前終止租約之約定

本契約於期限屆滿前，出租人□得□不得；承租人□得□不得終止租約。

依約定得終止租約者，租賃之一方應於□一個月前□＿＿＿個月前通知他方。一方未為先期通知而逕行終止租約者，應賠償他方＿＿＿個月（最高不得超過一個月）租金額之違約金。

前項承租人應賠償之違約金得由第四條之押金中扣抵。

租期屆滿前，依第二項終止租約者，出租人已預收之租金應返還予承租人。

第十四條　租賃住宅之返還

租期屆滿或租賃契約終止時，出租人應結算承租人第五條約定之相關費用，承租人應即將租賃住宅返還出租人並遷出戶籍或其他登記。

前項租賃住宅之返還，應由租賃雙方共同完成屋況及附屬設備之點交手續。租賃之一方未會同點交，經他方定相當期限催告仍不會同者，視為完成點交。

承租人未依第一項規定返還租賃住宅時，出租人除按日向承租人請求未返還租賃住宅期間之相當月租金額外，並得請求相當月租金額計算之違約金（未足一個月者，以日租金折算）至返還為止。

前項金額及承租人未繳清之相關費用，出租人得由第四條之押金中扣抵。

第十五條　租賃住宅所有權之讓與

出租人於租賃住宅交付後，承租人占有中，縱將其所有權讓與第三人，本契約對於受讓人仍繼續存在。

前項情形，出租人應移交押金及已預收之租金與受讓人，並以書面通知承租人。

本契約如未經公證，其期限逾五年者，不適用第一項之規定。

第十六條　出租人提前終止租約

租賃期間有下列情形之一者，出租人得提前終止租約，且承租人不得要求任何賠償：

（一）出租人為重新建築而必要收回。

（二）承租人遲付租金之總額達二個月之金額，並經出租人定相當期

限催告，仍不為支付。

（三）承租人積欠管理費或其他應負擔之費用達相當二個月之租金
　　　額，經出租人定相當期限催告，仍不為支付。

（四）承租人違反第七條第二項規定而違法使用、存放有爆炸性或易
　　　燃性物品，經出租人阻止，仍繼續使用。

（五）承租人違反第七條第三項勾選不同意之約定，擅自轉租、出借
　　　或以其他方式供他人使用或將租賃權轉讓予他人。

（六）承租人毀損租賃住宅或附屬設備，經出租人限期催告修繕而不
　　　為修繕或相當之賠償。

（七）承租人違反第九條第一項規定，未經出租人同意，擅自進行室
　　　內裝修。

（八）承租人違反第九條第一項規定，未依相關法令規定進行室內裝
　　　修，經出租人阻止仍繼續為之。

（九）承租人違反第九條第一項規定，進行室內裝修，損害原有建築
　　　之結構安全。

出租人依前項規定提前終止租約者，應依下列規定期限，檢附相關事
證，以書面通知承租人：

（一）依前項第一款規定終止者，於終止前三個月。

（二）依前項第二款至第九款規定終止者，於終止前三十日。

第十七條　承租人提前終止租約

租賃期間有下列情形之一，致難以繼續居住者，承租人得提前終止租
約，出租人不得要求任何賠償：

（一）租賃住宅未合於居住使用，並有修繕之必要，經承租人依第八
　　　條第二項規定催告，仍不於期限內修繕。

（二）租賃住宅因不可歸責承租人之事由致一部滅失，且其存餘部分
　　　不能達租賃之目的。

（三）租賃住宅有危及承租人或其同居人之安全或健康之瑕疵；承租

人於簽約時已明知該瑕疵或拋棄終止租約權利者，亦同。

（四）承租人因疾病、意外產生有長期療養之需要。

（五）因第三人就租賃住宅主張其權利，致承租人不能為約定之居住
　　　使用。

承租人依前項規定提前終止租約者，應於終止前三十日，檢附相關事
證，以書面通知出租人。

承租人死亡，其繼承人得主張終止租約，其通知期限及方式，適用前
項規定。

第十八條　遺留物之處理

本契約租期屆滿或提前終止租約，依第十四條完成點交或視為完成點
交之手續後，承租人仍於本租賃住宅有遺留物者，除租賃雙方另有約定
外，經出租人定相當期限向承租人催告，逾期仍不取回時，視為拋棄其所
有權。

出租人處理前項遺留物所生費用，得由第四條之押金先行扣抵，如有
不足，並得向承租人請求給付不足之費用。

第十九條　履行本契約之通知

除本契約另有約定外，租賃雙方相互間之通知，以郵寄為之者，應以
本契約所記載之地址為準；如因地址變更或拒收，致通知無法到達他方
時，以第一次郵遞之日期推定為到達日。

前項之通知得經租賃雙方約定以□電子郵件□簡訊□通訊軟體（例如
Line、Whats App等文字顯示）□其他＿＿＿方式為之；如因不可歸責於雙
方之事由，致通知無法到達時，以通知之一方提出他方確已知悉通知之日
期推定為到達日。

第二十條　其他約定

本契約租賃雙方□同意□不同意辦理公證。

本契約經辦理公證者，租賃雙方□不同意；□同意公證書載明下列事項應逕受強制執行：

（一）承租人如於租期屆滿後不返還租賃住宅。

（二）承租人未依約給付之欠繳租金、費用及出租人或租賃標的所有權人代繳之管理費，或違約時應支付之金額。

（三）出租人如於租期屆滿或本契約終止時，應返還之全部或一部押金。

公證書載明金錢債務逕受強制執行時，如有保證人者，前項後段第一款之效力及於保證人。

第二十一條　契約及其相關附件效力

本契約自簽約日起生效，租賃雙方各執一份契約正本。

本契約廣告及相關附件視為本契約之一部分。

本契約所定之權利義務對租賃雙方之契約繼受人均有效力。

第二十二條　未盡事宜之處置

本契約如有未盡事宜，依有關法令、習慣、平等互惠及誠實信用原則公平解決之。

附件

□建物所有權狀影本或其他有權出租之證明文件

□使用執照影本

□雙方身分證明文件影本

□授權代理人簽約同意書

□租賃標的現況確認書

□出租人同意轉租範圍、租賃期間及終止租約事由確認書

□出租人負責修繕項目及範圍確認書

□附屬設備清單

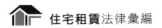

□租賃住宅位置格局示意圖
□其他（測量成果圖、室內空間現狀照片、稅籍證明等）

立契約書人

出租人：

姓名（名稱）：＿＿＿＿＿＿＿＿＿＿＿＿＿＿＿（簽章）

統一編號或身分證明文件編號：＿＿＿＿＿＿＿＿＿

戶籍地址：＿＿＿＿＿＿＿＿＿＿＿＿＿＿＿＿＿

通訊地址：＿＿＿＿＿＿＿＿＿＿＿＿＿＿＿＿＿

聯絡電話：＿＿＿＿＿＿＿＿＿＿＿＿＿＿＿＿＿

電子郵件信箱：＿＿＿＿＿＿＿＿＿＿＿＿＿＿＿

承租人：

姓名（名稱）：＿＿＿＿＿＿＿＿＿＿＿＿＿＿＿（簽章）

統一編號或身分證明文件編號：＿＿＿＿＿＿＿＿＿

戶籍地址：＿＿＿＿＿＿＿＿＿＿＿＿＿＿＿＿＿

通訊地址：＿＿＿＿＿＿＿＿＿＿＿＿＿＿＿＿＿

聯絡電話：＿＿＿＿＿＿＿＿＿＿＿＿＿＿＿＿＿

電子郵件信箱：＿＿＿＿＿＿＿＿＿＿＿＿＿＿＿

保證人：

姓名（名稱）：＿＿＿＿＿＿＿＿＿＿＿＿＿＿＿（簽章）

統一編號或身分證明文件編號：＿＿＿＿＿＿＿＿＿

戶籍地址：＿＿＿＿＿＿＿＿＿＿＿＿＿＿＿＿＿

通訊地址：＿＿＿＿＿＿＿＿＿＿＿＿＿＿＿＿＿

聯絡電話：＿＿＿＿＿＿＿＿＿＿＿＿＿＿＿＿＿

電子郵件信箱：＿＿＿＿＿＿＿＿＿＿＿＿＿＿＿

不動產經紀業：

      名稱（公司或商號）：_____

      地址：_____

      聯絡電話：_____

      統一編號或身分證明文件編號：_____

      負責人：_____（簽章）

      統一編號：_____

      電子郵件信箱：_____

不動產經紀人：

      姓名：_____（簽章）

      統一編號或身分證明文件編號：

      通訊地址：_____

      聯絡電話：_____

      證書字號：_____

      電子郵件信箱：_____

中華民國_____年_____月_____日

租賃標的現況確認書

填表日期　　年　　月　　日

項次	內容	備註說明
1	□有□無　包括未登記之改建、增建、加建、違建部分： □壹樓__平方公尺□__樓__平方公尺。 □頂樓__平方公尺□其他__平方公尺。	若為違建（未依法申請增、加建之建物），出租人應確實加以說明，使承租人得以充分認知此範圍之建物隨時有被拆除之虞或其他危險。
2	建物型態：_____。 建物現況格局：__房（間、室）__廳__衛□有□無隔間。	一、建物型態： （一）一般建物：透天厝、別墅（單獨所有權無共有部分）。 （二）區分所有建物：公寓（五樓含以下無電梯）、透天厝、店面（店鋪）、辦公商業大樓、住宅或複合型大樓（十一層含以上有電梯）、華廈（十層含以下有電梯）、套房（一房、一廳、一衛）等。 （三）其他特殊建物：如工廠、廠辦、農舍、倉庫等型態。 二、現況格局（例如：房間、廳、衛浴數，有無隔間）。
3	汽車停車位種類及編號： 地上（下）第__層□平面式停車位□機械式停車位□其他__。 編號：第__號車位個，□有□無獨立權狀。	

	□有□無檢附分管協議及圖說。 機車停車位：地上（下）第__層編號 第__號車位個或其位置示意圖。	
4	□有□無消防設施，若有，項目： （1）____（2）____（3）____。 □有□無定期辦理消防安全檢查。	
5	□有□無滲漏水之情形，滲漏水處： _____。 若有滲漏水處之處理： □由出租人修繕後交屋。 □以現況交屋。 □其他_____。	
6	□有□無曾經做過輻射屋檢測？ 若有，請檢附檢測證明文件。 檢測結果是否有輻射異常？□是□否； 若有： □由出租人修繕後交屋。 □以現況交屋。 □其他____。	民國七十一年至七十三年領得使用執照之建築物，應特別留意檢測。如欲進行改善，應向行政院原子能委員會洽詢技術協助。
7	□有□無曾經做過混凝土中水溶性氯離子含量檢測（例如海砂屋檢測事項）；若有檢測結果：_____。	一、八十四年六月三十日（含）以前已建築完成之建築物，參照八十三年七月二十二日修訂公佈之CNS 3090檢測標準，混凝土中最大水溶性氯離子含量（依水溶法）容許值為0.6kg/m³。八十四年七月一日（含）以後之建築物，混凝土中最大水溶性氯離子含量（依水溶法）容許值為0.3kg/m³。

7		二、八十四年七月一日（含）以後依建築法規申報施工勘驗之建築物，混凝土中最大水溶性氯離子含量參照CNS 3090檢測標準，容許值含量為0.3kg/m³，檢測資料可向建築主管機關申請。 三、一百零四年五月二十六日內政部修正「施工中建築物混凝土氯離子含量檢測實施要點」第四點，依CNS3090規定，新拌混凝土中最大水溶性氯離子含量（依水溶法）預力混凝土構件為0.15 kg/m³，鋼筋混凝土為0.15 kg/m³。 四、綜上，不同時期之檢測值，互有差異，租賃雙方應自行注意。
8	本建物（專有部分）是否曾發生凶殺、自殺、一氧化碳中毒或其他非自然死亡之情事： (1) 於產權持有期間□有□無曾發生上列情事。 (2) 於產權持有前，出租人 　　□確認無上列情事。 　　□知道曾發生上列情事。 　　□不知道曾否發生上列情事。	
9	供水及排水□是□否正常。若不正常，由□出租人□承租人負責維修。	

10	□有□無公寓大廈規約或其他住戶應遵循事項；若有，□有□無檢附規約或其他住戶應遵循事項。	
11	□有□無管理委員會統一管理，若有建物管理費為□月繳新臺幣__元□季繳新臺幣__元□其他___。 停車位管理費為□月繳新臺幣__元□季繳新臺幣__元□年繳新臺幣__元□其他___。 □有□無積欠建物、停車位管理費；若有，新臺幣____元。	停車位管理費以清潔費名義收取者亦同。
12	附屬設備項目如下： □電視__台□電視櫃__件□沙發__組□茶几__件□餐桌__張 □餐桌椅__張□鞋櫃__件□窗簾__組□燈飾__件□冰箱__台□洗衣機__台 □書櫃__件□床組（頭）__件□衣櫃__組□梳妝台__件 □書桌椅__組□置物櫃__件□電話__具□保全設施__組□微波爐__台 □洗碗機__台□冷氣__台□排油煙機__件□流理台__件□瓦斯爐__台 □熱水器__台□天然瓦斯□其他__。	

出租人：_____（簽章）

承租人：_____（簽章）

不動產經紀人：_____（簽章）

簽章日期：_____年_____月_____日

附件二

出租人同意轉租範圍、租賃期間

及終止租約事由確認書

出租人＿＿＿＿＿將後列住宅出租予承租人＿＿＿＿＿，並於民國＿＿年＿＿月＿＿日簽訂住宅租賃契約書在案，茲同意承租人得於租賃期間將住宅轉租，但承租人應於簽訂轉租契約三十日內，將轉租範圍、期間、次承租人之姓名及通訊住址等相關資料告知本人。本人同意轉租範圍及租賃相關事項如附明細表。

　　　　此致

承租人

　　　　　　　　　　　　出租人＿＿＿＿＿＿＿（簽章）

　中　華　民　國　　　　年　　　　月　　　　日

出租人同意轉租範圍、租賃期間及終止租約事由明細表（請逐戶填載）

租賃住宅標的								轉租之範圍	租賃起迄期間	有無提前終止租約之約定	備註
鄉鎮市區	街路	段	巷	弄	號	樓	室				
								□全部 □一部	民國__年__月__日起至民國__年__月__日止	□ 有 □ 無（若有，請註明）	同意轉租範圍如為一部者，應檢附該部分位置示意圖
								□全部 □一部	民國__年__月__日起至民國__年__月__日止	□ 有 □ 無（若有，請註明）	

附註：原住宅租賃契約於租賃期間，如有提前終止租約之約定者，其提前終止租約之事由如下：

附件三

出租人負責修繕項目及範圍確認書

出租人_____將後列住宅出租予承租人_____，並於民國____年____月____日簽訂住宅租賃契約書在案，茲同意依本契約第____條第____項約定出具本租賃標的負責修繕項目及範圍之確認書如附明細表。（以下僅為例示，應由租賃雙方依實際情形自行約定後確認之）

　　　　　此致

承租人

　　　　　　　　　　　　　　　出租人_____（簽章）

　　　中　華　民　國　　　年　　　月　　　日

出租人負責修繕項目及範圍明細表

設備或設施及數量		點交狀態		租賃期間損壞之修繕責任	備註
室外	大門	□現狀	□修繕後點交	□有□無	
	門鎖	□現狀	□修繕後點交	□有□無	
	門鈴	□現狀	□修繕後點交	□有□無	
	對講機	□現狀	□修繕後點交	□有□無	
	房門	□現狀	□修繕後點交	□有□無	
	門口燈	□現狀	□修繕後點交	□有□無	
	其他	□現狀	□修繕後點交	□有□無	
客餐廳及臥室	落地門窗	□現狀	□修繕後點交	□有□無	
	紗門	□現狀	□修繕後點交	□有□無	
	玻璃窗	□現狀	□修繕後點交	□有□無	
	天花板	□現狀	□修繕後點交	□有□無	
	內牆壁	□現狀	□修繕後點交	□有□無	
	室內地板	□現狀	□修繕後點交	□有□無	
	其他	□現狀	□修繕後點交	□有□無	
廚房及衛浴設備等	洗臉台	□現狀	□修繕後點交	□有□無	
	流理台	□現狀	□修繕後點交	□有□無	
	排水孔	□現狀	□修繕後點交	□有□無	
	水龍頭	□現狀	□修繕後點交	□有□無	
	馬桶	□現狀	□修繕後點交	□有□無	
	浴缸	□現狀	□修繕後點交	□有□無	
	門窗	□現狀	□修繕後點交	□有□無	
	天花板	□現狀	□修繕後點交	□有□無	
廚房及衛浴設備等	地版	□現狀	□修繕後點交	□有□無	
	牆壁	□現狀	□修繕後點交	□有□無	
	其他	□現狀	□修繕後點交	□有□無	
其他					

附註：

1. 以上修繕項目及範圍請逐戶填載；如附屬設備有不及填載時，得於其他欄填載。
2. 如為現狀點交者，建議拍照存證。
3. 如為修繕後點交，亦應載明修繕方式。
4. 修繕聯絡方式：

   □同本契約第＿條出租人基本資料

   □租賃住宅代管業：

   （1）名稱：＿＿＿＿＿＿＿＿＿＿＿＿＿

   （2）營業地址：＿＿＿＿＿＿＿＿＿＿

   （3）聯絡電話：＿＿＿＿＿＿＿＿＿＿

   （4）電子郵件信箱：＿＿＿＿＿＿＿＿

   □其他聯絡方式：（如有，請另行填載）

簽約注意事項

一、適用範圍

本契約書範本之租賃標的用途，係由承租人供作居住使用，並提供租賃雙方簽訂住宅租賃契約時參考使用。

二、租賃意義

稱租賃者，謂當事人約定，一方以物租與他方使用收益，他方支付租金之契約（民法第四百二十一條）。當事人就標的物及租金為同意時，租賃契約即為成立。為使租賃當事人清楚瞭解自己所處之立場與權利義務關係，乃簡稱支付租金之人為承租人，交付租賃標的物之人為出租人。

三、租賃標的

（一）租賃標的範圍屬已登記者，以登記簿記載為準；未登記者以房屋稅籍證明或實際測繪之位置略圖為準。

（二）租賃標的範圍非屬全部者（如部分樓層之套房或雅房出租），應由出租人出具「租賃住宅位置格局示意圖」標註租賃範圍，以確認實際住宅租賃位置或範圍。

（三）為避免租賃雙方對於租賃住宅是否包含未登記之改建、增建、加建及違建部分，或冷氣、傢俱等其他附屬設備認知差異，得參依本契約範本附件「租賃標的現況確認書」，由租賃雙方互為確認，以杜糾紛。

（四）承租人遷入租賃住宅時，可請出租人會同檢查住宅設備現況並拍照存證，如有附屬設備，並得以清單列明，以供返還租賃住宅回復原狀之參考。

四、租賃期間

（一）住宅租賃之期間超過一年者，應訂立書面契約，未訂立書面契約者，視為不定期限之租賃。住宅租賃契約未定期限者，租賃雙方當事人得隨時終止租約。但有利於承租人之習慣者，從其習慣。

（二）又租賃雙方當事人為舉證方便，通常會以書面訂定期限，參考民法第一百六十六條規定，契約當事人約定其契約須用一定方式者，在該方式未完成前，推定其契約不成立。故租賃雙方簽約時宜明訂租賃期間，且應至少三十日以上，以保障租賃雙方當事人權益。

五、租金約定及支付

（一）租金係以月租金額為計算基準，並應約定每次支付月租金之月數、時間及方式。

（二）承租人應依約定時間支付租金，不得藉任何理由拖延或拒付，出租人於租賃期間亦不得任意要求調整租金。

六、押金約定及返還

（一）押金具有擔保承租人因租賃所衍生之債務，主要用於擔保損害賠償及處理遺留物責任，而預為支付之金錢，其金額最高不得

超過二個月租金之總額，承租人應於簽訂本契約之同時給付出租人。

（二）出租人應於租期屆滿或租賃契約終止，承租人返還租賃住宅時返還押金或抵充本契約所生債務後之賸餘押金。

七、租賃期間相關費用之支付

（一）有關使用住宅而連帶產生之相關費用（如水、電、瓦斯、網路及管理費等），實務上有不同類型，部分契約係包含於租金中，部分則約定由承租人另行支付，亦有係由租賃雙方共同分擔等情形，宜事先於契約中明訂數額或雙方分擔之方式，以免日後產生爭議。

（二）租賃標的範圍非屬全部者（如部分樓層之套房或雅房出租），相關費用及其支付方式，宜由租賃雙方依實際租賃情形事先於契約中明訂數額或雙方分擔之方式，例如以房間分度表數計算每度電費應支付之金額，但不得超過台灣電力公司所定夏季用電量最高級距之每度金額。

八、使用租賃住宅之限制

（一）承租人應依約定方法，為租賃住宅之使用、收益，並應遵守公寓大廈規約所定之一切權利義務及其他住戶應遵循事項。

（二）依租賃住宅市場發展及管理條例第九條第一項規定，轉租人應經出租人書面同意，始得轉租其租用之住宅全部或一部。考量實務屢有無權轉租，引發租賃糾紛或致次承租人居住權益受損情事，為兼顧保障出租人及次承租人權益及避免產生爭議，租賃雙方當事人宜於契約中約明出租人是否同意或不同意轉租其租用之住宅全部或一部。

（三）本契約書範本之租賃住宅，不得供營業使用，故出租人得不同意承租人為公司登記、商業登記及營業（稅籍）登記。

九、修繕

（一）租賃住宅或附屬設備之修繕，除契約另有訂定、習慣或因可歸

責於承租人所致者外，由出租人負擔；出租人為修繕租賃住宅所為之必要行為時，承租人不得拒絕。

（二）出租人之修繕義務，在使承租人就租賃標的能為約定之住宅使用、收益，如承租人就租賃標的以外有所增設時，該增設物即不在出租人修繕義務範圍。（最高法院六十三年台上字第九九號判例參照）

（三）租賃住宅或附屬設備由出租人負責修繕者，如出租人未於承租人所定相當期限內修繕時，承租人得自行修繕，並請求出租人償還其費用或於本契約書範本第三條約定之租金中扣除。

十、室內裝修

（一）租賃住宅有室內裝修之必要，承租人應經出租人同意，始得依相關法令自行裝修，但不得損害原有建築之結構安全。租賃雙方並應約明返還租賃住宅時，承租人應負責回復之狀況，以避免爭議。

（二）出租人同意承租人進行室內裝修者，承租人應依相關法令規定辦理，且不得損害原有建築之結構安全；另所指「應依相關法令規定辦理」，包括都市計畫法、消防法及建築法等相關法令在內。例如將舊租賃住宅進行室內裝修，應依建築法第七十七條之二規定辦理，並遵守下列事項：

1. 供公眾使用建築物之室內裝修應申請審查許可。但中央主管機關得授權建築師公會或其他相關專業技術團體審查。

2. 裝修材料應合於建築技術規則之規定。

3. 不得妨害或破壞防火避難設施、消防設備、防火區劃及主要構造。

4. 不得妨害或破壞保護民眾隱私權設施。

前項建築物室內裝修應由經內政部登記許可之室內裝修從業者辦理。

十一、提前終止租約之約定

（一）租賃定有期限者，其租賃關係，於期限屆滿時消滅。未定期限

者，租賃雙方得隨時終止契約。故契約當事人於簽訂契約時，請記得約定得否於租賃期間提前終止租約及違約金之賠償額度，以保障自身權益。

（二）定有期限之租賃契約，如約定租賃之一方於期限屆滿前，得終止契約者，其終止契約，應按照本契約書範本第十三條約定先期通知他方。如租賃之一方未依約定期間先期通知他方而逕行終止租約者，最高只能賠償他方一個月租金額之違約金。

（三）租賃雙方雖約定不得終止租約，但如有本契約書範本第十六條或第十七條得終止租約之情形，因係屬法律規定或事實上無法履行契約，仍得終止租約。如無第十六條或第十七條得終止租約之情形者，租賃雙方當事人則得本於契約自由原則，自行約定違約金。

十二、出租人提前終止租約

為確保租賃住宅適居性及安全性，出租人為收回租賃住宅重新建築時，應按照本契約書範本第十六條，於終止前三個月，以書面通知承租人，並提出具體事證，以確保承租人居住權益。

十三、承租人提前終止租約

（一）承租人如於租賃期間發生疾病或意外，有長期療養需求並提出具體事證，得依照本契約書範本第十七條第一項提前終止租賃契約。

（二）依民法第六條規定，承租人死亡時，喪失權利能力，其繼承人如無使用租賃住宅需求，得按照本契約書範本第十七條第三項提前終止租賃契約。

（三）前項情形，其繼承人應於終止前三十日，檢附相關事證，以書面通知出租人。

十四、租賃住宅之返還

（一）承租人返還租賃住宅時，如有附屬設備清單或拍照存證相片，宜由租賃雙方會同逐一檢視點交返還。

（二）承租人返還租賃住宅時，如未將戶籍或商業登記或營業（稅籍）登記遷出，所有權人得依戶籍法或商業登記法或營業登記規則等相關規定，證明無租借情事，向租賃住宅所在地戶政事務所或主管機關申請遷離或廢止。

十五、爭議處理

（一）本契約發生之爭議，雙方得依下列方式處理：

1. 依直轄市縣（市）不動產糾紛調處委員會設置及調處辦法規定申請調處。

2. 依鄉鎮市調解條例規定，向鄉、鎮、市（區）調解委員會聲請調解。

3. 依民事訴訟法第四百零三條及第四百零四條規定，向法院聲請調解。

4. 依仲裁法規定，向仲裁機構聲請仲裁。

（二）鄉、鎮、市（區）調解委員會調解成立之調解書經法院核定後與民事確定判決有同一效力；仲裁判斷，於當事人間，與法院之確定判決，有同一效力。

（三）司法院訴訟外紛爭解決機構查詢平台：http://adrmap.judicial.gov.tw/

十六、租賃契約之效力

為確保私權及避免爭議，簽訂住宅租賃契約時不宜輕率，宜請求公證人就法律行為或私權事實作成公證書或認證文書。

十七、契約分存

（一）訂約時務必詳審契約條文，由雙方簽章或按手印，寫明戶籍、通訊住址及身分證統一編號或身分證明文件編號，契約應一式二份，由雙方各自留存一份契約正本。如有保證人，契約應一式三份，由雙方及保證人各自留存一份契約正本。

（二）若租約超過二頁以上，租賃雙方宜加蓋騎縫章，以避免被抽換；若契約內容有任何塗改，亦必須於更改處簽名或蓋章，以

保障自身權益受損。

十八、確定訂約者之身分

（一）簽約時應先確定簽訂人之身分，例如國民身分證、駕駛執照或健保卡等身分證明文件之提示。如限制行為能力人（除已結婚者外）訂定本契約，應依民法規定，除依其年齡及身分、日常生活所必須者，不必經法定代理人允許外，應經法定代理人或監護人之允許或承認。若非租賃雙方本人簽約時，應請簽約人出具授權簽約同意書。

（二）出租人是否為屋主或二房東，可要求出租人提示產權證明如所有權狀、登記謄本或原租賃契約書（應注意其租賃期間有無禁止轉租之約定）。

十九、不動產經紀人簽章

租賃住宅若透過不動產經紀業辦理者，應由該經紀業指派經紀人於本契約簽章。

住宅租賃契約應約定及不得約定事項

107.6.28內政部內授中辦地字第1071303965號（107年6月27日生效）
附件一　租賃標的現況確認書
附件二　出租人同意轉租範圍、租賃期間及終止租約事由確認書
附件三　出租人負責修繕項目及範圍確認書

| 壹、應約定事項 |

一、租賃標的

（一）租賃住宅標示：

1. 門牌＿＿縣（市）＿＿鄉（鎮、市、區）＿＿街（路）＿＿段＿＿巷＿＿弄＿＿號＿＿樓之＿＿（基地坐落＿＿段＿＿小段＿＿地號）。無門牌者，其房屋稅籍編號：＿＿＿＿＿或其位置略圖。

2. 專有部分建號＿＿，權利範圍＿＿，面積共計＿＿平方公尺。

  (1) 主建物面積：

  ＿＿層＿＿平方公尺，＿＿層＿＿平方公尺，＿＿層＿＿平方公尺共計＿＿平方公尺，用途＿＿。

  (2) 附屬建物用途＿＿，面積＿＿平方公尺。

3. 共有部分建號＿＿，權利範圍＿＿，持分面積＿＿平方公尺。

4. 車位：□有（汽車停車位＿＿個、機車停車位＿＿個）□無。

5. □有□無設定他項權利，若有，權利種類：＿＿。

6. □有□無查封登記。

（二）租賃範圍：

1. 租賃住宅□全部□部分：第＿＿層□房間＿＿間□第＿＿室，面積＿＿＿＿平方公尺（如「租賃住宅位置格局示意圖」標註之租賃範圍）。

2. 車位（如無則免填）：

   (1) 汽車停車位種類及編號：

   地上（下）第＿＿層□平面式停車位□機械式停車位，編號第＿＿號。

   (2) 機車停車位：地上（下）第＿＿層編號第＿＿號或其位置示意圖。

   (3) 使用時間：

   □全日□日間□夜間□其他＿＿。

3. 租賃附屬設備：

   □有□無附屬設備，若有，除另有附屬設備清單外，詳如後附租賃標的現況確認書（如附件一）。

4. 其他：＿＿＿＿＿。

二、租賃期間

租賃期間自民國＿＿年＿＿月＿＿日起至民國＿＿年＿＿月＿＿日止。（租賃期間至少三十日以上）

三、租金約定及支付

承租人每月租金為新臺幣（下同）＿＿元整，每期應繳納＿＿個月租金，並於每□月□期＿＿日前支付，不得藉任何理由拖延或拒絕，出租人於租賃期間亦不得任意要求調整租金。

租金支付方式：□現金繳付□轉帳繳付：金融機構：＿＿＿＿＿＿，戶名：＿＿＿＿＿，帳號：＿＿＿＿＿。□其他：＿＿＿＿＿。

四、押金約定及返還

押金由租賃雙方約定為＿＿個月租金，金額為＿＿元整（最高不得超過二個月租金之總額）。承租人應於簽訂住宅租賃契約（以下簡稱本契約）之同時給付出租人。

前項押金，除有第十三點第三項、第十四點第四項及第十八點第二項
之情形外，出租人應於租期屆滿或租賃契約終止，承租人返還租賃住
宅時，返還押金或抵充本契約所生債務後之賸餘押金。

五、租賃期間相關費用之支付

租賃期間，使用租賃住宅所生之相關費用如下：

（一）管理費：

　　　□由出租人負擔。

　　　□由承租人負擔。

　　　　租賃住宅每月＿＿＿＿元整。

　　　　停車位每月＿＿＿＿元整。

　　　□其他：＿＿。

（二）水費：

　　　□由出租人負擔。

　　　□由承租人負擔。

　　　□其他：＿＿。（例如每度＿＿元整）

（三）電費：

　　　□由出租人負擔。

　　　□由承租人負擔。

　　　□其他：＿＿。（例如每度＿＿元整，但不得超過台灣電力公
　　　　司所定夏季用電量最高級距之每度金額。）

（四）瓦斯費：

　　　□由出租人負擔。

　　　□由承租人負擔。

　　　□其他：＿＿。

（五）網路費：

　　　□由出租人負擔。

　　　□由承租人負擔。

　　　□其他：＿＿。

（六）其他費用及其支付方式：＿＿＿。

六、稅費負擔之約定

本契約有關稅費、代辦費，依下列約定辦理：

（一）租賃住宅之房屋稅、地價稅由出租人負擔。

（二）出租人收取現金者，其銀錢收據應貼用之印花稅票由出租人負擔。

（三）簽約代辦費＿＿＿＿＿元整。

　　　□由出租人負擔。

　　　□由承租人負擔。

　　　□由租賃雙方平均負擔。

　　　□其他：＿＿＿。

（四）公證費＿＿＿＿＿元整。

　　　□由出租人負擔。

　　　□由承租人負擔。

　　　□由租賃雙方平均負擔。

　　　□其他：＿＿＿。

（五）公證代辦費＿＿＿＿＿元整。

　　　□由出租人負擔。

　　　□由承租人負擔。

　　　□由租賃雙方平均負擔。

　　　□其他：＿＿＿。

（六）其他稅費及其支付方式：＿＿＿。

七、使用租賃住宅之限制

本租賃標的係供居住使用，承租人不得變更用途。

承租人同意遵守公寓大廈規約或其他住戶應遵循事項，不得違法使用、存放有爆炸性或易燃性物品，影響公共安全、公共衛生或居住安寧。

出租人□同意□不同意承租人將本租賃標的之全部或一部分轉租、出

借或以其他方式供他人使用，或將租賃權轉讓於他人。

前項出租人同意轉租者，應出具同意書（如附件二）載明同意轉租之範圍、期間及得終止本契約之事由，供承租人轉租時向次承租人提示。

八、修繕

租賃住宅或附屬設備損壞時，應由出租人負責修繕。但租賃雙方另有約定、習慣或因可歸責於承租人之事由者，不在此限。

前項由出租人負責修繕者，如出租人未於承租人所定相當期限內修繕時，承租人得自行修繕，並請求出租人償還其費用或於第三點約定之租金中扣除。

出租人為修繕租賃住宅所為之必要行為，承租人不得拒絕。

前項出租人於修繕期間，致租賃標的全部或一部不能居住使用者，承租人得請求出租人扣除該期間全部或一部之租金。

九、室內裝修

租賃住宅有室內裝修之必要，承租人應經出租人同意，始得依相關法令自行裝修，且不得損害原有建築之結構安全。

承租人經出租人同意裝修者，其裝修增設部分若有損壞，由承租人負責修繕。

第一項情形，承租人返還租賃住宅時，□應負責回覆原狀□現況返還□其他＿＿。

十、出租人之義務及責任

出租人應出示有權出租本租賃標的之證明文件及國民身分證或其他足資證明身分之文件，供承租人核對。

出租人應以合於所約定居住使用之租賃住宅，交付承租人，並應於租賃期間保持其合於居住使用之狀態。

出租人與承租人簽訂本契約，應先向承租人說明租賃住宅由出租人負責修繕項目及範圍（如附件三），並提供有修繕必要時之聯絡方式。

十一、承租人之義務及責任

承租人應於簽訂本契約時，出示國民身分證或其他足資證明身分之文件，供出租人核對。

承租人應以善良管理人之注意義務保管、使用、收益租賃住宅。

承租人違反前項義務，致租賃住宅毀損或滅失者，應負損害賠償責任。但依約定之方法或依租賃住宅之性質使用、收益，致有變更或毀損者，不在此限。

承租人經出租人同意轉租者，應於簽訂轉租契約後三十日內，以書面將轉租範圍、期間、次承租人之姓名及通訊住址等相關資料通知出租人。

十二、租賃住宅部分滅失

租賃關係存續中，因不可歸責於承租人之事由，致租賃住宅之一部滅失者，承租人得按滅失之部分，請求減少租金。

十三、提前終止租約之約定

本契約於期限屆滿前，出租人□得□不得；承租人□得□不得終止租約。

依約定得終止租約者，租賃之一方應於□一個月前□＿個月前通知他方。一方未為先期通知而逕行終止租約者，應賠償他方＿個月（最高不得超過一個月）租金額之違約金。

前項承租人應賠償之違約金得由第四點之押金中扣抵。

租期屆滿前，依第二項終止租約者，出租人已預收之租金應返還予承租人。

十四、租賃住宅之返還

租期屆滿或租賃契約終止時，出租人應結算承租人第五點約定之相關費用，承租人應即將租賃住宅返還出租人並遷出戶籍或其他登記。

前項租賃住宅之返還，應由租賃雙方共同完成屋況及附屬設備之點交手續。租賃之一方未會同點交，經他方定相當期限催告仍不會同者，視為完成點交。

承租人未依第一項規定返還租賃住宅時，出租人除按日向承租人請求未返還租賃住宅期間之相當月租金額外，並得請求相當月租金額計算之違約金（未足一個月者，以日租金折算）至返還為止。

前項金額及承租人未繳清之相關費用，出租人得由第四點之押金中扣抵。

十五、租賃住宅所有權之讓與

出租人於租賃住宅交付後，承租人占有中，縱將其所有權讓與第三人，本契約對於受讓人仍繼續存在。

前項情形，出租人應移交押金及已預收之租金與受讓人，並以書面通知承租人。

本契約如未經公證，其期限逾五年者，不適用第一項之規定。

十六、出租人提前終止租約

租賃期間有下列情形之一者，出租人得提前終止租約，且承租人不得要求任何賠償：

（一）出租人為重新建築而必要收回。

（二）承租人遲付租金之總額達二個月之金額，並經出租人定相當期限催告，仍不為支付。

（三）承租人積欠管理費或其他應負擔之費用達相當二個月之租金額，經出租人定相當期限催告，仍不為支付。

（四）承租人違反第七點第二項規定而違法使用、存放有爆炸性或易燃性物品，經出租人阻止，仍繼續使用。

（五）承租人違反第七點第三項勾選不同意之約定，擅自轉租、出借或以其他方式供他人使用或將租賃權轉讓予他人。

（六）承租人毀損租賃住宅或附屬設備，經出租人限期催告修繕而不為修繕或相當之賠償。

（七）承租人違反第九點第一項規定，未經出租人同意，擅自進行室內裝修。

（八）承租人違反第九點第一項規定，未依相關法令規定進行室內裝

修，經出租人阻止仍繼續為之。

（九）承租人違反第九點第一項規定，進行室內裝修，損害原有建築
之結構安全。

出租人依前項規定提前終止租約者，應依下列規定期限，檢附相關事
證，以書面通知承租人：

（一）依前項第一款規定終止者，於終止前三個月。

（二）依前項第二款至第九款規定終止者，於終止前三十日。

十七、承租人提前終止租約

租賃期間有下列情形之一，致難以繼續居住者，承租人得提前終止租
約，出租人不得要求任何賠償：

（一）租賃住宅未合於居住使用，並有修繕之必要，經承租人依第八
點第二項規定催告，仍不於期限內修繕。

（二）租賃住宅因不可歸責承租人之事由致一部滅失，且其存餘部分
不能達租賃之目的。

（三）租賃住宅有危及承租人或其同居人之安全或健康之瑕疵；承租
人於簽約時已明知該瑕疵或拋棄終止租約權利者，亦同。

（四）承租人因疾病、意外產生有長期療養之需要。

（五）因第三人就租賃住宅主張其權利，致承租人不能為約定之居住
使用。

承租人依前項規定提前終止租約者，應於終止前三十日，檢附相關事
證，以書面通知出租人。

承租人死亡，其繼承人得主張終止租約，其通知期限及方式，適用前
項規定。

十八、遺留物之處理

本契約租期屆滿或提前終止租約，依第十四點完成點交或視為完成點
交之手續後，承租人仍於本租賃住宅有遺留物者，除租賃雙方另有約
定外，經出租人定相當期限向承租人催告，逾期仍不取回時，視為拋
棄其所有權。

出租人處理前項遺留物所生費用，得由第四點之押金先行扣抵，如有不足，並得向承租人請求給付不足之費用。

十九、履行本契約之通知

除本契約另有約定外，租賃雙方相互間之通知，以郵寄為之者，應以本契約所記載之地址為準；如因地址變更或拒收，致通知無法到達他方時，以第一次郵遞之日期推定為到達日。

前項之通知得經租賃雙方約定以□電子郵件□簡訊□通訊軟體（例如Line、Whats App等文字顯示）□其他＿＿方式為之；如因不可歸責於雙方之事由，致通知無法到達時，以通知之一方提出他方確已知悉通知之日期推定為到達日。

二十、其他約定

本契約租賃雙方□同意□不同意辦理公證。

本契約經辦理公證者，租賃雙方□不同意；□同意公證書載明下列事項應逕受強制執行：

（一）承租人如於租期屆滿後不返還租賃住宅。

（二）承租人未依約給付之欠繳租金、費用及出租人或租賃標的所有權人代繳之管理費，或違約時應支付之金額。

（三）出租人如於租期屆滿或本契約終止時，應返還之全部或一部押金。

公證書載明金錢債務逕受強制執行時，如有保證人者，前項後段第＿＿款之效力及於保證人。

二十一、契約及其相關附件效力

本契約自簽約日起生效，租賃雙方各執一份契約正本。

本契約廣告及相關附件視為本契約之一部分。

本契約所定之權利義務對租賃雙方之契約繼受人均有效力。

二十二、當事人及其基本資料

本契約應記載當事人及其基本資料：

（一）承租人之姓名（名稱）、統一編號或身分證明文件編號、戶籍

　　地址、通訊地址、聯絡電話、電子郵件信箱。

（二）出租人之姓名（名稱）、統一編號或身分證明文件編號、戶籍
　　　地址、通訊地址、聯絡電話、電子郵件信箱。

｜貳、不得約定事項｜

一、不得約定廣告僅供參考。

二、不得約定承租人不得申報租賃費用支出。

三、不得約定承租人不得遷入戶籍。

四、不得約定應由出租人負擔之稅賦及費用，若較出租前增加時，其增加
　　部分由承租人負擔。

五、不得約定免除或限制民法上出租人故意不告知之瑕疵擔保責任。

六、不得約定承租人須繳回契約書。

七、不得約定本契約之通知，僅以電話方式為之。

八、不得約定違反強制或禁止規定。

附件一

租賃標的現況確認書

填表日期　　年　　月　　日

項次	內容	備註說明
1	□有□無　包括未登記之改建、增建、加建、違建部分： □壹樓__平方公尺□__樓__平方公尺。 □頂樓__平方公尺□其他__平方公尺。	若為違建（未依法申請增、加建之建物），出租人應確實加以說明，使承租人得以充分認知此範圍之建物隨時有被拆除之虞或其他危險。
2	建物型態：_____。 建物現況格局：__房（間、室）__廳__衛□有□無隔間。	一、建物型態： （一）一般建物：透天厝、別墅（單獨所有權無共有部分）。 （二）區分所有建物：公寓（五樓含以下無電梯）、透天厝、店面（店鋪）、辦公商業大樓、住宅或複合型大樓（十一層含以上有電梯）、華廈（十層含以下有電梯）、套房（一房、一廳、一衛）等。 （三）其他特殊建物：如工廠、廠辦、農舍、倉庫等型態。 二、現況格局（例如：房間、廳、衛浴數，有無隔間）。
3	汽車停車位種類及編號： 地上（下）第__層□平面式停車位□機械式停車位□其他__。 編號：第__號車位個，□有□無獨立權狀。	

	□有□無檢附分管協議及圖說。 機車停車位：地上（下）第__層編號 第__號車位個或其位置示意圖。	
4	□有□無消防設施，若有，項目： （1）____（2）____（3）____。 □有□無定期辦理消防安全檢查。	
5	□有□無滲漏水之情形，滲漏水處： _____。 若有滲漏水處之處理： □由出租人修繕後交屋。 □以現況交屋。 □其他_____。	
6	□有□無曾經做過輻射屋檢測？ 若有，請檢附檢測證明文件。 檢測結果是否有輻射異常？ □是□否；若有： □由出租人修繕後交屋。 □以現況交屋。 □其他____。	七十一年至七十三年領得使用執照之建築物，應特別留意檢測。如欲進行改善，應向行政院原子能委員會洽詢技術協助。
7	□有□無曾經做過混凝土中水溶性氯離子含量檢測（例如海砂屋檢測事項）；若有檢測結果：_____。	一、八十四年六月三十日（含）以前已建築完成之建築物，參照八十三年七月二十二日修訂公佈之CNS 3090檢測標準，混凝土中最大水溶性氯離子含量（依水溶法）容許值為0.6 kg/m^3。八十四年七月一日（含）以後之建築物，混凝土中最大水溶性氯離子含量（依水溶法）容許值為0.3 kg /m^3。

		二、八十四年七月一日（含）以後依建築法規申報施工勘驗之建築物，混凝土中最大水溶性氯離子含量參照CNS 3090檢測標準，容許值含量為0.3kg/m^3，檢測資料可向建築主管機關申請。
7		三、一百零四年五月二十六日內政部修正「施工中建築物混凝土氯離子含量檢測實施要點」第四點，依CNS3090規定，新拌混凝土中最大水溶性氯離子含量（依水溶法）預力混凝土構件為0.15 kg/m^3，鋼筋混凝土為0.15 kg/m^3。
		四、綜上，不同時期之檢測值，互有差異，租賃雙方應自行注意。
8	本建物（專有部分）是否曾發生凶殺、自殺、一氧化碳中毒或其他非自然死亡之情事： (1) 於產權持有期間□有□無曾發生上列情事。 (2) 於產權持有前，出租人 　□確認無上列情事。 　□知道曾發生上列情事。 　□不知道曾否發生上列情事。	
9	供水及排水□是□否正常。若不正常，由□出租人□承租人負責維修。	
10	□有□無公寓大廈規約或其他住戶應遵循事項；若有，□有□無檢附規約或其他住戶應遵循事項。	

11	□有□無管理委員會統一管理，若有建物管理費為□月繳新臺幣__元□季繳新臺幣__元□年繳新臺幣__元□其他___。 停車位管理費為□月繳新臺幣__元□季繳新臺幣__元□年繳新臺幣__元□其他___。 □有□無積欠建物、停車位管理費；若有，新臺幣____元。	停車位管理費以清潔費名義收取者亦同。
12	附屬設備項目如下： □電視__台□電視櫃__件□沙發__組□茶几__件□餐桌__組 □鞋櫃__件□窗簾__組□燈飾__件□冰箱__台□洗衣機__台 □書櫃__件□床組（頭）__件□衣櫃__組□梳妝台__件□書桌椅__組 □置物櫃__件□電話__具□保全設施__組□微波爐__台□洗碗機__台 □冷氣__台□排油煙機__件□流理台__件□瓦斯爐__台 □熱水器__台□天然瓦斯□其他__。	

出租人：_____（簽章）

承租人：_____（簽章）

不動產經紀人：_____（簽章）

簽章日期：_____年_____月_____日

附件二

出租人同意轉租範圍、租賃期間

及終止租約事由確認書

出租人＿＿＿＿＿將後列住宅出租予承租人＿＿＿＿＿，並於民國＿＿年＿＿月＿＿日簽訂住宅租賃契約書在案，茲同意承租人得於租賃期間將住宅轉租，但承租人應於簽訂轉租契約三十日內，將轉租範圍、期間、次承租人之姓名及通訊住址等相關資料告知本人。本人同意轉租範圍及租賃相關事項如附明細表。

　　　　此致

承租人

　　　　　　　　　　出租人＿＿＿＿＿＿（簽章）

中　華　民　國　　　年　　　月　　　日

出租人同意轉租範圍、租賃期間及終止租約事由明細表（請逐戶填載）

租賃住宅標的								轉租之範圍	租賃起迄期間	有無提前終止租約之約定	備註
鄉鎮市區	街路	段	巷	弄	號	樓	室				
								□全部 □一部	民國＿年＿月＿日起至民國＿年＿月＿日止	□有 □無（若有，請註明）	同意轉租範圍如為一部者，應檢附該部分位置示意圖
								□全部 □一部	民國＿年＿月＿日起至民國＿年＿月＿日止	□有 □無（若有，請註明）	

附註：原住宅租賃契約於租賃期間，如有提前終止租約之約定者，其提前終止租約之事由如下：

附件三

出租人負責修繕項目及範圍確認書

出租人＿＿＿＿＿＿將後列住宅出租予承租人＿＿＿＿＿＿，並於民國＿＿年＿＿月＿＿日簽訂住宅租賃契約書在案，茲同意依本契約第＿＿條第＿＿項約定出具本租賃標的負責修繕項目及範圍之確認書如附明細表。（以下僅為例示，應由租賃雙方依實際情形自行約定後確認之）

　　　　　此致

承租人

　　　　　　　　　　　　　出租人＿＿＿＿＿＿＿（簽章）

　　中　華　民　國　　　年　　　月　　　日

出租人負責修繕項目及範圍明細表

設備或設施及數量		點交狀態		租賃期間損壞之修繕責任	備註
室外	大門	□現狀	□修繕後點交	□有□無	
	門鎖	□現狀	□修繕後點交	□有□無	
	門鈴	□現狀	□修繕後點交	□有□無	
	對講機	□現狀	□修繕後點交	□有□無	
	房門	□現狀	□修繕後點交	□有□無	
	門口燈	□現狀	□修繕後點交	□有□無	
	其他	□現狀	□修繕後點交	□有□無	
客餐廳及臥室	落地門窗	□現狀	□修繕後點交	□有□無	
	紗門	□現狀	□修繕後點交	□有□無	
	玻璃窗	□現狀	□修繕後點交	□有□無	
	天花板	□現狀	□修繕後點交	□有□無	
	內牆壁	□現狀	□修繕後點交	□有□無	
	室內地板	□現狀	□修繕後點交	□有□無	
	其他	□現狀	□修繕後點交	□有□無	
廚房及衛浴設備等	洗臉台	□現狀	□修繕後點交	□有□無	
	流理台	□現狀	□修繕後點交	□有□無	
	排水孔	□現狀	□修繕後點交	□有□無	
	水龍頭	□現狀	□修繕後點交	□有□無	
	馬桶	□現狀	□修繕後點交	□有□無	
	浴缸	□現狀	□修繕後點交	□有□無	
	門窗	□現狀	□修繕後點交	□有□無	
	天花板	□現狀	□修繕後點交	□有□無	
廚房及衛浴設備等	地版	□現狀	□修繕後點交	□有□無	
	牆壁	□現狀	□修繕後點交	□有□無	
	其他	□現狀	□修繕後點交	□有□無	
其他					

附註：

1. 以上修繕項目及範圍請逐戶填載；如附屬設備有不及填載時，得於其他欄填載。

2. 如為現狀點交者，建議拍照存證。

3. 如為修繕後點交，亦應載明修繕方式。

4. 修繕聯絡方式：

   □同本契約第＿條出租人基本資料

   □租賃住宅代管業：

   （1）名稱：＿＿＿＿＿＿＿＿＿＿＿＿＿＿＿＿

   （2）營業地址：＿＿＿＿＿＿＿＿＿＿＿＿＿

   （3）聯絡電話：＿＿＿＿＿＿＿＿＿＿＿＿＿

   （4）電子郵件信箱：＿＿＿＿＿＿＿＿＿＿＿

   □其他聯絡方式：（如有，請另行填載）

租賃住宅委託管理契約書範本
（出租人為企業經營者適用）

108.9.5內政部台內地字第1080264475號
附件：委託管理標的現況確認書
　　　簽約注意事項

　　立契約書人委託人（出租人）＿＿＿＿＿＿，受託人（租賃住宅代管業）
＿＿＿＿＿，茲為租賃住宅代管事宜，雙方同意本契約條款如下：

第一條　委託管理標的

一、租賃住宅標示：

（一）門牌＿＿縣（市）＿＿鄉（鎮、市、區）＿＿街（路）＿＿段
＿＿巷＿＿弄＿＿號＿＿樓之＿＿（基地坐落＿段＿小段＿地
號）。無門牌者，其房屋稅籍編號：＿＿＿或其位置略圖。

（二）專有部分建號＿＿＿，權利範圍＿＿＿，面積共計＿＿＿平方公尺。

1. 主建物面積：

＿＿＿層＿＿＿平方公尺，＿＿＿層＿＿＿平方公尺，＿＿＿層＿＿＿平
方公尺共計＿＿＿平方公尺，用途＿＿＿。

2. 附屬建物用途＿＿＿，面積＿＿＿平方公尺。

（三）共有部分建號＿＿＿，權利範圍＿＿＿，持分面積＿＿＿平方公尺。

（四）車位：□有（汽車停車位＿＿＿個、機車停車位＿＿＿個）□無。

（五）□有□無設定他項權利，若有，權利種類：＿＿＿。

（六）□有□無查封登記。

二、委託管理範圍：

（一）租賃住宅□全部□部分：第＿＿＿層□房間＿＿＿間□第＿＿＿室，
面積＿＿＿平方公尺。

（二）車位：（如無則免填）

    1. 汽車停車位種類及編號：

    地上（下）第＿＿＿層□平面式停車位□機械式停車位，編號
第＿＿＿號。

    2. 機車停車位：

    地上（下）第＿＿＿層，編號第＿＿＿號或其位置示意圖。

    3. 使用時間：

    □全日□日間□夜間□其他＿＿＿。

（三）租賃附屬設備：

    □有□無附屬設備，若有，除另有附屬設備清單外，詳如附
件委託管理標的現況確認書。

（四）其他：＿＿＿＿＿＿。

第二條　委託管理期間

委託管理期間自民國＿＿年＿＿月＿＿日起至民國＿＿年＿＿月＿＿日止。

前項委託管理期間屆滿時，委託管理標的之租賃關係仍屬存續者，委任雙方得於租賃期間內約定展延委託管理期間。

第三條　報酬約定及給付

委託人應按□月□期（＿＿＿個月）給付報酬予受託人；其報酬為□委託管理標的月租金額百分之＿＿＿□新臺幣（下同）＿＿＿元，委託人應於每□月□期＿＿＿日前給付，非有正當理由不得拖延或拒絕，受託人於委託管理期間非有正當理由亦不得要求調漲報酬。

前項報酬給付方式：□現金繳付□於代為收取之租金內扣付□轉帳繳付：金融機構：＿＿＿，戶名：＿＿＿，帳號：＿＿＿□其他＿＿＿＿。

委託管理標的之租賃關係消滅，且委託人未提前終止本契約者，受託人□得□不得向委託人收取報酬。若得收取報酬，其金額為＿＿＿＿＿＿元。

第四條　委託管理項目

委託管理期間，受託人代為管理項目如下：

一、屋況與設備點交。

二、居住者身分之確認。

三、向承租人催收（繳）租金及相關費用。

四、日常修繕維護事項：

　　（一）租賃住宅及其附屬設備檢查及維護。

　　（二）修繕費用通報及修繕或督促修繕。

五、糾紛協調處理。

六、結算相關費用。

七、租賃關係消滅時，督促承租人返還租賃住宅並遷出戶籍或其他登記。

八、其他項目：

　　□（一）收取租金，交付方式：＿＿。

　　□（二）收取押金，交付方式：＿＿。

　　□（三）管理押金。

　　□（四）墊付相關費用。

　　□（五）處理委託管理標的專有部分之共用空間清潔業務。

　　□（六）遺留物之處理。

　　□（七）租購家具、電器設備。

第五條　違反使用限制之處理

委託管理標的係供居住使用，承租人如有變更用途、未遵守公寓大廈規約或其他住戶應遵行事項，違法使用、存放有爆炸性或易燃性物品，影響公共安全、公共衛生或居住安寧，受託人應予制止，並即向委託人報告及提出處理方式之建議。

第六條　修繕之處理

委託管理標的經租賃契約約定由委託人負責修繕者，得委由受託人修繕；其費用，由委託人負擔。

委託管理標的經租賃契約約定由承租人負責修繕及負擔費用者，得由受託人代為督促之；承租人對於應負責修繕之項目或費用有爭執時，受託人應代為協調。

第七條　委託人之義務及責任

委託人應據實提供附件之委託管理標的現況確認書相關資訊，並確保合於租賃契約所約定居住使用之狀態。

簽訂本契約時，委託人應出示有權委託管理本租賃住宅之證明文件、國民身分證或其他足資證明身分之文件，供受託人核對；如有同意受託人代為收取租金、押金者，並應提供交付之方式。

簽訂本契約時，委託人應向受託人說明租賃契約約定應由委託人負責修繕之項目、範圍、有修繕必要時之聯絡方式及其他相關事項；簽訂本契約後，委託人並應以書面方式告知承租人本契約相關事項。

第八條　受託人之義務及責任

委託管理期間，受託人之義務如下：

一、應出示租賃住宅服務業登記證影本，供委託人核對。

二、應負責督促承租人以善良管理人之注意，保管、使用租賃住宅。

三、依第四條第一款規定，代為執行屋況與設備點交者，應於租賃期間屆滿或租賃契約提前終止時，先行協助結算相關費用、製作代收代付清單、結算承租人於租賃期間應繳未繳之費用與協助執行屋況及附屬設備點交，並通知委託人將扣除未繳費用之賸餘押金返還承租人。

四、依第四條第三款規定，代為向承租人催收（繳）租金及相關費用者，應於繳款期限屆滿後__日內催收（繳）。

五、依第四條第四款或第八款第五目規定，代為辦理日常修繕維護或清潔事務者，應製作執行紀錄，提供委託人查詢或取閱。

六、依第四條第五款規定，代為協調處理租賃糾紛者，應包括承租人使用委託管理標的之糾紛。

七、依第四條第八款第一目或第二目規定，代為收取租金或押金者，應按約定交付方式，於代為收取之日起＿日（不得超過三十日）內交付委託人。但委任雙方另訂有保管約定者，依其約定。

八、依第四條第八款第三目規定，代為管理押金者，除於租賃關係消滅時，抵充承租人因租賃契約所生之債務外，不得動支，並應於承租人返還委託管理標的時，經委託人同意後，代為返還押金或抵充債務後之賸餘押金予承租人。

九、應於收受委託人之有關報酬或文件時，開立統一發票或掣給收據。

十、應配合委託人申請減徵稅捐需要，提供相關證明。

十一、不得委託他代管業執行租賃住宅管理業務。

因可歸責於受託人之事由而違反前項各款規定，致委託人受有損害者，應負賠償責任。

第九條　租賃住宅返還之處理

委託管理標的之租賃關係消滅時，受託人應即結算相關費用，督促承租人將租賃住宅返還委託人，並遷出戶籍或其他登記。

因可歸責於受託人之事由而違反前項規定，致委託人受有損害者，應負賠償責任。

第十條　委託人提前終止契約

委託管理期間有下列情形之一者，委託人得提前終止本契約：

一、受託人違反第八條第一項第六款代為協調處理租賃糾紛之規定，經委託人定相當期間催告，仍不於期限內處理。

二、受託人違反第八條第一項第七款依期限交付代為收取之租金或押
金之規定，經委託人定相當期間催告，仍不於期限內交付。

三、受託人違反第八條第一項第十一款規定，委託他代管業執行租賃
住宅管理業務。

四、委託管理標的之租賃關係消滅。

五、委託管理標的全部滅失，或一部滅失且其存餘部分難以繼續居
住。

六、受託人經主管機關撤銷、廢止許可或租賃住宅服務業登記。

第十一條　受託人提前終止契約

委託管理期間有下列情形之一者，受託人得提前終止本契約：

一、因委託人違反第六條第一項、第七條第一項或第三項後段規定，
致受託人無法繼續管理委託標的。

二、委託管理標的之租賃關係消滅且已完成第九條第一項規定事項。

第十二條　履行本契約之通知

除本契約另有約定外，委任雙方相互間之通知，以郵寄為之者，應以
本契約所記載之地址為準；如因地址變更未告知他方，致通知無法到達他
方時，以第一次郵遞之日期推定為到達日。

前項之通知得經委任雙方約定以□電子郵件信箱：＿＿＿＿□手機簡訊□
即時通訊軟體以文字顯示方式為之。

第十三條　契約及其相關附件效力

本契約自簽約日起生效，委任雙方各執一份契約正本。

受託人之廣告及相關附件視為本契約之一部分。

第十四條　未盡事宜之處置

本契約條款如有疑義或未盡事宜，依有關法令、習慣、平等互惠及誠實信用原則公平解決之。

附件

☐建物所有權狀影本

☐房屋稅籍證明影本

☐使用執照影本

☐雙方身分證明文件影本

☐授權代理人簽約同意書

☐委託管理標的現況確認書

☐租賃住宅位置格局示意圖

☐附屬設備清單

☐其他（測量成果圖、室內空間現狀照片）

立契約書人

委託人：

　　　　姓名：：＿＿＿＿＿＿＿＿＿＿＿＿＿＿＿（簽章）

　　　　統一編號或身分證明文件編號：＿＿＿＿＿＿＿＿

　　　　戶籍地址：＿＿＿＿＿＿＿＿＿＿＿＿＿＿＿＿

　　　　通訊地址：＿＿＿＿＿＿＿＿＿＿＿＿＿＿＿＿

　　　　聯絡電話：＿＿＿＿＿＿＿＿＿＿＿＿＿＿＿＿

　　　　電子郵件信箱：＿＿＿＿＿＿＿＿＿＿＿＿＿＿

受託人：

　　　　公司名稱：：＿＿＿＿＿＿＿＿＿＿＿＿＿（簽章）

　　　　代表人姓名：＿＿＿＿＿＿＿＿＿＿＿＿＿＿

　　　　統一編號：＿＿＿＿＿＿＿＿＿＿＿＿＿＿＿

　　　　登記證字號：＿＿＿＿＿＿＿＿＿＿＿＿＿＿

營業地址：＿＿＿＿＿＿＿＿＿＿＿＿＿＿＿＿＿＿＿＿＿＿

聯絡電話：＿＿＿＿＿＿＿＿＿＿＿＿＿＿＿＿＿＿＿＿＿＿＿

電子郵件信箱：＿＿＿＿＿＿＿＿＿＿＿＿＿＿＿＿＿＿＿＿

租賃住宅管理人員：

姓名：：＿＿＿＿＿＿＿＿＿＿＿＿＿＿＿＿＿＿（簽章）

證書字號：＿＿＿＿＿＿＿＿＿＿＿＿＿＿＿＿＿＿＿＿＿＿

通訊地址：＿＿＿＿＿＿＿＿＿＿＿＿＿＿＿＿＿＿＿＿＿＿

聯絡電話：＿＿＿＿＿＿＿＿＿＿＿＿＿＿＿＿＿＿＿＿＿＿

電子郵件信箱：＿＿＿＿＿＿＿＿＿＿＿＿＿＿＿＿＿＿＿＿

中華民國＿＿＿＿＿年＿＿＿＿＿月＿＿＿＿＿日

附件

委託管理標的現況確認書

填表日期　　年　　月　　日

項次	內容	備註說明
1	□有□無　包括未登記之改建、增建、加建、違建部分： □壹樓__平方公尺□__樓__平方公尺。 □頂樓__平方公尺□其他__平方公尺。	若為違建（未依法申請增、加建之建物），出租人應確實加以說明，使承租人得以充分認知此範圍之建物隨時有被拆除之虞或其他危險。
2	建物型態：_____。 建物現況格局：__房（間、室）__廳__衛 □有□無隔間。	一、建物型態： （一）一般建物：透天厝、別墅（單獨所有權無共有部分）。 （二）區分所有建物：公寓（五樓含以下無電梯）、透天厝、店面（店鋪）、辦公商業大樓、住宅或複合型大樓（十一層含以上有電梯）、華廈（十層含以下有電梯）、套房（一房、一廳、一衛）等。 （三）其他特殊建物：如工廠、廠辦、農舍、倉庫等型態。 二、現況格局（例如：房間、廳、衛浴數，有無隔間）。
3	汽車停車位種類及編號： 地上（下）第__層□平面式停車位□機械式停車位□其他__。 編號：第__號車位個，□有□無獨立權狀。 □有□無檢附分管協議及圖說。	

3	機車停車位：地上（下）第__層編號第__號車位個或其位置示意圖。	
4	□有□無住宅用火災警報器。 □有□無其他消防設施，若有，項目：（1）____（2）____（3）____。 □有□無定期辦理消防安全檢查。	非屬應設置火警自動警報設備之住宅所有權人應依消防法第六條第五項規定設置及維護住宅用火災警報器。
5	□有□無滲漏水之情形，若有，滲漏水處：_____。 滲漏水處之處理： □由委託人修繕後交屋。 □委託受託人修繕。 □以現況交屋。 □其他____。	
6	□有□無曾經做過輻射屋檢測？ 若有，請檢附檢測證明文件。 檢測結果□有□無輻射異常，若有異常之處理： □由委託人改善後交屋。 □委託受託人改善。 □以現況交屋。 □其他____。	七十一年至七十三年領得使用執照之建築物，應特別留意檢測。行政院原子能委員會網站已提供「現年劑量達1毫西弗以上輻射屋查詢系統」供民眾查詢輻射屋資訊，如欲進行改善，應向行政院原子能委員會洽詢技術協助。
7	□有□無曾經做過鋼筋混凝土中水溶性氯離子含量檢測（例如海砂屋檢測事項）；若有，檢測結果：_____。 □有□無超過容許值含量，若有超過之處理： □由委託人修繕後交屋。 □委託受託人修繕。 □以現況交屋。 □其他____。	一、八十三年七月二十一日以前，CNS3090無訂定鋼筋混凝土中最大水溶性氯離子含量（依水溶法）容許值。 二、八十三年七月二十二至八十七年六月二十四日依建築法規申報施工勘驗之建築物，參照八十三年七月二十二日修訂公佈之CNS3090檢測標準，鋼筋混凝土中最大水溶

7		性氯離子含量（依水溶法）容許值為0.6kg/m³。 三、八十七年六月二十五日至一百零四年一月十二日依建築法規申報施工勘驗之建築物，鋼筋混凝土中最大水溶性氯離子含量參照八十七年六月二十五日修訂公佈之CNS3090檢測標準，容許值含量為0.3kg/m³。 四、一百零四年一月十三日（含）以後依建築法規申報施工勘驗之建築物，鋼筋混凝土中最大水溶性氯離子含量參照一百零四年一月十三日修訂公佈之CNS 3090檢測標準，容許值含量為0.15kg/m³。 五、上開檢測資料可向建築主管機關申請，不同時期之檢測標準，互有差異，委任雙方應自行注意。
8	本租賃住宅（專有部分）是否曾發生凶殺、自殺、一氧化碳中毒或其他非自然死亡之情事： (1) 委託人確認租賃住宅所有權人於產權持有期間□有□無曾發生上列情事。 (2) 委託人確認租賃住宅所有權人於產權持有前 □無上列情事。 □知道曾發生上列情事。 □不知道曾否發生上列情事。	

9	供水及排水□是□否正常，若不正常， □由委託人修繕後交屋。 □委託受託人修繕。 □以現況交屋。 □其他＿＿＿。	
10	□有□無公寓大廈規約或其他住戶應 遵行事項；若有，□有□無檢附規約 或其他住戶應遵行事項。	
11	□有□無管理委員會統一管理，若有 租賃住宅管理費為□月繳新臺幣＿＿＿元 □季繳新臺幣＿＿＿元□年繳新臺幣＿＿＿ 元□其他＿＿＿。 停車位管理費為□月繳新臺幣＿＿＿元□ 季繳新臺幣＿＿＿元□年繳新臺幣＿＿＿元 □其他＿＿＿。 □有□無積欠租賃住宅、停車位管理 費；若有，新臺幣＿＿＿＿元。	停車位管理費以清潔費名義收取 者亦同。
12	附屬設備項目如下： □電視＿台□電視櫃＿件□沙發＿組□茶几＿件□餐桌＿組 □鞋櫃＿件□窗簾＿組□燈飾＿件□冰箱＿臺□洗衣機＿台 □書櫃＿件□床組（頭）＿件□衣櫃＿組□梳妝台＿件□書桌椅＿組 □置物櫃＿件□電話＿具□保全設施＿組□微波爐＿台□洗碗機＿台 □冷氣＿台□排油煙機＿件□流理台＿件□瓦斯爐＿台 □熱水器＿台□天然瓦斯□其他＿＿。	

出租人：＿＿＿＿＿＿＿＿＿＿＿＿（簽章）

承租人：＿＿＿＿＿＿＿＿＿＿＿＿（簽章）

不動產經紀人：＿＿＿＿＿＿＿＿＿＿＿＿（簽章）

簽章日期：＿＿＿＿年＿＿＿＿月＿＿＿＿日

簽約注意事項

一、適用範圍

（一）本契約書範本，係提供委託人（屬企業經營者之出租人）與受
託人（租賃住宅代管業）簽訂租賃住宅委託管理契約（以下簡
稱本契約）時參考使用，且該委託管理標的之用途，係供居住
使用。

（二）按行政院消費者保護處一百零五年五月三十日院臺消保字第一
〇五〇一六五二七四號函「不論公司、團體或個人，亦不論其
營業於行政上是否經合法登記或許可經營，若反覆實施出租行
為，非屬偶一為之，並以出租為業者，均可認定為企業經營
者。」出租人為企業經營者，其支付報酬委託租賃住宅代管業
（以下簡稱代管業）管理租賃住宅，係企業經營者接受代管業
提供租賃住宅管理服務，不具消費關係，從而應適用本契約書
範本。

（三）基於受託人應提供之代管專業服務內容，及保障委託人之租賃
或委託管理之權益，受託人依本契約執行租賃關係消滅後之相
關事項時，本契約之委託人仍視為具出租人地位。

二、委任關係

稱委任者，謂當事人約定，一方委託他方處理事務，他方允為處理之
契約（民法第五百二十八條）。委託處理事務之一方，稱為委託人，
同意受託代為處理事務之一方，稱為受託人。

本契約之受託人為代管業，指受出租人之委託，經營租賃住宅管理業
務之公司（租賃住宅市場發展及管理條例第三條第四款）。該租賃住
宅管理業務，指租賃住宅之屋況與設備點交、收租與押金管理、日常
修繕維護、糾紛協調處理及其他與租賃住宅管理有關之事項（租賃住
宅市場發展及管理條例第三條第六款）。本契約之委託人與受託人係
屬委任關係（民法第五百二十八條）。

三、委託管理標的

（一）委託管理標的範圍，指住宅租賃契約中有關租賃住宅專有、專用部分而屬私領域居住空間，或本契約所衍生之相關管理事務，尚不包含公寓大廈公共使用空間之管理維護。

（二）委託管理標的範圍屬已登記者，以登記簿記載為準；未登記者以房屋稅籍證明或實際測繪之位置略圖為準，位置略圖並宜清楚標示該租賃住宅之坐落位置，如重要路口或地標等資訊，以利辨識委託管理標的。

（三）委託管理租賃標的範圍非屬全部者（如部分樓層之套房或雅房），得由委託人出具「租賃住宅位置格局示意圖」標註委託管理範圍，以確認實際租賃住宅位置或範圍。

（四）為避免委任雙方對於委託管理標的範圍是否包含未登記之改建、增建、加建及違建部分，或冷氣、傢俱等其他附屬設備認知差異，得參依本契約書範本附件「委託管理標的現況確認書」，由委任雙方互為確認，以杜糾紛。

（五）委託人可與受託人會同檢查租賃住宅設備現況並拍照存證，如有附屬設備，並得以清單列明，以供受託人協助處理返還租賃住宅回復原狀之參考。

四、委託管理期間及契約方式

（一）為舉證方便及保障委任雙方之權益，雙方應以書面簽訂本契約並明定委託管理期間，且受託人應與委託人簽訂本契約後，始得執行租賃住宅管理業務。（租賃住宅市場發展及管理條例第二十八條第一項）

（二）又為避免委託人及受託人間之糾紛，委託管理期間以定有期限為原則。倘委託管理期間屆滿時，委託管理標的之租賃關係尚屬存續者，委任雙方得於租賃期限內協議是否同意展延委託管理期間。

（三）個人住宅所有權人（即出租人、委託人）將住宅委託代管業管

理，並簽訂一年以上之委託管理契約，且與承租人簽訂一年以上租賃契約者，享有租稅優惠（租賃住宅市場發展及管理條例第十七條、第十八條及其施行細則第四條、第五條）。

五、報酬約定及給付

（一）委託管理報酬，委任雙方得約定以月租金額一定比例為計算基準或約定一定數額，按月或約定數月為一期，按期給付，並應約定每次支付報酬之方式（如現金繳付、轉帳繳付、於月租金內扣付等）。

（二）委託管理標的之租賃關係消滅且委託人無提前終止本契約時，委託人與受託人得自行約定是否收取報酬，如仍得收取報酬，應約定金額多寡，以避免爭議。

（三）委任雙方當事人應約定每月或每期支付報酬之期限，委託人不得藉任何理由拖延或拒絕，受託人於委託管理期間亦不得藉任何理由要求調漲報酬。

六、委託管理項目

租賃住宅管理業務，包括租賃住宅之屋況與設備點交、收租與押金管理、日常修繕維護、糾紛協調處理及其他與租賃住宅管理有關之事項（租賃住宅市場發展及管理條例第三條第六款），惟代管業之管理權限係來自於委託人之委任授權，故委託管理事項仍宜由雙方以契約約定，以資明確。（民法第五百三十二條）

七、違反使用限制之處理

（一）受託人應督促承租人依照公寓大廈管理條例規定，遵守住戶規約，不得違法使用、存放有爆炸性或易燃性物品，影響公共安全、公共衛生或居住安寧。

（二）本委託管理標的係供居住使用，受託人應要求承租人依約定方法使用租賃住宅，承租人如有變更用途，受託人應予制止，並向委託人報告及提出處理方式之建議。

八、修繕之處理

（一）委託管理標的或附屬設備損壞，依租賃契約約定由委託人負責
修繕者，委託人可委託受託人代為處理其修繕，並應負擔修繕
費用。

（二）依租賃契約約定由承租人負責修繕及負擔費用者，受託人應負
責督促承租人修繕；承租人對於應負責修繕之項目或費用有爭
執時，受託人應代為協調。

九、委託人之義務及責任

（一）為確認委託管理標的現況，委託人應據實提供「委託管理標的
現況確認書」相關資訊，並確保合於租賃契約所約定居住使用
狀態，故簽訂本契約時，應敘明由委託人負責修繕項目、範
圍、有修繕必要時之聯絡方式及其他相關事項；簽訂本契約書
後，委託人應將本契約相關事項以書面方式告知承租人，以利
承租人配合受託人執行業務及維護承租人權益。

（二）簽訂本契約時，委託人應出示有權委託管理標的之證明文件
（如為住宅所有權人得提供權利書狀、建物登記謄本、房屋稅
單等，如非住宅所有權人，得提供經所有權人授權委託之證明
文件）、國民身分證或其他足資證明身分之文件供受託人核
對；如有同意受託人代為收取租金、押金者，並應提供交付之
方式（如現金交付、轉帳等），俾受託人代為收取後得交付委
託人。

十、受託人之義務及責任

（一）承租人在租賃期間負有保管租賃住宅及對其同居人或允許使用
租賃住宅之第三人行為負損害賠償責任（民法第四百三十二
條、第四百三十三條），受託人應督促承租人以善良管理人之
注意，保管、使用租賃住宅。

（二）租期屆滿或租賃契約提前終止時，受託人應先行協助結算相關
費用、製作代收代付清單、結算承租人在租賃期間應繳未繳之

費用，與協助執行屋況及附屬設備點交，並通知委託人將扣除未繳費用之賸餘押金返還承租人；但承租人所支付之押金係由受託人代為管理者，則應於承租人返還該委託管理標的時，經委託人同意後代為返還押金或賸餘押金予承租人。

（三）承租人未依租賃契約約定繳納租金及相關費用（水電費、瓦斯費、管理費、有線電視費、網路費等）者，受託人應於收款期限屆滿後，依雙方約定期日內履行催收、催繳之義務。

（四）受託人對於日常修繕維護或清潔事務應製作執行紀錄，以利委託人查詢或取閱。

（五）承租人使用委託管理標的所發生之糾紛，受託人應依約定代為協調處理。

（六）代為收取租金及押金係受託人專業經營之重要業務，亦為保障委託人收益之主要服務項目，故受託人經委託人同意代為收取租金、押金者，應依雙方約定之交付方式及期限（不超過三十日）轉交委託人，以維護委託人之權益。

（七）押金係承租人為擔保租賃住宅之損害賠償行為及處理遺留物責任所預為支付之金錢，如約定由受託人代為管理者，受託人自應秉持專業管理之注意義務，除有返還租賃住宅時，清償租賃契約所生之債務得動支押金之情形外，不得挪為其他用途使用。

（八）受託人收受委託人之有關費用或文件，應掣給收據，以避免雙方爭議，及利於日後查證。

（九）委託人如有申請減徵稅捐需要（租賃住宅市場發展及管理條例第十七條、第十八條及其施行細則第四條、第五條），受託人應配合提供相關證明文件。

（十）為落實受託人專業經營之責任與避免執業過程權責不清，受託人不得委託他代管業執行租賃住宅管理業務。

十一、租賃住宅返還之處理

委託管理標的租期屆滿或租賃契約提前終止時，承租人如未將原設籍之戶籍及其他法人或團體等登記遷出，經委託人授權之受託人得依戶籍法第十六條等相關規定，證明無租借住宅情事，向住宅所在地戶政事務所或主管機關申請遷離或廢止。

十二、委託人提前終止契約

（一）租賃住宅管理業務中之糾紛協調處理，屬受託人經委託人信任之專業經營管理服務業，涉及委託人重大權益，若受託人違約不為處理，經委託人定相當期間催告，屆期仍不處理，委託人有終止本契約之權。

（二）受託人經委託人同意代為收取租金或押金者，應於代為收取之日起不超過三十日內交付委託人，受託人屆期如未將代為收取之租金或押金交付委託人，屬受託人重大違約事項，委託人得終止本契約。

（三）為落實代管業專業經營制度，避免執業過程權責不清，受託人再委託他代管業執行租賃住宅管理業務，委託人得終止本契約。

（四）委託管理標的之租賃關係消滅時，委託人有提前終止本契約之權利。

（五）委託管理標的全部滅失，或一部滅失且其存餘部分難以繼續居住時，委託人有提前終止本契約之權利。

（六）租賃住宅服務業因違反相關法令規定，經直轄市、縣（市）主管機關撤銷、廢止許可或租賃住宅服務業登記者，該業者即無法再行營業，委託人得終止本契約。

十三、受託人提前終止契約

（一）因委託人違反本契約委由受託人修繕而未償還其修繕費用、未據實提供委託管理標的現況確認書資訊並確保合於租賃契約所約定居住使用之狀態，或未以書面方式告知承租人本契約相關

事項等規定，致受託人無法繼續管理委託標的，受託人得終止本契約。

（二）委託管理標的之租賃關係消滅，無論是租賃雙方合意或因一方違約而致他方終止租賃契約等原因，將導致受託人無法繼續管理，受託人得終止本契約，但為保障委託人權益，受託人仍應以已完成結算費用、督促承租人返還租賃住宅及遷出戶籍或其他登記等事項為前提，始得主張提前終止本契約。

十四、消費爭議處理

（一）本契約發生之消費爭議，雙方得依下列方式處理：

1. 依鄉鎮市調解條例規定，向鄉、鎮、市（區）調解委員會聲請調解。

2. 依民事訴訟法第四百零三條及第四百零四條規定，向法院聲請調解。

3. 依仲裁法規定，向仲裁機構聲請調解，或另行訂立仲裁協議後向仲裁機構聲請仲裁。

（二）鄉、鎮、市（區）調解委員會調解成立之調解書經法院核定後與民事確定判決有同一效力；仲裁人作成之調解書，與仲裁判斷有同一效力；仲裁判斷，於當事人間，與法院之確定判決，有同一效力。

（三）司法院訴訟外紛爭解決機構查詢平台：http://adrmap.judicial.gov.tw/

十五、契約分存

（一）訂約時務必詳審契約條文，由委任雙方簽章或按手印，寫明代管業公司名稱、代表人、統一編號、營業地址、登記證字號及其指派租賃住宅管理人員姓名、證書字號等，及委託人姓名、戶籍、通訊地址及聯絡電話等，契約應一式二份，由委任雙方各自留存一份契約正本。

（二）若本契約超過二頁以上，委任雙方最好加蓋騎縫章，以避免被

抽換；若契約內容有任何塗改，亦必須於更改處簽名或蓋章，以保障自身權益受損。

十六、確定訂約者之身分

（一）簽約時，委託人應請代管業提示其公司名稱、代表人、統一編號、地址、登記證字號及其指派租賃住宅管理人員姓名、證書字號等文件，確認其為合法業者；而代管業應先確定委託人之身分，例如國民身分證、駕駛執照或健保卡等身分證明文件之提示。如限制行為能力人（除已結婚者外）訂定契約，應依民法規定，經法定代理人或監護人之允許或承認。若非雙方本人簽約時，應請簽約人出具授權簽約之同意書。

（二）委託人是否為屋主（即租賃住宅所有權人），影響委託人與受託人雙方權益甚大，故受託人可要求委託人提示產權證明（如所有權狀、登記謄本）；如委託人非屋主，則應提出經授權委託之證明文件。

十七、租賃住宅管理人員簽章

租賃住宅管理人員，係指租賃住宅代管業（受託人）依租賃住宅市場發展及管理條例所置從事代管業務之人員，依該條例規定應於本契約及其附件（委託管理標的現況確認書）上簽章。

租賃住宅委託管理契約書範本
（出租人為非企業經營者適用）

108.9.5內政部台內地字第1080264472號公告
附件：委託管理標的現況確認書
　　　簽約注意事項

契約審閱期

　　租賃住宅委託管理契約（以下簡稱本契約）於民國＿＿年＿＿月＿＿日經委託人攜回審閱＿＿日（契約審閱期間至少三日）

　　委託人（出租人）簽章：

　　受託人（租賃住宅代管業）簽章：

　　立契約書人委託人＿＿＿＿＿＿，受託人＿＿＿＿＿＿，茲為租賃住宅代管事宜，雙方同意本契約條款如下：

第一條　委託管理標的

一、租賃住宅標示：

　　（一）門牌＿＿縣（市）＿＿鄉（鎮、市、區）＿＿街（路）＿＿段＿＿巷＿＿弄＿＿號＿＿樓之＿＿（基地坐落＿＿段＿＿小段＿＿地號）。無門牌者，其房屋稅籍編號：＿＿或其位置略圖。

　　（二）專有部分建號＿＿，權利範圍＿＿，面積共計＿＿平方公尺。

　　　　　1. 主建物面積：

　　　　　　　＿＿層＿＿平方公尺，＿＿層＿＿平方公尺，＿＿層＿＿平方公尺共計＿＿平方公尺，用途＿＿。

　　　　　2. 附屬建物用途＿＿，面積＿＿平方公尺。

　　（三）共有部分建號＿＿，權利範圍＿＿，持分面積＿＿平方公尺。

（四）車位：□有（汽車停車位＿＿＿個、機車停車位＿＿＿個）□無。

（五）□有□無設定他項權利，若有，權利種類：＿＿＿。

（六）□有□無查封登記。

二、委託管理範圍：

（一）租賃住宅□全部□部分：第＿＿＿層□房間＿＿＿間□第＿＿＿室，
面積＿＿＿平方公尺。

（二）車位：（如無則免填）

1. 汽車停車位種類及編號：
地上（下）第＿＿＿層□平面式停車位□機械式停車位，編號
第＿＿＿號。

2. 機車停車位：
地上（下）第＿＿＿層，編號第＿＿＿號或其位置示意圖。

3. 使用時間：
□全日□日間□夜間□其他＿＿＿。

（三）租賃附屬設備：

□有□無附屬設備，若有，除另有附屬設備清單外，詳如附
件委託管理標的現況確認書。

（四）其他：＿＿＿＿＿＿＿。

第二條　委託管理期間

委託管理期間自民國＿年＿月＿日起至民國＿年＿月＿日止。

前項委託管理期間屆滿時，委託管理標的之租賃關係仍屬存續者，委
任雙方得於租賃期間內約定展延委託管理期間。

第三條　報酬約定及給付

委託人應按□月□期（＿＿＿個月）給付報酬予受託人；其報酬為□委
託管理標的月租金額百分之＿＿＿□新臺幣（下同）＿＿＿元，委託人應於每
□月□期＿＿＿日前給付，非有正當理由不得拖延或拒絕，受託人於委託管

理期間非有正當理由亦不得要求調漲報酬。

前項報酬給付方式：□現金繳付□於代為收取之租金內扣付□轉帳繳付：金融機構：＿＿＿，戶名：＿＿＿，帳號：＿＿＿□其他＿＿＿。

委託管理標的之租賃關係消滅，且委託人未提前終止本契約者，受託人□得□不得向委託人收取報酬。若得收取報酬，其金額為＿＿＿元。

第四條　委託管理項目

委託管理期間，受託人代為管理項目如下：

一、屋況與設備點交。

二、居住者身分之確認。

三、向承租人催收（繳）租金及相關費用。

四、日常修繕維護事項：

　　（一）租賃住宅及其附屬設備檢查及維護。

　　（二）修繕費用通報及修繕或督促修繕。

五、糾紛協調處理。

六、結算相關費用。

七、租賃關係消滅時，督促承租人返還租賃住宅並遷出戶籍或其他登記。

八、其他項目：

　　□（一）收取租金，交付方式：＿＿＿。

　　□（二）收取押金，交付方式：＿＿＿。

　　□（三）管理押金。

　　□（四）墊付相關費用。

　　□（五）處理委託管理標的專有部分之共用空間清潔業務。

　　□（六）遺留物之處理。

　　□（七）租購家具、電器設備。

第五條　違反使用限制之處理

委託管理標的係供居住使用，承租人如有變更用途、未遵守公寓大廈規約或其他住戶應遵行事項，違法使用、存放有爆炸性或易燃性物品，影響公共安全、公共衛生或居住安寧，受託人應予制止，並即向委託人報告及提出處理方式之建議。

第六條　修繕之處理

委託管理標的經租賃契約約定由委託人負責修繕者，得委由受託人修繕；其費用，由委託人負擔。

委託管理標的經租賃契約約定由承租人負責修繕及負擔費用者，得由受託人代為督促之；承租人對於應負責修繕之項目或費用有爭執時，受託人應代為協調。

第七條　委託人之義務及責任

委託人應據實提供附件之委託管理標的現況確認書相關資訊，並確保合於租賃契約所約定居住使用之狀態。

簽訂本契約時，委託人應出示有權委託管理本租賃住宅之證明文件、國民身分證或其他足資證明身分之文件，供受託人核對；如有同意受託人代為收取租金、押金者，並應提供交付之方式。

簽訂本契約時，委託人應向受託人說明租賃契約約定應由委託人負責修繕之項目、範圍、有修繕必要時之聯絡方式及其他相關事項；簽訂本契約後，委託人並應以書面方式告知承租人本契約相關事項。

第八條　受託人之義務及責任

委託管理期間，受託人之義務如下：

一、應出示租賃住宅服務業登記證影本，供委託人核對。

二、應負責督促承租人以善良管理人之注意，保管、使用租賃住宅。

三、依第四條第一款規定，代為執行屋況與設備點交者，應於租賃期

間屆滿或租賃契約提前終止時，先行協助結算相關費用、製作代收代付清單、結算承租人於租賃期間應繳未繳之費用與協助執行屋況及附屬設備點交，並通知委託人將扣除未繳費用之賸餘押金返還承租人。

四、依第四條第三款規定，代為向承租人催收（繳）租金及相關費用者，應於繳款期限屆滿後＿＿＿日內催收（繳）。

五、依第四條第四款或第八款第五目規定，代為辦理日常修繕維護或清潔事務者，應製作執行紀錄，提供委託人查詢或取閱。

六、依第四條第五款規定，代為協調處理租賃糾紛者，應包括承租人使用委託管理標的之糾紛。

七、依第四條第八款第一目或第二目規定，代為收取租金或押金者，應按約定交付方式，於代為收取之日起＿＿＿日（不得超過三十日）內交付委託人。但委任雙方另訂有保管約定者，依其約定。

八、依第四條第八款第三目規定，代為管理押金者，除於租賃關係消滅時，抵充承租人因租賃契約所生之債務外，不得動支，並應於承租人返還委託管理標的時，經委託人同意後，代為返還押金或抵充債務後之賸餘押金予承租人。

九、應於收受委託人之有關報酬或文件時，開立統一發票或掣給收據。

十、應配合委託人申請減徵稅捐需要，提供相關證明。

十一、不得委託他代管業執行租賃住宅管理業務。

因可歸責於受託人之事由而違反前項各款規定，致委託人受有損害者，應負賠償責任。

第九條　租賃住宅返還之處理

委託管理標的之租賃關係消滅時，受託人應即結算相關費用，督促承租人將租賃住宅返還委託人，並遷出戶籍或其他登記。

因可歸責於受託人之事由而違反前項規定，致委託人受有損害者，應

負賠償責任。

第十條　委託人提前終止契約

委託管理期間有下列情形之一者，委託人得提前終止本契約：

一、受託人違反第八條第一項第六款代為協調處理租賃糾紛之規定，
　　經委託人定相當期間催告，仍不於期限內處理。

二、受託人違反第八條第一項第七款依期限交付代為收取之租金或押
　　金之規定，經委託人定相當期間催告，仍不於期限內交付。

三、受託人違反第八條第一項第十一款規定，委託他代管業執行租賃
　　住宅管理業務。

四、委託管理標的之租賃關係消滅。

五、委託管理標的全部滅失，或一部滅失且其存餘部分難以繼續居
　　住。

六、受託人經主管機關撤銷、廢止許可或租賃住宅服務業登記。

第十一條　受託人提前終止契約

委託管理期間有下列情形之一者，受託人得提前終止本契約：

一、因委託人違反第六條第一項、第七條第一項或第三項後段規定，
　　致受託人無法繼續管理委託標的。

二、委託管理標的之租賃關係消滅且已完成第九條第一項規定事項。

第十二條　履行本契約之通知

　　除本契約另有約定外，委任雙方相互間之通知，以郵寄為之者，應以
本契約所記載之地址為準；如因地址變更未告知他方，致通知無法到達他
方時，以第一次郵遞之日期推定為到達日。

　　前項之通知得經委任雙方約定以□電子郵件信箱：＿＿＿＿□手機簡訊
□即時通訊軟體以文字顯示方式為之。

第十三條　條款疑義處理

本契約各條款如有疑義時，應為有利於委託人之解釋。

第十四條　契約及其相關附件效力

本契約自簽約日起生效，委任雙方各執一份契約正本。

受託人之廣告及相關附件視為本契約之一部分。

第十五條　未盡事宜之處置

本契約如有未盡事宜，依有關法令、習慣、平等互惠及誠實信用原則公平解決之。

附件

□建物所有權狀影本

□房屋稅籍證明影本

□使用執照影本

□雙方身分證明文件影本

□授權代理人簽約同意書

□委託管理標的現況確認書

□租賃住宅位置格局示意圖

□附屬設備清單

□其他（測量成果圖、室內空間現狀照片）

立契約書人

委託人：

　　　　姓名：＿＿＿＿＿＿＿＿＿＿＿＿＿＿＿＿＿＿＿＿＿（簽章）

　　　　統一編號或身分證明文件編號：＿＿＿＿＿＿＿＿＿＿

　　　　戶籍地址：＿＿＿＿＿＿＿＿＿＿＿＿＿＿＿＿＿＿＿＿

   通訊地址：＿＿＿＿＿＿＿＿＿＿＿＿＿＿＿＿＿＿＿

   聯絡電話：＿＿＿＿＿＿＿＿＿＿＿＿＿＿＿＿＿＿＿

   電子郵件信箱：＿＿＿＿＿＿＿＿＿＿＿＿＿＿＿＿＿

受託人：

   公司名稱：＿＿＿＿＿＿＿＿＿＿＿＿＿＿＿＿（簽章）

   代表人姓名：＿＿＿＿＿＿＿＿＿＿＿＿＿＿＿＿＿

   統一編號：＿＿＿＿＿＿＿＿＿＿＿＿＿＿＿＿＿＿＿

   登記證字號：＿＿＿＿＿＿＿＿＿＿＿＿＿＿＿＿＿

   營業地址：＿＿＿＿＿＿＿＿＿＿＿＿＿＿＿＿＿＿＿

   聯絡電話：＿＿＿＿＿＿＿＿＿＿＿＿＿＿＿＿＿＿＿

   電子郵件信箱：＿＿＿＿＿＿＿＿＿＿＿＿＿＿＿＿＿

租賃住宅管理人員：

   姓名：＿＿＿＿＿＿＿＿＿＿＿＿＿＿＿＿＿＿（簽章）

   證書字號：＿＿＿＿＿＿＿＿＿＿＿＿＿＿＿＿＿＿＿

   通訊地址：＿＿＿＿＿＿＿＿＿＿＿＿＿＿＿＿＿＿＿

   聯絡電話：＿＿＿＿＿＿＿＿＿＿＿＿＿＿＿＿＿＿＿

   電子郵件信箱：＿＿＿＿＿＿＿＿＿＿＿＿＿＿＿＿＿

中華民國＿＿＿＿＿年＿＿＿＿＿月＿＿＿＿＿日

附件

委託管理標的現況確認書

填表日期　　　年　　　月　　　日

項次	內容	備註說明
1	□有□無　包括未登記之改建、增建、加建、違建部分： □壹樓__平方公尺□__樓__平方公尺。 □頂樓__平方公尺□其他__平方公尺。	若為違建（未依法申請增、加建之建物），出租人應確實加以說明，使承租人得以充分認知此範圍之建物隨時有被拆除之虞或其他危險。
2	建物型態：_____。 建物現況格局：__房（間、室）__廳__衛□有□無隔間。	一、建物型態： （一）一般建物：單獨所有權無共有部分（包括獨棟、連棟、雙併等）。 （二）區分所有建物：公寓（五樓含以下無電梯）、透天厝、店面（店鋪）、辦公商業大樓、住宅或複合型大樓（十一層含以上有電梯）、華廈（十層含以下有電梯）、套房（一房、一廳、一衛）等。 （三）其他特殊建物：如工廠、廠辦、農舍、倉庫等型態。 二、現況格局（例如：房間、廳、衛浴數，有無隔間）。

3	汽車停車位種類及編號： 地上（下）第__層□平面式停車位□機械式停車位□其他__。 編號：第__號車位個，□有□無獨立權狀。 □有□無檢附分管協議及圖說。 機車停車位：地上（下）第__層編號第__號車位個或其位置示意圖。	
4	□有□無住宅用火災警報器。 □有□無其他消防設施，若有，項目：（1）____（2）____（3）____。 □有□無定期辦理消防安全檢查。	非屬應設置火警自動警報設備之住宅所有權人應依消防法第六條第五項規定設置及維護住宅用火災警報器。
5	□有□無滲漏水之情形，若有，滲漏水處：_____。 滲漏水處之處理： □由委託人修繕後交屋。 □委託受託人修繕。 □以現況交屋。 □其他_____。	
6	□有□無曾經做過輻射屋檢測？ 若有，請檢附檢測證明文件。 檢測結果□有□無輻射異常，若有異常之處理： □由委託人改善後交屋。 □委託受託人改善。 □以現況交屋。 □其他____。	七十一年至七十三年領得使用執照之建築物，應特別留意檢測。行政院原子能委員會網站已提供「現年劑量達1毫西弗以上輻射屋查詢系統」供民眾查詢輻射屋資訊，如欲進行改善，應向行政院原子能委員會洽詢技術協助。

| 7 | □有□無曾經做過鋼筋混凝土中水溶性氯離子含量檢測（例如海砂屋檢測事項）；若有，檢測結果：＿＿＿＿＿。
□有□無超過容許值含量，若有超過之處理：
□由委託人修繕後交屋。
□委託受託人修繕。
□以現況交屋。
□其他＿＿＿。 | 一、八十三年七月二十一日以前，CNS3090無訂定鋼筋混凝土中最大水溶性氯離子含量（依水溶法）容許值。
二、八十三年七月二十二至八十七年六月二十四日依建築法規申報施工勘驗之建築物，參照八十三年七月二十二日修訂公佈之CNS3090檢測標準，鋼筋混凝土中最大水溶性氯離子含量（依水溶法）容許值為0.6kg/m³。
三、八十七年六月二十五日至一百零四年一月十二日依建築法規申報施工勘驗之建築物，鋼筋混凝土中最大水溶性氯離子含量參照八十七年六月二十五日修訂公佈之CNS3090檢測標準，容許值含量為0.3kg/m³。
四、一百零四年一月十三日（含）以後依建築法規申報施工勘驗之建築物，鋼筋混凝土中最大水溶性氯離子含量參照一百零四年一月十三日修訂公佈之CNS 3090檢測標準，容許值含量為0.15kg/m³。
五、上開檢測資料可向建築主管機關申請，不同時期之檢測標準，互有差異，委任雙方應自行注意。 |

8	本租賃住宅（專有部分）是否曾發生凶殺、自殺、一氧化碳中毒或其他非自然死亡之情事： (1) 委託人確認租賃住宅所有權人於產權持有期間□有□無曾發生上列情事。 (2) 委託人確認租賃住宅所有權人於產權持有前 　□無上列情事。 　□知道曾發生上列情事。 　□不知道曾否發生上列情事。	
9	供水及排水□是□否正常，若不正常，□由委託人修繕後交屋。 □委託受託人修繕。 □以現況交屋。 □其他____。	
10	□有□無公寓大廈規約或其他住戶應遵行事項；若有，□有□無檢附規約或其他住戶應遵行事項。	
11	□有□無管理委員會統一管理，若有租賃住宅管理費為□月繳新臺幣___元□季繳新臺幣___元□年繳新臺幣___元□其他___。 停車位管理費為□月繳新臺幣___元□季繳新臺幣___元□年繳新臺幣___元□其他___。 □有□無積欠租賃住宅、停車位管理費；若有，新臺幣____元。	停車位管理費以清潔費名義收取者亦同。

12	附屬設備項目如下： □電視＿台□電視櫃＿件□沙發＿組□茶几＿件□餐桌＿組 □鞋櫃＿件□窗簾＿組□燈飾＿件□冰箱＿台□洗衣機＿台 □書櫃＿件□床組（頭）＿件□衣櫃＿組□梳妝台＿件□書桌椅＿組 □置物櫃＿件□電話＿具□保全設施＿組□微波爐＿台□洗碗機＿台 □冷氣＿台□排油煙機＿件□流理台＿件□瓦斯爐＿台 □熱水器＿台□天然瓦斯□其他＿。

出租人：＿＿＿＿＿＿＿＿＿＿（簽章）

承租人：＿＿＿＿＿＿＿＿＿＿（簽章）

不動產經紀人：＿＿＿＿＿＿＿＿（簽章）

簽章日期：＿＿＿年＿＿＿月＿＿＿日

簽約注意事項

一、適用範圍

（一）本契約書範本，係提供委託人（非屬企業經營者之出租人）與受託人（租賃住宅代管業）簽訂租賃住宅委託管理契約（以下簡稱本契約）時參考使用，且該委託管理標的之用途，係供居住使用。

（二）按行政院消費者保護處一百零五年五月三十日院臺消保字第一〇五〇一六五二七四號函「不論公司、團體或個人，亦不論其營業於行政上是否經合法登記或許可經營，若反覆實施出租行為，非屬偶一為之，並以出租為業者，均可認定為企業經營者。」反之，即為「非屬企業經營者」之出租人，其支付報酬委託租賃住宅代管業（以下簡稱代管業）管理租賃住宅，係為接受代管業提供租賃住宅管理服務之消費者，該出租人與代管業間，具有消費關係，從而應適用本契約書範本。

（三）基於受託人應提供之代管專業服務內容，及保障委託人之租賃或委託管理之權益，受託人依本契約執行租賃關係消滅後之相關事項時，本契約之委託人仍視為具出租人地位。

二、契約審閱權

受託人為企業經營者，其與委託人訂立定型化契約前，應有三十日以內之合理期間，供委託人審閱全部條款內容。本契約為使委託人有充分且合理之時間詳閱契約條款內容，其契約審閱期間至少三日。

受託人以定型化契約條款使委託人拋棄前項權利者，無效。

受託人與委託人訂立定型化契約未提供第一項之契約審閱期間者，其條款不構成契約之內容。但委託人得主張該條款仍構成契約之內容。

（消費者保護法第十一條之一）

三、委任關係

稱委任者，謂當事人約定，一方委託他方處理事務，他方允為處理之契約（民法第五百二十八條）。委託處理事務之一方，稱為委託人，同意受託代為處理事務之一方，稱為受託人。

本契約之受託人為代管業，指受出租人之委託，經營租賃住宅管理業務之公司（租賃住宅市場發展及管理條例第三條第四款）。該租賃住宅管理業務，指租賃住宅之屋況與設備點交、收租與押金管理、日常修繕維護、糾紛協調處理及其他與租賃住宅管理有關之事項（租賃住宅市場發展及管理條例第三條第六款）。本契約之委託人與受託人係屬委任關係（民法第五百二十八條）。

四、委託管理標的

（一）委託管理標的範圍，指住宅租賃契約中有關租賃住宅專有、專用部分而屬私領域居住空間，或本契約所衍生之相關管理事務，尚不包含公寓大廈公共使用空間之管理維護。

（二）委託管理標的範圍屬已登記者，以登記簿記載為準；未登記者以房屋稅籍證明或實際測繪之位置略圖為準，位置略圖並宜清楚標示該租賃住宅之坐落位置，如重要路口或地標等資訊，以利辨識委託管理標的。

（三）委託管理租賃標的範圍非屬全部者（如部分樓層之套房或雅房），得由委託人出具「租賃住宅位置格局示意圖」標註委託

管理範圍，以確認實際租賃住宅位置或範圍。

（四）為避免委任雙方對於委託管理標的範圍是否包含未登記之改建、增建、加建及違建部分，或冷氣、傢俱等其他附屬設備認知差異，得參依本契約書範本附件「委託管理標的現況確認書」，由委任雙方互為確認，以杜糾紛。

（五）委託人可與受託人會同檢查租賃住宅設備現況並拍照存證，如有附屬設備，並得以清單列明，以供受託人協助處理返還租賃住宅回復原狀之參考。

五、委託管理期間及契約方式

（一）為舉證方便及保障委任雙方之權益，雙方應以書面簽訂本契約並明定委託管理期間，且受託人應與委託人簽訂本契約後，始得執行租賃住宅管理業務。（租賃住宅市場發展及管理條例第二十八條第一項）

（二）又為避免委託人及受託人間之糾紛，委託管理期間以定有期限為原則。倘委託管理期間屆滿時，委託管理標的之租賃關係尚屬存續者，委任雙方得於租賃期限內協議是否同意展延委託管理期間。

（三）個人住宅所有權人（即出租人、委託人）將住宅委託代管業管理，並簽訂一年以上之委託管理契約，且與承租人簽訂一年以上租賃契約者，享有租稅優惠（租賃住宅市場發展及管理條例第十七條、第十八條及其施行細則第四條、第五條）。

六、報酬約定及給付

（一）委託管理報酬，委任雙方得約定以月租金額一定比例為計算基準或約定一定數額，按月或約定數月為一期，按期給付，並應約定每次支付報酬之方式（如現金繳付、轉帳繳付、於月租金內扣付等）。

（二）委託管理標的之租賃關係消滅且委託人無提前終止本契約時，委託人與受託人得自行約定是否收取報酬，如仍得收取報酬，

應約定金額多寡，以避免爭議。

（三）委任雙方當事人應約定每月或每期支付報酬之期限，委託人不得藉任何理由拖延或拒絕，受託人於委託管理期間亦不得藉任何理由要求調漲報酬。

七、委託管理項目

租賃住宅管理業務，包括租賃住宅之屋況與設備點交、收租與押金管理、日常修繕維護、糾紛協調處理及其他與租賃住宅管理有關之事項（租賃住宅市場發展及管理條例第三條第六款），惟代管業之管理權限係來自於委託人之委任授權，故委託管理事項仍宜由雙方以契約約定，以資明確。（民法第五百三十二條）

八、違反使用限制之處理

（一）受託人應督促承租人依照公寓大廈管理條例規定，遵守住戶規約，不得違法使用、存放有爆炸性或易燃性物品，影響公共安全、公共衛生或居住安寧。

（二）本委託管理標的係供居住使用，受託人應要求承租人依約定方法使用租賃住宅，承租人如有變更用途，受託人應予制止，並向委託人報告及提出處理方式之建議。

九、修繕之處理

（一）委託管理標的或附屬設備損壞，依租賃契約約定由委託人負責修繕者，委託人可委託受託人代為處理其修繕，並應負擔修繕費用。

（二）依租賃契約約定由承租人負責修繕及負擔費用者，受託人應負責督促承租人修繕；承租人對於應負責修繕之項目或費用有爭執時，受託人應代為協調。

十、委託人之義務及責任

（一）為確認委託管理標的現況，委託人應據實提供「委託管理標的現況確認書」相關資訊，並確保合於租賃契約所約定居住使用狀態，故簽訂本契約時，應敘明由委託人負責修繕項目、範

圍、有修繕必要時之聯絡方式及其他相關事項；簽訂本契約書後，委託人應將本契約相關事項以書面方式告知承租人，以利承租人配合受託人執行業務及維護承租人權益。

（二）簽訂本契約時，委託人應出示有權委託管理標的之證明文件（如為住宅所有權人得提供權利書狀、建物登記謄本、房屋稅單等，如非住宅所有權人，得提供經所有權人授權委託之證明文件）、國民身分證或其他足資證明身分之文件供受託人核對；如有同意受託人代為收取租金、押金者，並應提供交付之方式（如現金交付、轉帳等），俾受託人代為收取後得交付委託人。

十一、受託人之義務及責任

（一）承租人在租賃期間負有保管租賃住宅及對其同居人或允許使用租賃住宅之第三人行為負損害賠償責任（民法第四百三十二條、第四百三十三條），受託人應督促承租人以善良管理人之注意，保管、使用租賃住宅。

（二）租期屆滿或租賃契約提前終止時，受託人應先行協助結算相關費用、製作代收代付清單、結算承租人在租賃期間應繳未繳之費用，與協助執行屋況及附屬設備點交，並通知委託人將扣除未繳費用之賸餘押金返還承租人；但承租人所支付之押金係由受託人代為管理者，則應於承租人返還該委託管理標的時，經委託人同意後代為返還押金或賸餘押金予承租人。

（三）承租人未依租賃契約約定繳納租金及相關費用（水電費、瓦斯費、管理費、有線電視費、網路費等）者，受託人應於收款期限屆滿後，依雙方約定期日內履行催收、催繳之義務。

（四）受託人對於日常修繕維護或清潔事務應製作執行紀錄，以利委託人查詢或取閱。

（五）承租人使用委託管理標的所發生之糾紛，受託人應依約定代為協調處理。

（六）代為收取租金及押金係受託人專業經營之重要業務，亦為保障委託人收益之主要服務項目，故受託人經委託人同意代為收取租金、押金者，應依雙方約定之交付方式及期限（不超過三十日）轉交委託人，以維護委託人之權益。

（七）押金係承租人為擔保租賃住宅之損害賠償行為及處理遺留物責任所預為支付之金錢，如約定由受託人代為管理者，受託人自應秉持專業管理之注意義務，除有返還租賃住宅時，清償租賃契約所生之債務得動支押金之情形外，不得挪為其他用途使用。

（八）受託人收受委託人之有關費用或文件，應掣給收據，以避免雙方爭議，及利於日後查證。

（九）委託人如有申請減徵稅捐需要（租賃住宅市場發展及管理條例第十七條、第十八條及其施行細則第四條、第五條），受託人應配合提供相關證明文件。

（十）為落實受託人專業經營之責任與避免執業過程權責不清，受託人不得委託他代管業執行租賃住宅管理業務。

十二、租賃住宅返還之處理

委託管理標的租期屆滿或租賃契約提前終止時，承租人如未將原設籍之戶籍及其他法人或團體等登記遷出，經委託人授權之受託人得依戶籍法第十六條等相關規定，證明無租借住宅情事，向住宅所在地戶政事務所或主管機關申請遷離或廢止。

十三、委託人提前終止契約

（一）租賃住宅管理業務中之糾紛協調處理，屬受託人經委託人信任之專業經營管理服務業，涉及委託人重大權益，若受託人違約不為處理，經委託人定相當期間催告，屆期仍不處理，委託人有終止本契約之權。

（二）受託人經委託人同意代為收取租金或押金者，應於代為收取之日起不超過三十日內交付委託人，受託人屆期如未將代為收取

之租金或押金交付委託人，屬受託人重大違約事項，委託人得終止本契約。

（三）為落實代管業專業經營制度，避免執業過程權責不清，受託人再委託他代管業執行租賃住宅管理業務，委託人得終止本契約。

（四）委託管理標的之租賃關係消滅時，委託人有提前終止本契約之權利。

（五）委託管理標的全部滅失，或一部滅失且其存餘部分難以繼續居住時，委託人有提前終止本契約之權利。

（六）租賃住宅服務業因違反相關法令規定，經直轄市、縣（市）主管機關撤銷、廢止許可或租賃住宅服務業登記者，該業者即無法再行營業，委託人得終止本契約。

十四、受託人提前終止契約

（一）因委託人違反本契約委由受託人修繕而未償還其修繕費用、未據實提供委託管理標的現況確認書資訊並確保合於租賃契約所約定居住使用之狀態，或未以書面方式告知承租人本契約相關事項等規定，致受託人無法繼續管理委託標的，受託人得終止本契約。

（二）委託管理標的之租賃關係消滅，無論是租賃雙方合意或因一方違約而致他方終止租賃契約等原因，將導致受託人無法繼續管理，受託人得終止本契約，但為保障委託人權益，受託人仍應以已完成結算費用、督促承租人返還租賃住宅及遷出戶籍或其他登記等事項為前提，始得主張提前終止本契約。

十五、條款疑義處理

（一）本契約所訂之條款，均不影響委託人依消費者保護法規定之權利。

（二）本契約各條款如有疑義時，依消費者保護法第十一條第二項規定，應為有利於委託人之解釋。

十六、消費爭議處理

（一）本契約發生之消費爭議，雙方得依下列方式處理：

1. 依消費者保護法第四十三條及第四十四條規定，委託人得向受託人、消費者保護團體或消費者服務中心申訴；未獲妥適處理時，得向直轄市或縣（市）政府消費者保護官申訴；委託人申訴未獲妥適處理時得向直轄市或縣（市）消費爭議調解委員會申請調解。

2. 依鄉鎮市調解條例規定，向鄉、鎮、市（區）調解委員會聲請調解。

3. 依民事訴訟法第四百零三條及第四百零四條規定，向法院聲請調解。

4. 依仲裁法規定，向仲裁機構聲請調解，或另行訂立仲裁協議後向仲裁機構聲請仲裁。

（二）消費爭議調解委員會、鄉、鎮、市（區）調解委員會調解成立之調解書經法院核定後與民事確定判決有同一效力；仲裁人作成之調解書，與仲裁判斷有同一效力；仲裁判斷，於當事人間，與法院之確定判決，有同一效力。

（三）訴訟外紛爭處理方式相關網址：

1. 行政院消費者保護會申訴及調解系統：

    https://appeal.cpc.ey.gov.tw/WWW/Default.aspx

2. 司法院訴訟外紛爭解決機構查詢平台：

    http://adrmap.judicial.gov.tw/

十七、契約分存

（一）訂約時務必詳審契約條文，由委任雙方簽章或按手印，寫明代管業公司名稱、代表人、統一編號、營業地址、登記證字號及其指派租賃住宅管理人員姓名、證書字號等，及委託人姓名、戶籍、通訊地址及聯絡電話等，契約應一式二份，由委任雙方各自留存一份契約正本。

（二）若本契約超過二頁以上，委任雙方最好加蓋騎縫章，以避免被抽換；若契約內容有任何塗改，亦必須於更改處簽名或蓋章，以保障自身權益受損。

十八、確定訂約者之身分

（一）簽約時，委託人應請代管業提示其公司名稱、代表人、統一編號、地址、登記證字號及其指派租賃住宅管理人員姓名、證書字號等文件，確認其為合法業者；而代管業應先確定委託人之身分，例如國民身分證、駕駛執照或健保卡等身分證明文件之提示。如限制行為能力人（除已結婚者外）訂定契約，應依民法規定，經法定代理人或監護人之允許或承認。若非雙方本人簽約時，應請簽約人出具授權簽約之同意書。

（二）委託人是否為屋主（即租賃住宅所有權人），影響委託人與受託人雙方權益甚大，故受託人可要求委託人提示產權證明（如所有權狀、登記謄本）；如委託人非屋主，則應提出經授權委託之證明文件。

十九、租賃住宅管理人員簽章

租賃住宅管理人員，係指租賃住宅代管業（受託人）依租賃住宅市場發展及管理條例所置從事代管業務之人員，依該條例規定應於本契約及其附件（委託管理標的現況確認書）上簽章。

租賃住宅委託管理定型化契約 應記載及不得記載事項

108.9.5內政部台內地字第1080264470號（108年12月1日生效）
（行政院108年8月1日院臺消保字第1080183566號函核定）
1.應記載事項 2.不得記載事項 3.附件、委託管理標的現況確認書

租賃住宅委託管理定型化契約應記載及

不得記載事項總說明

　　租賃住宅市場發展及管理條例（以下簡稱本條例）第三條第四款規定，租賃住宅代管業（以下簡稱受託人），係指受出租人（以下簡稱委託人）之委託，經營租賃住宅管理業務之公司；同條第六款規定，租賃住宅管理業務，係指租賃住宅之屋況與設備點交、收租與押金管理、日常修繕維護、糾紛協調處理及其他與租賃住宅管理有關之事項。又非屬企業經營者之出租人支付報酬委託代管業管理租賃住宅，係為接受代管業提供租賃住宅管理服務之消費者，出租人與代管業間，具有消費關係，故有消費者保護法之適用。為期減少租賃住宅委託管理糾紛，爰依消費者保護法第十七條第一項、本條例第三十二條第三項規定，研訂「租賃住宅委託管理定型化契約應記載及不得記載事項」，計二十點，其中應記載事項計十五點，不得記載事項計五點，其重點如下：

一、應記載事項

　　（一）契約審閱期間。（第一點）

　　（二）委託管理標的、委託管理期間、報酬約定及給付。（第二點至第四點）

　　（三）委託管理項目。（第五點）

　　（四）違反使用限制之處理。（第六點）

　　（五）修繕之處理。（第七點）

（六）委託人之義務及責任、受託人之義務及責任。（第八點、第九
　　　點）

（七）租賃住宅返還之處理。（第十點）

（八）委託人提前終止契約、受託人提前終止契約。（第十一點、第
　　　十二點）

（九）履行本契約之通知、契約及相關附件效力、當事人及相關人員
　　　基本資料。（第十三點至第十五點）

二、不得記載事項

（一）不得記載拋棄契約審閱期間。（第一點）

（二）不得記載廣告僅供參考。（第二點）

（三）不得記載委託人須繳回契約書。（第三點）

（四）不得記載本契約之通知僅以電話方式為之。（第四點）

（五）不得記載違反強制或禁止規定。（第五點）

租賃住宅委託管理定型化契約
應記載及不得記載事項

名　　稱	說　　明
租賃住宅委託管理定型化契約應記載及不得記載事項	依消費者保護法第十七條第一項及租賃住宅市場發展及管理條例第三十二條第三項規定公告定型化契約應記載及不得記載事項，爰訂定本定型化契約之名稱。

規　　定	說　　明
壹、應記載事項	
一、契約審閱期間 　　租賃住宅委託管理契約（以下簡稱本契約）於民國＿＿年＿＿月＿＿日經委託人攜回審閱＿＿日。（契約審閱期間至少三日） 委託人（出租人）簽章： 受託人（租賃住宅代管業）簽章：	一、按行政院消費者保護處一百零五年五月三十日院臺消保字第一〇五〇一六五二七四號函「不論公司、團體或個人，亦不論其營業於行政上是否經合法登記或許可經營，若反覆實施出租行為，非屬偶一為之，並以出租為業者，均可認定為企業經營者。」反之，即為「非屬企業經營者」之出租人，其支付報酬委託代管業管理租賃住宅，係為接受代管業提供租賃住宅管理服務之消費者，該出租人與代管業間，具有消費關係。 二、又租賃住宅市場發展及管理條例（以下簡稱本條例）第三條第四款規定，租賃住宅代管業（以下簡稱代管業）係指受出租人之委託，經營租賃住宅管理業務之公

	司。爰基於民法之委任關係，租賃住宅委託管理契約（以下簡稱本契約）之委託人為出租人；受託人為代管業。而本契約之委託人可為租賃住宅所有權人，或經其授權代理而立於委託人地位之人，皆屬有權委託管理之人。
二、委託管理標的 （一）租賃住宅標示： 1. 門牌__縣（市）__鄉（鎮、市、區）__街（路）__段__巷__弄__號__樓之__（基地坐落__段__小段__地號）。無門牌者，其房屋稅籍編號：____或其位置略圖。 2. 專有部分建號___，權利範圍___，面積共計___平方公尺。 (1) 主建物面積：__層__平方公尺，__層__平方公尺，__層__平方公尺共計__平方公尺，用途___。 (2) 附屬建物用途____，面積____平方公尺。 3. 共有部分建號__，權利範圍__，持分面積__平方公尺。 4. 車位：□有（汽車停車位__個、機車停車位__個）□無。 5. □有□無設定他項權利，若有，權利種類：____。 6. □有□無查封登記。 （二）委託管理範圍： 1. 租賃住宅□全部□部分：第__層□房間__間□第__室，面積__平方公尺。	一、由於租賃標的態樣繁多，且租賃住宅標示、委託管理範圍及附屬設備等為委託管理租賃住宅之重要事項，應於契約中予以明示，以供委任雙方確認委託管理標的之正確性，及利日後協助租賃雙方交付及返還租賃住宅之依據。爰參依住宅轉租定型化契約應記載事項第二點訂定。 二、本條例第三條第一款稱租賃住宅者，指以出租供居住使用之建築物，並不以有門牌者為限，又考量本條例第十七條有關租稅減免規定之每屋認定標準，如無門牌者，得以房屋稅籍證明所載範圍認定之，且現行仍有無門牌之建築物，因此租賃住宅如為無門牌者，自應標示其房屋稅籍編號或其位置略圖，以資確認委託管理標的。又位置略圖宜清楚標示該租賃住宅之坐落位置，如重要路口或地標等資訊，以利辨識委託管理標的。

2. 車位：（如無則免填）

(1) 彰化師範大學汽車停車位種類及編號：

地上（下）第＿層

□平面式停車位

□機械式停車位，編號第＿號。

(2) 機車停車位：

地上（下）第＿層，編號第＿號或其位置示意圖。

(3) 使用時間：

□全日□日間□夜間

□其他 。

3. 租賃附屬設備：

□有

□無附屬設備，若有，除另有附屬設備清單外，詳如附件委託管理標的現況確認書。

4. 其他：＿＿＿＿＿＿。

三、依民法第六十八條規定，非主物之成分，常助主物之效用，而同屬於一人者，為從物，主物之處分，及於從物。故第一款第四目之車位，雖非屬供居住使用之住宅，但屬有助於居住便利性，及提升住宅之使用效用，故參依民法上開主從物之規定，列為租賃住宅標示之內容。該車位性質包含具獨立權狀者（以專有部分登記）及非具獨立權狀者（以共有部分登記），併予敘明。

四、參依民法第八百六十六條規定，不動產所有人設定抵押權後，於同一不動產上，得設定地上權或其他以使用收益為目的之物權，或成立租賃關係，但其抵押權不因此而受影響。抵押權人實行抵押權受有影響者，法院得除去該權利或終止該租賃關係後拍賣之。故租賃標的如有設定抵押權或不動產役權等以使用收益為目的之物權，影響承租人日後居住權益，及委託管理之目的，為利住宅租賃資訊公開、透明，爰訂定第一款第五目規定。

五、按本條例第三條第六款規定，所稱租賃住宅管理業務之管理標的範圍，指住宅租賃契約中有關租賃住宅專有、專用部分而屬私領域居住空間，或委託管理租賃契

	約所衍生之相關管理事務，尚不包含公寓大廈公共使用空間之管理維護。是以第二款第一目之委託管理範圍，如屬租賃住宅之部分空間者，得將租賃住宅專有、專用部分而屬私領域居住空間之位置格局繪製成租賃住宅位置格局示意圖，以明確委託管理位置及範圍；至於該示意圖之範圍，尚不包含公寓大廈公共使用空間。
三、委託管理期間 　　委託管理期間自民國＿年＿月＿日起至民國＿年＿月＿日止。	為避免本契約當事人未約定委託管理期間，滋生委託人及受託人間之糾紛，或流於不定期限之契約，爰明定委託管理期間之約定，使委託人與受託人雙方權利義務得以明確，避免雙方產生爭議。
四、報酬約定及給付 　　委託人應按□月□期（＿個月）給付報酬予受託人；其報酬為□委託管理標的月租金額百分之＿＿＿□新臺幣（下同）＿元，委託人應於每□月□期＿日前給付，非有正當理由不得拖延或拒絕，受託人於委託管理期間非有正當理由亦不得要求調漲報酬。 　　前項報酬給付方式：□現金繳付□於代為收取之租金內扣付□轉帳繳付：金融機構：＿＿＿，戶名：＿＿＿，帳號：＿＿＿□其他＿＿＿＿。	一、依民法第五百三十五條規定意旨，代管業依委託人之指示，處理委任事務，本得收取報酬，爰明定委託人與受託人雙方約定報酬及其給付方式。 二、按現行代管業收取報酬之習慣係以委託管理標的月租金額為計算基準，部分業者以月租金額一定比例計收，部分業者以固定金額計收。又因應當今支付方式多樣化，明定本契約當事人得以其他方式自行約定報酬給付方式，例如：信用卡付款等。爰參依住宅轉租定型化契約應記載事項第四點，訂定第一項及第二項。

五、委託管理項目

委託管理期間，受託人代為管理項目如下：

（一）屋況與設備點交。

（一）居住者身分之確認。

（三）向承租人催收（繳）租金及相關費用。

（四）日常修繕維護事項：

    1.租賃住宅及其附屬設備檢查及維護。

    2.修繕費用通報及修繕或督促修繕。

（五）糾紛協調處理。

（六）結算相關費用。

（七）租賃關係消滅時，督促承租人返還租賃住宅並遷出戶籍或其他登記。

（八）其他項目：

    □1.收取租金，交付方式：＿。

    □2.收取押金，交付方式：＿。

    □3.管理押金。

    □4.墊付相關費用。

    □5.處理委託管理標的專有部分之共用空間清潔業務。

    □6.遺留物之處理。

    □7.租購家具、電器設備。

一、依本條例第三條第六款規定，租賃住宅管理業務，指租賃住宅之屋況與設備點交、收租與押金管理、日常修繕維護、糾紛協調處理及其他與租賃住宅管理有關事項，又代管業受託管理之權限，係來自委託人（出租人）之授權，且其管理業務項目，應兼顧委託人已訂立租賃契約之權利義務，並經委任雙方以契約約定為宜，爰參依民法第五百二十八條委任契約之規定訂定本點，明列代為管理相關項目，以供受託人據以執行委託管理事務。

二、第一款所稱屋況與設備點交，包含承租人遷入及遷出時之屋況與設備點交作業，目的在於確認租賃住宅及其附屬設備之現況，以利釐清修繕責任，避免發生爭議。但簽訂本契約時，委託管理標的已出租且承租人已入住者，則無必要再執行承租人遷入時之屋況與設備點交作業，併予說明。

三、委託管理標的之修繕責任及費用負擔方式，係依據該委託管理標的之租賃契約而定，故第四款日常修繕維護事項有關修繕費用通報之對象可為委託人（出租人）或承租人，如屬委託人（出租人）負責修繕，得委由受託人修繕，如屬承租人負責修繕，則由受託人代為督促修繕。

四、第五款所稱糾紛協調處理，指委託人與承租人之租賃契約，承租人有違約事項、抵充押金、退還押金、違反公共安全、公共衛生、居住安寧、修繕責任、欠繳管理費等事務之協調處理。

五、第七款有關督促承租人遷出戶籍或其他法人或團體等登記，於租賃住宅有與承租人同居者，亦應一併要求遷出戶籍等相關登記，不待明訂。

六、按本條例第七條第二項規定，出租人應於租賃契約消滅，承租人返還租賃住宅及清償租賃契約所生之債務時，返還押金或抵充債務後之賸餘押金。是以第八款第三目管理押金之目的，在於租賃關係消滅時結算應由承租人支付之相關費用，可由管理之押金抵充後返還之。

七、租賃住宅應由委託人負擔之費用，例如委託人負擔之修繕費或公證費等，委託人得與受託人約定由受託人先行墊付，再由委託人歸還，爰訂定第八款第四目。

八、第八款第五目所稱專有部分之共用空間，係指第二點第二款第一目委託管理範圍屬專有部分分別出租予不同居住者而共同使用之空間（如走道、客廳等）。

九、另依本條例第三條第二款規定，住宅租賃契約指當事人約定，一方以建築物租與他方居住使用，他方支付租金之契約。又代管業受出租人之委託經營租賃住宅之管理業務，包含住宅租賃契約存續期間之屋況與設備點交、收租與押金管理、日常修繕維護、糾紛協調處理等事項，其業務範圍亦包含本條例第十二條有關住宅租賃契約消滅時協助租賃當事人共同完成屋況及附屬設備之點交，一方未會同點交之催告作業及點交或視為點交後之遺留物處理等租賃住宅返還相關事項，爰本契約之受託人應協助委託人（出租人）處理之住宅租賃相關事務，依上開規定不以其租賃關係存續期間為限，尚可能延續至租賃關係消滅後，協助處理租賃住宅返還或糾紛等相關事項。基於代管業應提供之專業服務內容，及保障委託人之租賃或委託管理之權益，受託人依本契約執行租賃關係消滅後之相關事項時，本契約之委託人仍視為具出租人地位，併予說明。

六、違反使用限制之處理

委託管理標的係供居住使用，承租人如有變更用途、未遵守公寓大廈規約或其他住戶應遵行事項，違法使用、存放有爆炸性或易燃性物品，影

依民法第四百三十八條第一項規定，承租人應依約定方法使用租賃住宅。又依本條例第三條第一款規定，租賃住宅以出租供居住使用，故如承租人有變更用途，未遵守公寓大廈規

響公共安全、公共衛生或居住安寧，受託人應予制止，並即向委託人報告及提出處理方式之建議。

約或其他住戶應遵行事項，違法使用、存放有爆炸性或易燃性物品，影響公共安全、公共衛生或居住安寧，受託人應予制止並即向委託人報告及提出建議方式，爰訂定本點。

七、修繕之處理

委託管理標的經租賃契約約定由委託人負責修繕者，得委由受託人修繕；其費用，由委託人負擔。

委託管理標的經租賃契約約定由承租人負責修繕及負擔費用者，得由受託人代為督促之；承租人對於應負責修繕之項目或費用有爭執時，受託人應代為協調。

依民法第四百二十九條規定，租賃物之修繕，除契約另有訂定或另有習慣外，由出租人負擔。又代管業為經營租賃住宅管理業務之專業經營者，故除委託管理標的依租賃契約約定由出租人（委託人）負擔者，本得委由受託人代為修繕外，如係約定由承租人負責修繕及負擔費用者，受託人亦應代為督促承租人履行修繕責任，如有爭執時，並應代為協調，爰訂定本點。

八、委託人之義務及責任

委託人應據實提供附件之委託管理標的現況確認書相關資訊，並確保合於租賃契約所約定居住使用之狀態。

簽訂本契約時，委託人應出示有權委託管理本租賃住宅之證明文件、國民身分證或其他足資證明身分之文件，供受託人核對；如有同意受託人代為收取租金、押金者，並應提供交付之方式。

簽訂本契約時，委託人應向受託人說明租賃契約約定應由委託人負責修繕之項目、範圍、有修繕必要時之聯絡方式及其他相關事項；簽訂本契約後，委託人並應以書面方式告知承租人本契約相關事項。

一、委託管理標的現況確認書之內容為本租賃住宅之重要事項，為利執行代管業務，應於本契約中予以明示，另參依本條例第八條規定，委託人（出租人）應提供合於租賃契約所約定居住使用之租賃住宅，此乃委託人之基本義務，爰訂定第一項。

二、為明確契約主體及其有權委託管理本租賃住宅，以確認委任契約雙方之權利義務關係，委託人應於簽訂本契約時，出示有權委託管理之證明文件（如為住宅所有權人得提供權利書狀、建物登記謄本、房屋稅單等，如非住宅所有權人，得提供經所有權人授權

	委託之證明文件）、國民身分證明文件或其他足資證明文件供受託人核對，如同意代為收取租金、押金者，並應提供租金、押金之交付方式（如現金交付、匯款帳戶等），俾受託人代為收取後得交付委託人，爰訂定第二項。
	三、委託代管租賃住宅者，簽訂本契約時，委託人應向受託人說明租賃契約約定應由委託人負責修繕之項目、範圍等相關事項，如未委由受託人代為修繕，委託人仍應提供其修繕必要時之聯絡方式，另委託人與受託人簽訂本契約後，亦應以書面方式告知承租人關於本契約委託管理等相關事項（如租金之收繳、日常修繕維護或糾紛協調處理等），俾維護承租人權益，爰訂定第三項。
九、受託人之義務及責任 委託管理期間，受託人之義務如下： （一）應出示租賃住宅服務業登記證影本，供委託人核對。 （二）應負責督促承租人以善良管理人之注意，保管、使用租賃住宅。 （三）依第五點第一款規定，代為執行屋況與設備點交者，應於租賃期屆滿或租賃契約提前終止時，先行協助結算相關費用、製作代收代付清單、結算承租人於租賃期間應繳未繳之費用與協助執行屋	一、參依本條例第二十八條第一項規定，代管業應與委託人簽訂委託管理租賃住宅契約書後，始得執行租賃住宅管理業務。亦即受託人係受委託人之委託執行租賃住宅管理業務，為明確規範委託人及受託人間之權利義務關係，避免發生租賃住宅管理糾紛，爰明定受託人之義務及責任。 二、為保障委託人權益，代管業應出示其為合法業者證明文件，以供委託人核對，爰訂定第一項第一款。

況及附屬設備點交，並通知委託人將扣除未繳費用之賸餘押金返還承租人。

（四）依第五點第三款規定，代為向承租人催收（繳）租金及相關費用者，應於繳款期限屆滿__日內催收（繳）。

（五）依第五點第四款或第八款第五目規定，代為辦理日常修繕維護或清潔事務者，應製作執行紀錄，提供委託人查詢或取閱。

（六）依第五點第五款規定，代為協調處理租賃糾紛者，應包括承租人使用委託管理標的之糾紛。

（七）依第五點第八款第一目或第二目規定，代為收取租金或押金者，應按約定交付方式，於代為收取之日起日（不得超過三十日）內交付委託人。但委任雙方另訂有保管約定者，依其約定。

（八）依第五點第八款第三目規定，代為管理押金者，除於租賃關係消滅時，抵充承租人因租賃契約所生之債務外，不得動支，並應於承租人返還委託管理標的時，經委託人同意後，代為返還押金或抵充債務後之賸餘押金予承租人。

（九）應於收受委託人之有關報酬或文件時，開立統一發票或掣給收據。

三、參依民法第四百三十二條、第四百三十三條規定有關承租人在租賃期間對租賃住宅保管、使用及對第三人行為之責任，明定受託人負督促責任，爰訂定第二款。

四、依本條例第三條第六款規定，租賃住宅管理業務係指租賃住宅之屋況與設備點交、收租與押金管理、日常修繕維護、糾紛協調處理及其他與租賃住宅管理有關之事項。為維護委託人權益，爰訂定第三款。又賸餘押金之返還，如承租人支付之押金係由委託人自行保管者，受託人應通知委託人返還予承租人。如承租人支付之押金係由受託人代為管理者，則依第八款規定返還予承租人。

五、依本條例第三條第六款有關租賃住宅管理業務內容，及第五點第五款，糾紛協調處理（含催收、催繳租金與相關費用）為委託管理項目之一，爰訂定第四款及第六款。

六、第三款及第四款所稱之費用，指水電費、瓦斯費、管理費、有線電視費、網路費等。

七、受託人執行代管業務，時有協助委託人或承租人處理租賃住宅日常修繕維護或清潔事務者，為維護委託人權益，該項事務之執行情形，允宜作成紀錄保存並隨時

（十）應配合委託人申請減徵稅捐需要，提供相關證明。

（十一）不得委託他代管業執行租賃住宅管理業務。因可歸責於受託人之事由而違反前項各款規定，致委託人受有損害者，應負賠償責任。

提供委託人查詢或取閱，爰訂定第五款。

八、代為收取租金及押金係受託人專業經營之重要業務，亦為保障委託人收益之主要服務項目，故受託人經委託人同意代為收取租金、押金者，應明定其轉交期限及方式，以維護委託人之權益，避免受託人代為收取租金後，以各種理由延遲交付委託人，又考量受託人代為收取之租金，實務上時有於每個月特定時間統一交付（匯款）予委託人之情事，爰訂定第七款。另實務上時有委託人因事務繁忙或人在國外等其他因素，致受託人無法如期交付租金或押金，爰增列但書規定。

九、依本條例第七條第二項規定，出租人應於租賃契約消滅，承租人返還租賃住宅及清償租賃契約所生之債務時，返還押金或抵充債務後之賸餘押金。故承租人所支付之押金，倘約定由受託人代為管理者，受託人自應秉持專業管理之注意義務，除有上開規定得動支之情形外，不得挪為其他用途使用，以避免受託人因不當動支押金，致租賃關係消滅時無法返還押金或賸餘押金而損害租賃雙方權益；又為保障委託人權益，有關押金代為返還之時機及

| | 數額，因涉及租賃契約雙方權利義務關係，本有經委託人確認同意之必要，爰訂定第八款。
十、為提升受託人專業服務品質，保障委託人權益，避免受託人執業過程收受委託人有關費用或文件之爭議，及利於日後查證，爰訂定第九款。
十一、委託人依本條例第十七條及第十八條規定得申請減徵稅捐者，受託人應配合提供相關證明文件，爰訂定第十款。
十二、依本條例第二十八條第二項規定，代管業不得委託他代管業執行租賃住宅管理業務。為落實受託人專業經營之責任與避免執業過程權責不清，爰參依上開規定訂定第十一款。
十三、依本條例第三十一條第一項規定，因可歸責於租賃住宅服務業之事由不能履行契約，致租賃住宅服務當事人受損害時，由該租賃住宅服務業負賠償責任。故受託人違反第一項各款規定，所應負之損害賠償責任，以可歸責於受託人之事由者為限，爰訂定第二項。又依民法第五百三十五條及第五百四十四條規定，受任人處理委任事務，應依委任人之指示，並與處理自己事務為同一之注意，其受有報酬者，應以善良 |

	管理人之注意為之；受任人因處理委任事務有過失，或因踰越權限之行為所生之損害，對於委任人應負賠償之責。故有關第五點第二款（居住者身分之確認）、第八款第四目（墊付相關費用）、第六目（遺留物之處理）及第七目（租購家具、電器設備）事項， 雖未列入本點第一項受託人之義務範疇，惟受託人處理該等委任事務，仍應依民法上開規定，以善良管理人之注意為之，併負損害賠償之責，併予說明。
	十四、另受託人因其受僱人執行業務致委託人受有損害時，仍應依民法第一百八十八條第一項及本條例第三十一條第二項定規定負連帶賠償責任，不待明定。
十、租賃住宅返還之處理 　　委託管理標的之租賃關係消滅時，受託人應即結算相關費用，督促承租人將租賃住宅返還委託人，並遷出戶籍或其他登記。 　　因可歸責於受託人之事由而違反前項規定，致委託人受有損害者，應負賠償責任。	一、為避免影響租賃住宅所有權人之權益，配合民法第四百五十五條及戶籍法第十六條規定意旨，明定委託管理標的於租賃關係消滅後，受託人負有督促承租人返還委託管理標的之義務，併負責督促承租人將原設籍之戶籍及其他法人或團體等登記遷出，爰訂定第一項。 二、第一項所稱租賃關係消滅，包含委託管理標的之租賃期間屆滿，

	或租賃契約有提前終止之情事。
	三、同第九點說明十三理由，受託人 違反第一項規定，所應負之損害 賠償責任，以可歸責於受託人之 事由者為限，爰訂定第二項。
十一、委託人提前終止契約 　　委託管理期間有下列情形之一 者，委託人得提前終止本契約： （一）受託人違反第九點第一項第六款 　　　代為協調處理租賃糾紛之規定， 　　　經委託人定相當期間催告，仍不 　　　於期限內處理。 （二）受託人違反第九點第一項第七款 　　　依期限交付代為收取之租金或押 　　　金之規定，經委託人定相當期間 　　　催告，仍不於期限內交付。 （三）受託人違反第九點第一項第十一 　　　款規定，委託他代管業執行租賃 　　　住宅管理業務。 （四）委託管理標的之租賃關係消滅。 （五）委託管理標的全部滅失，或一部 　　　滅失且其存餘部分難以繼續居 　　　住。 （六）受託人經主管機關撤銷、廢止許 　　　可或租賃住宅服務業登記。	一、依本條例第三條第六款有關租賃 　　住宅管理業務內容，糾紛協調處 　　理屬受託人經委託人信任之專業 　　經營管理服務事項，涉及委託人 　　重大權益，受託人違約不為處理 　　者，委託人允宜有終止本契約之 　　權，爰訂定第一款。 二、受託人經委託人同意代為收取租 　　金或押金者，應於收取之日起不 　　超過三十日內交付委託人，乃受 　　託人主要義務之一，受託人如未 　　將代為收取之租金或押金交付委 　　託人，屬受託人重大違約事項， 　　爰訂定第二款。 三、依本條例第二十八條第二項規 　　定，代管業不得委託他代管業執 　　行租賃住宅管理業務。為落實代 　　管業專業經營制度，避免執業過 　　程權責不清，爰訂定第三款。 四、依本條例第三條第四款規定，受 　　託人係受委託人之委託，經營租 　　賃住宅管理業務。又依本條例第 　　十一條第一項第三款規定，租賃 　　期間因租賃住宅一部滅失，且其 　　存餘部分難以繼續居住者，承租 　　人得提前終止租賃契約。故委託

	管理標的之租賃關係消滅、標的全部滅失或一部滅失且其存餘部分難以繼續居住使用者，委託人之住宅既無出租必要或無出租可能，自應允許委託人有提前終止本契約之權利，爰訂定第四款及第五款。
	五、按租賃住宅服務業因違反本條例相關規定，經直轄市、縣（市）主管機關撤銷、廢止其許可或租賃住宅服務業登記，該業者即無法再行營業，顯難再繼續受委託執行代管業務，委託人自得終止本契約，爰訂定第六款。至於分設營業處所經廢止登記者，倘得由總公司調整其經營方式或尤其他分設營業處所接辦服務，其是否確會影響委託人之權益或信任關係而構成得終止本契約之重大事由，宜留由個案判斷。另受託人（代管業）經主管機關撤銷、廢止其許可或租賃住宅服務業登記，僅生有非法營業之情事，其主體尚非必然不存在，且縱因此遭公司主管機關撤銷或廢止其公司登記而命其解散，代管業於公司清算終結前，其法人主體仍然存續。
十二、受託人提前終止契約 　　委託管理期間有下列情形之一者，受託人得提前終止本契約： （一）因委託人違反第七點第一項、第八點第一項或第三項後段規定，	一、受託人係受委託人委任而管理租賃住宅，如因委託人違反本契約第七點第一項委由受託人修繕而未償還其修繕費用、第八點第一項未據實提供委託管理標的之現況

致受託人無法繼續管理委託標的。 （二）委託管理標的之租賃關係消滅且已完成第十點第一項規定事項。	確認書資訊並確保合於租賃契約所約定居住使用之狀態，或第八點第三項後段未以書面方式告知承租人本契約相關事項之規定，致受託人無法繼續管理租賃住宅者，受託人之管理服務既無法繼續進行，當允其得終止本契約，爰訂定第一款。 二、委託管理標的之租賃關係消滅，無論是租賃雙方合意或因一方違約而他方終止租約等原因，將導致受託人無由繼續管理租賃住宅，且受託人如已完成第十點第一項規定結算費用、督促承租人至將租賃住宅返還予委託人及遷出戶籍登記或其他登記，受託人自得終止本契約，爰訂定第二款。
十三、履行本契約之通知 　　除本契約另有約定外，委任雙方相互間之通知，以郵寄為之者，應以本契約所記載之地址為準；如因地址變更未告知他方，致通知無法到達時，以第一次郵遞之日期推定為到達日。 　　前項之通知得經委任雙方約定以□電子郵件信箱：□手機簡訊□即時通訊軟體以文字顯示方式為之。	一、本契約有關委任雙方終止契約之處理，均有通知對方之必要，影響當事人雙方權益甚鉅，因此對於通知之方式應有明確規定，爰參依住宅轉租定型化契約應記載事項第二十一點，訂定第一項。 二、另參酌電子簽章法第四條第一項及第二項規定，經相對人同意者，得以電子文件為表示方法；依法令規定應以書面為之者，如其內容可完整呈現，並可於日後取出供查驗者，經相對人同意，亦得以電子文件為之。為因應科技化、資訊化時代潮流，本契約

	有關通知到達之方式，除郵寄方式外，委任雙方得約定利用電子設備或即時通訊軟體（例如 Line、Whats App等）以文字顯示方式為之，爰訂定第二項。
十四、契約及相關附件效力 　　本契約自簽約日起生效，委任雙方各執一份契約正本。 　　受託人之廣告及相關附件視為本契約之一部分。	一、契約生效後，雙方當事人即應依照契約內容履行各自義務並享有各自權利，因此契約何時生效應予明定。另外為求保障雙方之契約權利義務，雙方應各執契約正本一份，俾雙方有所遵循，以免日後產生爭議及糾紛，爰訂定第一項。 二、參照消費者保護法第二十二條規定意旨，明定廣告及相關附件視為本契約之一部分，爰參依住宅轉租定型化契約應記載事項第二十三點，訂定第二項。
十五、當事人及相關人員基本資料 　　本契約應記載當事人、租賃住宅管理人員及其基本資料如下： （一）委託人之姓名、戶籍地址、通訊地址、聯絡電話。 （二）受託人之公司名稱、代表人姓名、統一編號、登記證字號、營業地址、聯絡電話、電子郵件信箱。 （三）租賃住宅管理人員之姓名、證書字號、通訊地址、聯絡電話、電子郵件信箱。	明定本契約雙方當事人及租賃住宅管理人員簽約應填寫之資料，俾供履約相關事項之聯繫，爰參依住宅轉租定型化契約應記載事項第二十四點訂定。

貳、不得記載事項	
一、不得記載拋棄契約審閱期間。	契約審閱期間係為保護消費者之權益而立，為免委託人輕易拋棄契約審閱期間，而損及保護消費者權益之立意，參酌消費者保護法第十一條之一第二項規定，明定不得以定型化契約條款約定拋棄契約審閱期間。
二、不得記載廣告僅供參考。	參依消費者保護法第二十二條規定意旨，受託人負有廣告內容真實之義務，為避免契約成立後，受託人不履行廣告內容，影響委託人權益，爰訂定本點。
三、不得記載委託人須繳回契約書。	為避免日後訴訟爭議無憑證，損及委託人權益，爰訂定本點。
四、不得記載本契約之通知僅以電話方式為之。	關於履行契約之通知，依應記載事項第十三點所列方式，除傳統之郵寄方式外，尚包括以電子郵件、簡訊、文字顯示之即時通訊軟體等，惟無論方式為何，事後均能舉證。相較之下，以電話通知通常較不易舉證，故為利於雙方保留證據，避免日後訴訟舉證困難，爰訂定本點。
五、不得記載違反強制或禁止規定。	參依民法第七十一條規定，明定法律行為不得為違反強制或禁止之約定。

附件

委託管理標的現況確認書

填表日期　　年　　月　　日

項次	內容	備註說明
1	□有□無包括未登記之改建、增建、加建、違建部分： □壹樓__平方公尺□__樓__平方公尺。 □頂樓__平方公尺□其他__平方公尺。	若為違建（未依法申請增、加建之建物），出租人應確實加以說明，使承租人得以充分認知此範圍之建物隨時有被拆除之虞或其他危險。
2	建物型態：_____。 建物現況格局：__房（間、室）__廳__衛 □有□無隔間。	一、建物型態： （一）一般建物：單獨所有權無共有部分（包括獨棟、連棟、雙併等）。 （二）區分所有建物：公寓（五樓含以下無電梯）、透天厝、店面（店鋪）、辦公商業大樓、住宅或複合型大樓（十一層含以上有電梯）、華廈（十層含以下有電梯）、套房（一房、一廳、一衛）等。 （三）其他特殊建物：如工廠、廠辦、農舍、倉庫等型態。 二、現況格局（例如：房間、廳、衛浴數，有無隔間）。
3	汽車停車位種類及編號： 地上（下）第__層□平面式停車位□機械式停車位□其他__。	

	編號：第__號車位個，□有□無獨立權狀。 □有□無檢附分管協議及圖說。 機車停車位：地上（下）第__層編號第__號車位個或其位置示意圖。	
4	□有□無住宅用火災警報器。 □有□無其他消防設施，若有，項目：（1）___（2）___（3）___。 □有□無定期辦理消防安全檢查。	非屬應設置火警自動警報設備之住宅所有權人應依消防法第六條第五項規定設置及維護住宅用火災警報器。
5	□有□無滲漏水之情形，若有，滲漏水處：_____。 滲漏水處之處理： □由委託人修繕後交屋。 □委託受託人修繕。 □以現況交屋。 □其他_____。	
6	□有□無曾經做過輻射屋檢測？ 若有，請檢附檢測證明文件。 檢測結果□有□無輻射異常，若有異常之處理： □由委託人改善後交屋。 □委託受託人改善。 □以現況交屋。 □其他____。	七十一年至七十三年領得使用執照之建築物，應特別留意檢測。行政院原子能委員會網站已提供「現年劑量達1毫西弗以上輻射屋查詢系統」供民眾查詢輻射屋資訊，如欲進行改善，應向行政院原子能委員會洽詢技術協助。
7	□有□無曾經做過鋼筋混凝土中水溶性氯離子含量檢測（例如海砂屋檢測事項）；若有，檢測結果：_____。 □有□無超過容許值含量，若有超過之處理： □由委託人修繕後交屋。 □委託受託人修繕。	一、八十三年七月二十一日以前，CNS3090無訂定鋼筋混凝土中最大水溶性氯離子含量（依水溶法）容許值。 二、八十三年七月二十二至八十七年六月二十四日依建築法規申報施工勘驗之建築物，

7	☐以現況交屋。 ☐其他＿＿＿。	參照八十三年七月二十二日修訂公佈之CNS3090檢測標準，鋼筋混凝土中最大水溶性氯離子含量（依水溶法）容許值為0.6kgm^3。 三、八十七年六月二十五日至一百零四年一月十二日依建築法規申報施工勘驗之建築物，鋼筋混凝土中最大水溶性氯離子含量參照八十七年六月二十五日修訂公佈之CNS3090檢測標準，容許值含量為0.3kgm^3。 四、一百零四年一月十三日（含）以後依建築法規申報施工勘驗之建築物，鋼筋混凝土中最大水溶性氯離子含量參照一百零四年一月十三日修訂公佈之CNS 3090檢測標準，容許值含量為0.15kgm^3。 五、上開檢測資料可向建築主管機關申請，不同時期之檢測標準，互有差異，委任雙方應自行注意。
8	本租賃住宅（專有部分）是否曾發生凶殺、自殺、一氧化碳中毒或其他非自然死亡之情事： (1) 委託人確認租賃住宅所有權人於產權持有期間☐有☐無曾發生上列情事。 (2) 委託人確認租賃住宅所有權人於產權持有前	

	□無上列情事。 □知道曾發生上列情事。 □不知道曾否發生上列情事。	
9	供水及排水□是□否正常，若不正常， □由委託人修繕後交屋。 □委託受託人修繕。 □以現況交屋。 □其他___。	
10	□有□無公寓大廈規約或其他住戶應 遵行事項；若有，□有□無檢附規約 或其他住戶應遵行事項。	
11	□有□無管理委員會統一管理，若有 租賃住宅管理費為□月繳新臺幣___元 □季繳新臺幣___元□年繳新臺幣___ 元□其他___。 停車位管理費為□月繳新臺幣___元□ 季繳新臺幣___元□年繳新臺幣___元 □其他___。 □有□無積欠租賃住宅、停車位管理 費；若有，新臺幣___元。	停車位管理費以清潔費名義收取 者亦同。
12	附屬設備項目如下： □電視__台□電視櫃__件□沙發__組□茶几__件□餐桌__組 □鞋櫃__件□窗簾__組□燈飾__件□冰箱__台□洗衣機__台 □書櫃__件□床組（頭）__件□衣櫃__組□梳妝台__件□書桌椅__組 □置物櫃__件□電話__具□保全設施__組□微波爐__台□洗碗機__台 □冷氣__台□排油煙機__件□流理台__件□瓦斯爐__台 □熱水器__台□天然瓦斯□其他__。	
	出租人：_____（簽章） 承租人：_____（簽章） 不動產經紀人：_____（簽章） 簽章日期：_____年_____月_____日	

住宅轉租契約書範本

108.2.23內政部內授中辦地字第1080260817號公告
附件一、租賃標的現況確認書
附件二、出租人同意轉租範圍、租賃期間及終止租約事由確認書
　　　　出租人同意轉租範圍、租賃期間及終止租約事由明細表
附件三、包租業負責修繕項目及範圍確認
　　　　包租業負責修繕項目及範圍明細表

簽約注意事項

| 契約審閱期 |

　　住宅轉租契約（以下簡稱本契約）於民國__年__月__日經承租人攜回審閱__日（契約審閱期間至少三日）。

　　包租業簽章：

　　承租人簽章：

　　立契約書人包租業公司，承租人茲為住宅租賃事宜，雙方同意本契約條款如下：

第一條　租賃標的

（一）租賃住宅標示：

　　1. 門牌__縣（市）__鄉（鎮、市、區）__街（路）__段__巷__弄__號__樓之__（基地坐落__段__小段__地號）。無門牌者，其房屋稅籍編號：或其位置略圖。

　　2. 專有部分建號__，權利範圍__，面積共計__平方公尺。

　　　(1) 主建物面積：

　　　　__層__平方公尺，__層__平方公尺，__層__平方公尺共計__平方公尺，用途__。

　　　(2) 附屬建物用途__，面積__平方公尺。

　　3. 共有部分建號__，權利範圍__，持分面積__平方公尺。

4. 車位：□有（汽車停車位個、機車停車位個）□無。

5. □有□無設定他項權利，若有，權利種類：。

6. □有□無查封登記。

（二）租賃範圍：

1. 租賃住宅□全部□部分：第＿＿層□房間＿＿間
　□第＿＿室，面積＿＿＿＿平方公尺（如「租賃住宅位置格
　局示意圖」標註之租賃範圍）。

2. 車位（如無則免填）：

(1) 汽車停車位種類及編號：
　地上（下）第＿＿層□平面式停車位□機械式停車位，
　編號第＿＿號。

(2) 機車停車位：地上(下)第＿層編號第＿號或其位置示意
　圖。

(3) 使用時間：
　□全日□日間□夜間□其他＿＿。

3. 租賃附屬設備：
　□有□無附屬設備，若有，除另有附屬設備清單外，詳如後
　附租賃標的現況確認書（如附件一）。

4. 其他：＿＿＿＿＿。

第二條　租賃期間

租賃期間自民國＿年＿月＿日起至民國＿年＿月＿日止。
租賃期間不得少於三十日，並不得逾包租契約之租賃期間。

第三條　租金約定及支付

承租人每月租金為新臺幣（下同）＿元整，每期應繳納＿個月租金，
並於每□月□期日前支付，不得藉任何理由拖延或拒絕；包租業於租賃期
間亦不得藉任何理由要求調漲租金。

租金支付方式：□現金繳付□轉帳繳付：金融機構：_____，
戶名：_____，帳號：_____。□其他：_____。

第四條　押金約定及返還

押金由租賃雙方約定為__個月租金，金額為__元整（最高不得超過二個月租金之總額）。承租人應於簽訂本契約之同時給付包租業。

前項押金，除有第十三條第三項、第十四條第四項及第十九條第二項得抵充之情形外，包租業應於租期屆滿或租賃契約終止，承租人返還租賃住宅時，返還押金或抵充本契約所生債務後之賸餘押金。

第五條　租賃期間相關費用之支付

租賃期間，使用租賃住宅所生之相關費用：

（一）管理費：

　　　□由包租業負擔。

　　　□由承租人負擔。

　　　　　租賃住宅每月__元整。

　　　　　停車位每月__元整。

　　　　　租賃期間因不可歸責於雙方當事人之事由，致本費用增加者，承租人就增加部分之金額，以負擔百分之十為限；如本費用減少者，承租人負擔減少後之金額。

　　　□其他：_____。

（二）水費：

　　　□由包租業負擔。

　　　□由承租人負擔。

　　　□其他：_____。

（三）電費：

　　　□由包租業負擔。

　　　□由承租人負擔（但不得超過台灣電力股份有限公司所定夏季

　　用電量最高級距之每度金額）。

　　　　□其他：＿＿＿＿。

（四）瓦斯費：

　　　　□由包租業負擔。

　　　　□由承租人負擔。

　　　　□其他：＿＿＿＿。

（五）網路費：

　　　　□由包租業負擔。

　　　　□由承租人負擔。

　　　　□其他：＿＿＿＿。

（六）其他費用及其支付方式：＿＿＿＿。

第六條　稅費負擔之約定

本契約有關稅費，依下列約定辦理：

（一）包租業收取現金者，其銀錢收據應貼用之印花稅票，由包租業
　　　負擔。

（二）依營業稅法規定應開立發票報繳之營業稅，由包租業負擔。

（三）其他稅費及其支付方式：＿＿＿＿。

本契約租賃雙方同意辦理公證者，其有關費用依下列約定辦理：

（一）公證費＿＿＿＿元整。

　　　　□由包租業負擔。

　　　　□由承租人負擔。

　　　　□由租賃雙方平均負擔。

　　　　□其他：＿＿＿＿。

（二）公證代辦費＿＿＿＿元整。

　　　　□由包租業負擔。

　　　　□由承租人負擔。

　　　　□由租賃雙方平均負擔。

□其他：_____。

第七條　使用租賃住宅之限制

本租賃住宅係供居住使用，承租人不得變更用途。

承租人同意遵守公寓大廈規約或其他住戶應遵行事項，不得違法使用、存放有爆炸性或易燃性物品，影響公共安全、公共衛生或居住安寧。

承租人不得將本租賃住宅之全部或一部分轉租，或將租賃權轉讓於他人。

第八條　修繕

租賃住宅或附屬設備損壞時，應由包租業負責修繕。但其損壞係可歸責於承租人之事由者，不在此限。

前項由包租業負責修繕者，承租人得定相當期限催告修繕，如包租業未於承租人所定相當期限內修繕時，承租人得自行修繕，並請求包租業償還其費用或於第三條約定之租金中扣除。

包租業為修繕租賃住宅所為之必要行為，應於相當期間先期通知，承租人無正當理由不得拒絕。

前項包租業於修繕期間，致租賃住宅全部或一部不能居住使用者，承租人得請求包租業扣除該期間全部或一部之租金。

第九條　室內裝修

承租人有室內裝修之需要，應經包租業同意並依相關法令規定辦理，且不得損害原有建築結構之安全。

承租人經包租業同意裝修者，其裝修增設部分若有損壞，由承租人負責修繕。

第一項情形，承租人返還租賃住宅時，□應負責回覆原狀
□現況返還□其他。

第十條　包租業之義務及責任

本契約租賃期間，包租業之義務及責任如下：

（一）應出示租賃住宅服務業登記證影本，供承租人核對。

（二）應向承租人提供包租契約之出租人（以下簡稱原出租人）同意轉租之書面文件，並載明其與原出租人之租賃標的範圍、租賃期間及得終止住宅包租契約之事由。

（三）應以合於所約定居住使用之租賃住宅，交付承租人，並於租賃期間保持其合於居住使用之狀態。

（四）簽訂本契約，應先向承租人說明租賃住宅由包租業負責修繕項目及範圍，並提供有修繕必要時之聯絡方式。

（五）應製作租賃標的現況確認書（如附件一），並於簽訂本契約時，以該確認書及本契約向承租人解說。

（六）應於收受承租人之有關費用或文件時，開立統一發票或掣給收據。

（七）應執行日常修繕維護並製作紀錄，提供承租人查詢或取閱。

（八）原出租人有修繕之必要行為時，包租業應於相當期間先期通知承租人配合辦理。

（九）應配合承租人設立戶籍需要，協助向原出租人取得可供設籍之相關證明。

前項第二款、第四款之同意轉租及負責修繕項目、範圍，如附件二「出租人同意轉租範圍、租賃期間及終止租約事由確認書」及附件三「包租業負責修繕項目及範圍確認書」。

第十一條　承租人之義務及責任

承租人應於簽訂本契約時，出示國民身分證或其他足資證明身分之文件，供包租業核對。

承租人應以善良管理人之注意，保管、使用租賃住宅。

承租人違反前項義務，致租賃住宅毀損或滅失者，應負損害賠償責

任。但依約定之方法或依租賃住宅之性質使用，致有變更或毀損者，不在此限。

第十二條　租賃住宅部分滅失

租賃關係存續中，因不可歸責於承租人之事由，致租賃住宅之一部滅失者，承租人得按滅失之部分，請求減少租金。

第十三條　提前終止租約之約定

本契約於期限屆滿前，除第十七條及第十八條規定外，租賃雙方□得□不得終止租約。

依約定得終止租約者，租賃之一方應至少於終止前一個月通知他方。一方未為先期通知而逕行終止租約者，應賠償他方最高不得超過一個月租金額之違約金。

前項承租人應賠償之違約金得由第四條第一項規定之押金抵充。

租期屆滿前，依第二項規定終止租約者，包租業已預收之租金應返還予承租人。

第十四條　租賃住宅之返還

租期屆滿或租賃契約終止時，包租業應即結算承租人第五條約定之相關費用，並會同承租人共同完成屋況及附屬設備之點交手續，承租人應將租賃住宅返還包租業並遷出戶籍或其他登記。

前項租賃之一方未會同點交，經他方定相當期限催告仍不會同者，視為完成點交。

承租人未依第一項規定返還租賃住宅時，包租業應明示不以不定期限繼續契約，並得向承租人請求未返還租賃住宅期間之相當月租金額，及相當月租金額計算之違約金（未足一個月者，以日租金折算）至返還為止。

前項金額及承租人未繳清第五條約定之相關費用，包租業得由第四條第一項規定之押金中抵充。

第十五條　租賃住宅所有權之讓與

本契約租賃期間，租賃住宅所有權人縱將其所有權讓與第三人，包租契約對於受讓人仍繼續存在，本契約不因此而受影響。

前項情形，包租業應於接獲原出租人通知後，以書面通知承租人。

第十六條　包租業提前終止租約

租賃期間有下列情形之一者，包租業得提前終止租約，承租人不得要求任何賠償：

（一）原出租人為重新建築而必要收回。

（二）承租人遲付租金之總額達二個月之金額，經包租業定相當期限催告，仍不為支付。

（三）承租人積欠管理費或其他應負擔之費用達二個月之租金額，經包租業定相當期限催告，仍不為支付。

（四）承租人違反第七條第一項規定，擅自變更用途，經包租業阻止仍繼續為之。

（五）承租人違反第七條第二項規定，違法使用、存放有爆炸性或易燃性物品，經包租業阻止仍繼續為之。

（六）承租人違反第七條第三項規定，擅自將租賃住宅轉租或轉讓租賃權予他人，經包租業阻止仍未終止轉租或轉讓契約。

（七）承租人毀損租賃住宅或附屬設備，經包租業定相當期限催告修繕仍不為修繕或相當之賠償。

（八）承租人違反第九條第一項規定，未經包租業同意，擅自進行室內裝修，經包租業阻止仍繼續為之。

（九）承租人違反第九條第一項規定，未依相關法令規定進行室內裝修，經包租業阻止仍繼續為之。

㈩承租人違反第九條第一項規定，進行室內裝修，損害原有建築結構之安全。

包租業依前項規定提前終止租約者，應依下列規定期限，檢附相關事

證，以書面通知承租人：

（一）依前項第一款規定終止者，於終止前三個月。

（二）依前項第二款至第十款規定終止者，於終止前三十日。但前項
　　　第五款及第十款有公共安全之危害情形者，得不先期通知。

第十七條　承租人提前終止租約

　　租賃期間有下列情形之一，致難以繼續居住者，承租人得提前終止租
約，包租業不得要求任何賠償：

（一）租賃住宅未合於居住使用，並有修繕之必要，經承租人依第八
　　　條第二項規定催告，仍不於期限內修繕。

（二）租賃住宅因不可歸責於承租人之事由致一部滅失，且其存餘部
　　　分不能達租賃之目的。

（三）租賃住宅有危及承租人或其同居人之安全或健康之瑕疵；承租
　　　人於簽約時已明知該瑕疵或拋棄終止租約權利者，亦同。

（四）承租人因疾病、意外產生有長期療養之需要。

（五）因第三人就租賃住宅主張其權利，致承租人不能為約定之居住
　　　使用。

（六）包租業經主管機關撤銷、廢止其許可或登記。

　　承租人依前項各款規定提前終止租約者，應於終止前三十日，檢附相
關事證，以書面通知包租業。但前項第三款前段其情況危急或有第六款之
情形者，得不先期通知。

　　承租人死亡，其繼承人得主張終止租約，其通知期限及方式，準用前
項規定。

第十八條　受託人提前終止契約

　　包租業應於知悉原出租人提前終止包租契約之次日起五日內通知承租
人終止本契約，協調返還租賃住宅、執行屋況及附屬設備點交事務、退還
預收租金及全部或一部押金，並協助承租人優先承租其他租賃住宅。

　　前項原出租人提前終止包租契約之情形，於包租業因故停業、解散或他遷不明時，得由原出租人通知承租人，承租人並得請求所在地租賃住宅服務商業同業公會或其全國聯合會協調續租事宜，該同業公會或其全國聯合會不得拒絕。

　　前二項原出租人提前終止包租契約之情形，因可歸責於包租業之事由，致承租人受損害時，包租業應負賠償責任。

第十九條　遺留物之處理

　　本契約租期屆滿或提前終止租約，依第十四條完成點交或視為完成點交之手續後，承租人仍於租賃住宅有遺留物者，除租賃雙方另有約定外，經包租業定相當期限向承租人催告，逾期仍不取回時，視為拋棄其所有權。

　　包租業處理前項遺留物所生費用，得由第四條第一項規定之押金中抵充，如有不足，並得向承租人請求給付不足之費用。

第二十條　履行本契約之通知

　　除本契約另有約定外，租賃雙方相互間之通知，以郵寄為之者，應以本契約所記載之地址為準；如因地址變更未告知他方，致通知無法到達時，以第一次郵遞之日期推定為到達日。

　　前項之通知得經租賃雙方約定以□電子郵件信箱：□手機簡訊□即時通訊軟體以文字顯示方式為之。

第二十一條　其他約定

　　本契約租賃雙方□同意□不同意辦理公證。

　　本契約經辦理公證者，租賃雙方□不同意；□同意公證書載明下列事項應逕受強制執行：

　　□（一）承租人如於租期屆滿後不返還租賃住宅。

　　□（二）承租人未依約給付之欠繳租金、費用及包租業或租賃住宅所

有權人代繳之管理費，或違約時應支付之金額。

　　□（三）包租業如於租期屆滿或本契約終止時，應返還承租人之全部或一部押金。

　　公證書載明金錢債務逕受強制執行時，如有保證人者，前項後段第款之效力及於保證人。

第二十二條　條款疑義處理

　　本契約各條款如有疑義時，應為有利於承租人之解釋。

第二十三條　契約及其相關附件效力

　　本契約自簽約日起生效，雙方各執一份契約正本。

　　包租業之廣告及相關附件視為本契約之一部分。

第二十四條　未盡事宜之處置

　　本契約如有未盡事宜，依有關法令、習慣、平等互惠及誠實信用原則公平解決之。

附件

　　□租賃標的現況確認書
　　□出租人同意轉租範圍、租賃期間及終止租約事由確認書
　　□包租業負責修繕項目及範圍確認書
　　□雙方身分證明文件影本
　　□授權代理人簽約同意書
　　□租賃住宅位置格局示意圖
　　□附屬設備清單
　　□其他（測量成果圖、室內空間現狀照片、稅籍證明等）

立契約書人

包租業：

        公司名稱：_____（簽章）

        代表人姓名：_____

        統一編號：_____

        登記證字號：_____

        營業地址：_____

        聯絡電話：_____

        電子郵件信箱：_____

承租人：

        姓名（名稱）：_____（簽章）

        統一編號或身分證明文件編號：_____

        戶籍地址：_____

        通訊地址：_____

        聯絡電話：_____

        電子郵件信箱：_____

租賃住宅管理人員：

        姓名：_____（簽章）

        證書字號：_____

        通訊地址：_____

        聯絡電話：_____

        電子郵件信箱：_____

中華民國_____年_____月_____日

附件一

租賃標的現況確認書

填表日期　　年　　月　　日

項次	內容	備註說明
1	□有□無包括未登記之改建、增建、加建、違建部分： □壹樓__平方公尺□__樓__平方公尺。 □頂樓__平方公尺□其他__平方公尺。	若為違建（未依法申請增、加建之建物），出租人應確實加以說明，使承租人得以充分認知此範圍之建物隨時有被拆除之虞或其他危險。
2	建物型態：_____。 建物現況格局：__房（間、室）__廳__衛□有□無隔間。	一、建物型態： （一）一般建物：單獨所有權無共有部分（包括獨棟、連棟、雙併等）。 （二）區分所有建物：公寓（五樓含以下無電梯）、透天厝、店面（店鋪）、辦公商業大樓、住宅或複合型大樓（十一層含以上有電梯）、華廈（十層含以下有電梯）、套房（一房、一廳、一衛）等。 （三）其他特殊建物：如工廠、廠辦、農舍、倉庫等型態。 二、現況格局（例如：房間、廳、衛浴數，有無隔間）。
3	汽車停車位種類及編號： 地上（下）第__層□平面式停車位□機械式停車位□其他__。 編號：第__號車位個， □有□無獨立權狀。	

3	□有□無檢附分管協議及圖說。 機車停車位：地上（下）第＿層編號 第＿號車位個或其位置示意圖。	
4	□有□無住宅用火災警報器。 □有□無其他消防設施，若有，項目： （1）＿＿（2）＿＿（3）＿＿。 □有□無定期辦理消防安全檢查。	非屬應設置火警自動警報設備之住宅所有權人應依消防法第六條第五項規定設置及維護住宅用火災警報器。
5	□有□無滲漏水之情形，若有，滲漏水處：＿＿＿＿＿＿＿＿＿。 滲漏水處之處理： □由委託人修繕後交屋。 □委託受託人修繕。 □以現況交屋。 □其他＿＿＿＿。	
6	□有□無曾經做過輻射屋檢測？ 若有，請檢附檢測證明文件。 檢測結果是否有輻射異常？□是□否；若有： □由包租業修繕後交屋。 □以現況交屋：□其他＿＿＿。	七十一年至七十三年領得使用執照之建築物，應特別留意檢測。如欲進行改善，應向行政院原子能委員會洽詢技術協助。
7	□有□無曾經做過混凝土中水溶性氯離子含量檢測（例如海砂屋檢測事項）；若有檢測結果：＿＿＿＿＿。	一、八十四年六月三十日以前已建築完成之建築物，參照八十三年七月二十二日修訂公佈之CNS 3090檢測標準，混凝土中最大水溶性氯離子含量（依水溶法）容許值為0.6 kg/m³。 二、八十四年七月一日至一百零四年一月十二日依建築法規申報施工勘驗之建築物，混凝土中最大水溶性氯離子含

7		量參照CNS 3090檢測標準，容許值含量為0.3kg/m³。 三、一百零四年一月十三日（含）以後依建築法規申報施工勘驗之建築物，混凝土中最大水溶性氯離子含量參照CNS 3090檢測標準，容許值含量為0.15kg/m³。 四、上開檢測資料可向建築主管機關申請，不同時期之檢測值，互有差異，租賃雙方應自行注意。
8	本租賃住宅（專有部分）是否曾發生凶殺、自殺、一氧化碳中毒或其他非自然死亡之情事： (1) 包租業確認原出租人於產權持有期間□有□無曾發生上列情事。 (2) 於產權持有前，包租業確認原出租人： □無上列情事。 □知道曾發生上列情事。 □不知道曾否發生上列情事。	
9	供水及排水□是□否正常。 若不正常，由□包租業□承租人負責維修。	
10	□有□無公寓大廈規約或其他住戶應遵行事項；若有，□有□無檢附規約或其他住戶應遵行事項。	
11	□有□無管理委員會統一管理，若有租賃住宅管理費為□月繳新臺幣__元	停車位管理費以清潔費名義收取者亦同。

11	□季繳新臺幣__元□年繳新臺幣__元 □其他___。 停車位管理費為□月繳新臺幣__元 □季繳新臺幣__元□年繳新臺幣__元 □其他___。 □有□無積欠租賃住宅、停車位管理費；若有，新臺幣____元。	
12	附屬設備項目如下： □電視__台□電視櫃__件□沙發__組□茶几__件□餐桌__張 □餐桌椅__張□鞋櫃__件□窗簾__組□燈飾__件□洗衣機__台 □書櫃__件□床組（頭）__件□衣櫃__組□梳妝台__件 □書桌椅__組□置物櫃__件□電話__具□保全設施__組□微波爐__台 □洗碗機__台□冷氣__台□排油煙機__件□流理台__件□瓦斯爐__台 □熱水器__台□天然瓦斯□其他__。	
	包租業：_____（簽章） 租賃住宅管理人員：_____（簽章） 承租人：_____（簽章） 簽章日期：_____年_____月_____日	

附件二

出租人同意轉租範圍、租賃期間

及終止租約事由確認書

出租人＿＿＿＿＿＿將後列住宅出租予包租業＿＿＿＿＿＿，並於民國＿＿＿年＿＿＿月＿＿＿日簽訂住宅包租契約書在案，茲同意包租業得於租賃期間轉租，但包租業應於簽訂轉租契約三十日內，將轉租範圍、期間及承租人之姓名、通訊地址等相關資料告知本人。本人同意轉租範圍及租賃相關事項如附明細表。

　　　　此致

包租業

　　　　　　　　　　　　出租人＿＿＿＿＿＿＿＿（簽章）

　　中　華　民　國　　　年　　　月　　　日

出租人同意轉租範圍、租賃期間及終止租約事由明細表（請逐戶填載）

租賃住宅標的									轉租之範圍	租賃起迄期間	有無提前終止租約之約定	備註
縣市	鄉鎮市區	街路	段	巷	弄	號	樓	室				
									□全部 □一部	民國＿＿年＿＿月＿＿日起至民國＿＿年＿＿月＿＿日止	□有□無（若有，請註明）	同意轉租範圍如為一部者，應檢附該部分位置示意圖
									□全部 □一部	民國＿＿年＿＿月＿＿日起至民國＿＿年＿＿月＿＿日止	□有□無（若有，請註明）	

附註：原住宅租賃契約於租賃期間，如因有提前終止租約之約定者，其提前終止租約之事由如下：

附件三

包租業負責修繕項目及範圍確認書

包租業_____將住宅出租予承租人_____，並於民國__ __年____月____日簽訂住宅轉租契約在案，茲同意依本契約第 ____條第____項約定出具本租賃住宅負責修繕項目及範圍之確 認書如附明細表（僅為例示，應由租賃雙方依實際情形自行約 定後確認之）。

　　　　此致

承租人

　　　　　　　　　　　　　包租業_____（簽章）

　　中　華　民　國　　　年　　　月　　　日

包租業負責修繕項目及範圍明細表

設備或設施及數量		點交狀態		租賃期間損壞之修繕責任		備註
室外	大門	□現狀	□修繕後點交	□有	□無	
	門鎖	□現狀	□修繕後點交	□有	□無	
	門鈴	□現狀	□修繕後點交	□有	□無	
	對講機	□現狀	□修繕後點交	□有	□無	
	房門	□現狀	□修繕後點交	□有	□無	
	門口燈	□現狀	□修繕後點交	□有	□無	
	其他	□現狀	□修繕後點交	□有	□無	
客餐廳及臥室	落地門窗	□現狀	□修繕後點交	□有	□無	
	紗門	□現狀	□修繕後點交	□有	□無	
	玻璃窗	□現狀	□修繕後點交	□有	□無	
	天花板	□現狀	□修繕後點交	□有	□無	
	內牆壁	□現狀	□修繕後點交	□有	□無	
	室內地板	□現狀	□修繕後點交	□有	□無	
	其他	□現狀	□修繕後點交	□有	□無	
廚房及衛浴設備等	洗臉台	□現狀	□修繕後點交	□有	□無	
	流理台	□現狀	□修繕後點交	□有	□無	
	排水孔	□現狀	□修繕後點交	□有	□無	
	水龍頭	□現狀	□修繕後點交	□有	□無	
	馬桶	□現狀	□修繕後點交	□有	□無	
	浴缸	□現狀	□修繕後點交	□有	□無	
	門窗	□現狀	□修繕後點交	□有	□無	
	天花板	□現狀	□修繕後點交	□有	□無	
廚房及衛浴設備等	地版	□現狀	□修繕後點交	□有	□無	
	牆壁	□現狀	□修繕後點交	□有	□無	
	其他	□現狀	□修繕後點交	□有	□無	
其他						

附註：

1. 以上修繕項目及範圍請逐戶填載；如附屬設備有不及填載時，得於其他欄填載。
2. 未經約定確認之設備或設施，除其損壞係可歸責於承租人之事由外，由包租業負責修繕。
3. 如為現狀點交者，建議拍照存證。
4. 如為修繕後點交，亦應載明修繕方式。
5. 修繕聯絡方式：

   □同本契約第條包租業基本資料。

   □其他聯絡方式：（如有，請另行填載）。

簽約注意事項

一、適用範圍

本契約書範本適用於包租業承租租賃住宅後轉租予承租人之用，並提供承租人（消費者）與包租業（企業經營者）簽訂住宅租賃契約時參考使用；不適用一般租賃契約之轉租行為。

二、契約審閱權

包租業為企業經營者，其與承租人訂立定型化契約前，應有三十日以內之合理期間，供承租人審閱全部條款內容。

包租業以定型化契約條款使承租人拋棄前項權利者，無效。

包租業與承租人訂立定型化契約未提供第一項之契約審閱期間者，其條款不構成契約之內容。但承租人得主張該條款仍構成契約之內容。（消費者保護法第十一條之一第一項至第三項）

三、租賃及轉租之意義

稱租賃者，謂當事人約定，一方以物租與他方使用收益，他方支付租金之契約（民法第四百二十一條）。當事人就標的物及租金為同意時，租賃契約即為成立。又稱轉租者，指承租租賃住宅，以其全部或

一部租與他人居住使用，他人支付租金之租賃行為（租賃住宅市場發展及管理條例第三條第九款）。為使租賃當事人清楚瞭解自己所處之立場與權利義務關係，乃簡稱支付租金之人為承租人，交付租賃標的物之人為出租人即為本契約書之包租業。

四、租賃標的

（一）租賃住宅係以出租供居住使用之建築物，非以合法建築物為限。

（二）租賃住宅範圍屬已登記者，以登記簿記載為準；未登記者以房屋稅籍證明或實際測繪結果為準。

（三）租賃住宅範圍非屬全部者（如部分樓層之套房或雅房出租），應由包租業出具「租賃住宅位置格局示意圖」標註租賃範圍，以確認實際住宅租賃位置或範圍。

（四）為避免租賃雙方對於租賃住宅是否包含未登記之改建、增建、加建及違建部分，或冷氣、傢俱等其他附屬設備認知差異，得參依本契約範本附件「租賃標的現況確認書」，由租賃雙方互為確認，以杜糾紛。

（五）承租人遷入住處時，可請包租業會同檢查住宅設備現況並拍照存證，如有附屬設備，並得以清單列明，以供返還租賃住宅回復原狀之參考。

五、租賃期間及契約方式

為舉證方便並保障租賃當事人之權益，租賃雙方應以書面簽訂租賃契約書並明定租賃期間，且本契約書係建構於存在包租業與原出租人成立之包租契約前提下，故所訂之租賃期間，應不得踰越包租契約之租賃期間，且不得少於三十日。（租賃住宅市場發展及管理條例第四條第四款及第二十九條第二項）

六、租金約定及支付

（一）租金係以月租金額為計算基準，並應約定每期（次）支付月租金之月數、時間及方式，以杜爭議。

（二）承租人應依約定時間支付租金，不得藉任何理由拖延或拒付，包租業於租賃期間亦不得藉任何理由要求調漲租金。

七、押金約定及返還

（一）押金具有擔保承租人因租賃所衍生之債務，主要用於擔保損害賠償及處理遺留物責任，而預為支付之金錢，其金額最高不得超過二個月租金之總額，承租人應於簽訂本契約之同時給付包租業。

（二）包租業應於租期屆滿或租賃契約終止，承租人返還租賃住宅時返還押金或抵充本契約所生債務後之賸餘押金。

（三）承租人於支付押金或租金時，包租業應簽寫收據或於承租人所持有之租賃契約書上註明收訖；若以轉帳方式支付，應保留轉帳收據。同時包租業返還押金予承租人時，亦應要求承租人簽寫收據或於所持有之租賃契約書上記明收訖。

八、租賃期間相關費用之支付

（一）有關使用住宅而連帶產生之相關費用（如水、電、瓦斯、網路及管理費等），實務上有不同類型，部分契約係包含於租金中，部分則約定由承租人另行支付，亦有係由租賃雙方共同分擔等情形，宜事先於契約中明訂數額或雙方分擔之方式，以免日後產生爭議。

（二）租賃住宅範圍非屬全部者（如部分樓層之套房或雅房出租），相關費用及其支付方式，宜由租賃雙方依實際租賃情形事先於契約中明訂數額或雙方分擔之方式，例如以房間分度表數計算每度電費應支付之金額，但不得超過臺灣電力股份有限公司所定夏季用電量最高級距之每度金額。

九、使用租賃住宅之限制

（一）承租人應依約定方法，為租賃住宅之使用，並應遵守公寓大廈規約所定之一切權利義務及其他住戶應遵行事項。

（二）承租人不得將租賃住宅之全部或一部分轉租，或將租賃權轉讓

　　於他人。

（三）本契約書範本之租賃住宅，不得供營業使用，故包租業得不同
　　　意承租人為公司登記、商業登記及營業（稅籍）登記。

十、修繕

（一）租賃住宅或附屬設備之修繕，除其損壞係可歸責於承租人所致
　　　者外，由包租業負責；包租業為修繕租賃住宅所為之必要行為
　　　時，承租人不得拒絕。

（二）包租業之修繕義務，在使承租人就租賃住宅能為約定之居住使
　　　用，如承租人就租賃住宅以外有所增設時，該增設物即不在包
　　　租業修繕義務範圍（最高法院六十三年台上字第九九號判例參
　　　照）。

（三）租賃住宅或附屬設備由包租業負責修繕者，如包租業未於承租
　　　人所定相當期限內修繕時，承租人得自行修繕，並請求包租業
　　　償還其費用或於本契約書範本第三條約定之租金中扣除。
　　　租賃住宅有無滲漏水之情形，租賃雙方宜於交屋前確認，若有
　　　滲漏水，宜約定其處理方式（如由包租業修繕後交屋、以現況
　　　交屋、減租或由承租人自行修繕等）。

十一、室內裝修

　　承租人對租賃住宅有室內裝修需要，應經包租業同意，始得依相關法
令自行裝修，但不得損害原有建築結構之安全。租賃雙方並應約明返
還租賃住宅時，承租人應負責回覆之狀況，以避免爭議。

十二、提前終止租約

（一）租賃定有期限者，其租賃關係，於期限屆滿時消滅。故契約當
　　　事人於簽訂契約時，應約定得否於租賃期間提前終止租約及違
　　　約金之賠償額度，以保障自身權益。

（二）定有期限之租賃契約，如約定租賃之一方於期限屆滿前，得終
　　　止契約者，其終止契約，應按照本契約書範本第十三條約定先
　　　期通知他方。如租賃之一方未依約定期間先期通知他方而逕行

終止租約者，最高賠償他方一個月租金額之違約金。

（三）租賃雙方雖約定不得終止租約，但如有本契約書範本第十六條或第十七條得終止租約之情形，因係屬法律規定或事實無法履行契約，仍得終止租約。如無第十六條或第十七條得終止租約之情形者，租賃雙方當事人則得本於契約自由原則，自行約定違約金。

十三、承租人提前終止租約

（一）承租人如於租賃期間發生疾病或意外，有長期療養需求並提出具體事證，得依照本契約書範本第十七條第一項提前終止租賃契約。

（二）依民法第六條規定，承租人死亡時，喪失權利能力，其繼承人如無使用租賃住宅需求，得按照本契約書範本第十七條第三項提前終止租賃契約。

（三）前款情形，其繼承人應於終止前三十日，檢附相關事證，以書面通知出租人。

十四、租賃住宅之返還

（一）承租人返還租賃住宅時，如有附屬設備清單或拍照存證相片，宜由租賃雙方會同逐一檢視點交返還。

（二）承租人返還租賃住宅時，如未將原設籍之戶籍及其他法人或團體等登記遷出，經住宅所有權人授權之包租業得依戶籍法第十六條等相關規定，證明無租借住宅情事，向住宅所在地戶政事務所或主管機關申請遷離或廢止。

十五、條款疑義處理

（一）本契約書範本所訂之條款，均不影響承租人依消費者保護法規定之權利。

（二）本契約各條款如有疑義時，依消費者保護法第十一條第二項規定，應為有利於承租人之解釋。惟承租人違反約定再轉租者，因其所承租之住宅非屬最終消費，如有契約條款之疑義，尚無

消費者保護法有利於承租人解釋之適用。

十六、包租業損害賠償責任

（一）因可歸責於包租業之事由致不能履行契約，承租人受有損害時，由包租業負賠償責任。如因其受僱人執行業務之故意或過失致承租人受損害者，包租業應與其受僱人負連帶賠償責任。

（二）因包租業或其受僱人於執業過程所造成之損害，承租人得向全國聯合會請求由業者已繳存之營業保證金額度內代為賠償所受損害。

十七、消費爭議處理

（一）本契約發生之爭議，雙方得依下列方式處理：

1. 依消費者保護法第四十三條及第四十四條規定，承租人得向企業經營者、消費者保護團體或消費者服務中心申訴；未獲妥適處理時，得向直轄市或縣（市）政府消費者保護官申訴；承租人申訴未獲妥適處理時得向直轄市或縣（市）消費爭議調解委員會申請調解。

2. 依直轄市縣（市）不動產糾紛調處委員會設置及調處辦法規定申請調處。

3. 依鄉鎮市調解條例規定，向鄉、鎮、市（區）調解委員會聲請調解。

4. 依民事訴訟法第四百零三條及第四百零四條規定，向法院聲請調解。

5. 依仲裁法規定，向仲裁機構聲請仲裁。

6. 依租賃住宅市場發展及管理條例第三十一條規定，向中華民國租賃住宅服務商業公會全國聯合會請求代為賠償。

（二）消費爭議調解委員會、鄉、鎮、市（區）調解委員會調解成立之調解書，經法院核定後與民事確定判決有同一效力；仲裁判斷，於當事人間，與法院之確定判決，有同一效力。

訴訟外紛爭處理方式相關網址：

1. 行政院消費者保護會申訴及調解系統：
   https://appeal.cpc.ey.gov.tw/WWW/Default.aspx。

2. 司法院訴訟外紛爭解決機構查詢平台：
   http://adrmap.judicial.gov.tw/。

十八、轉租契約之效力

為確保私權及避免爭議，簽訂住宅轉租契約時不宜輕率，宜請求公證人就法律行為或私權事實作成公證書或認證文書。

十九、契約分存

（一）訂約時務必詳審契約條文，由雙方簽章或按手印，寫明包租業公司名稱、代表人、統一編號、營業地址、登記證字號及其指派租賃住宅管理人員姓名、證書字號等，及承租人姓名、戶籍、通訊地址及聯絡電話等，契約應一式二份，由租賃雙方各自留存一份契約正本。如有保證人，契約應一式三份，由雙方及保證人各自留存一份契約正本。

（二）若租約超過二頁以上，租賃雙方最好加蓋騎縫章，以避免被抽換；若契約內容有任何塗改，亦必須於更改處簽名或蓋章，以保障自身權益受損。

二十、確定訂約者之身分

（一）簽約時，承租人應請包租業提示其公司名稱、代表人、統一編號、地址、登記證字號及其指派租賃住宅管理人員姓名、證書字號等文件，確認其為合法業者，而包租業應先確定簽訂人之身分，例如國民身分證、駕駛執照或健保卡等身分證明文件之提示。若非租賃雙方本人簽約時，應請簽約人出具授權簽約同意書。

（二）包租業是否有權轉租本租賃住宅，影響承租人權益甚大，承租人可要求包租業提示原出租人（即包租契約之出租人）同意轉租之書面文件，並於本契約載明其與原出租人之租賃標的範圍、期間及得終止包租契約之事由。

（三）包租業與承租人簽訂本契約時，應提供租賃標的現況確認書，並以該確認書及契約書向承租人解說。

二十一、租賃住宅管理人員簽章

依租賃住宅市場發展及管理條例第三十二條規定，下列文件應由包租業指派專任租賃住宅管理人員簽章：

（一）住宅轉租契約書。

（二）租賃標的現況確認書。

（三）屋況與附屬設備點交證明文件。

（四）租金、押金及相關費用收據。

（五）退還租金、押金證明。

住宅轉租定型化契約 應記載及不得記載事項

108.2.23內政部內授中辦地字第1080260690號（108.6.1生效）

（行政院108.1.22院臺消保字第1080161339號函核定）

| 壹、應記載事項 |

一、契約審閱期

住宅轉租契約（以下簡稱本契約）於民國__年__月__日經承租人攜回審閱__日（契約審閱期間至少三日）。

包租業簽章：_____

承租人簽章：_____

二、租賃標的

（一）租賃住宅標示：

1. 門牌___縣（市）___鄉（鎮、市、區）___街（路）___段___巷___弄___號___樓之__（基地坐落__段__小段__地號）。無門牌者，其房屋稅籍編號：_____或其位置略圖。

2. 專有部分建號____，權利範圍____，面積共計____平方公尺。

　(1) 主建物面積：

　　___層___平方公尺，___層___平方公尺，___層___平方公尺共計___平方公尺，用途_____。

　(2) 附屬建物用途____，面積____平方公尺。

3. 共有部分建號____，權利範圍____，持分面積____平方公尺。

4. 車位：□有（汽車停車位__個、機車停車位__個）□無。

5. □有□無設定他項權利，若有，權利種類：_____。

6. □有□無查封登記。

（二）租賃範圍：

　　1. 租賃住宅□全部□部分：第＿＿＿層□房間＿＿＿間

　　　　□第＿＿＿室，面積＿＿＿＿＿平方公尺（如「租賃住宅位置格

　　　　局示意圖」標註之租賃範圍）。

　　2. 車位（如無則免填）：

　　　　(1) 汽車停車位種類及編號：

　　　　　　地上（下）第＿＿＿層□平面式停車位□機械式停車位，

　　　　　　編號第＿＿＿號。

　　　　(2) 機車停車位：地上（下）第＿＿＿層編號第＿＿＿號或其位

　　　　　　置示意圖。

　　　　(3) 使用時間：

　　　　　　□全日□日間□夜間□其他＿＿＿＿＿＿。

　　3. 租賃附屬設備：

　　　　□有□無附屬設備，若有，除另有附屬設備清單外，詳如後

　　　　附租賃標的現況確認書（如附件一）。

　　4. 其他：＿＿＿＿＿。

三、租賃期間

租賃期間自民國＿＿＿年＿＿＿月＿＿＿日起至民國＿＿＿年＿＿＿月＿＿＿日

止。租賃期間不得少於三十日，並不得逾包租契約之租賃期間。

四、租金約定及支付

承租人每月租金為新臺幣（下同）＿＿＿元整，每期應繳納＿＿＿個月租

金，並於每□月□期＿＿＿日前支付，不得藉任何理由拖延或拒絕；包

租業於租賃期間亦不得藉任何理由要求調漲租金。

租金支付方式：□現金繳付□轉帳繳付：金融機構：＿＿＿＿＿＿＿，

戶名：＿＿＿＿＿＿，帳號：＿＿＿＿＿＿。□其他：＿＿＿＿＿＿。

五、押金約定及返還

押金由租賃雙方約定為＿＿＿個月租金，金額為＿＿＿元整（最高不得超

過二個月租金之總額）。承租人應於簽訂本契約之同時給付包租業。

前項押金，除有第十四點第三項、第十五點第四項及第二十點第二項得抵充之情形外，包租業應於租期屆滿或租賃契約終止，承租人返還租賃住宅時，返還押金或抵充本契約所生債務後之賸餘押金。

六、租賃期間相關費用之支付

租賃期間，使用租賃住宅所生之相關費用：

（一）管理費：

☐由包租業負擔。

☐由承租人負擔。

租賃住宅每月＿＿＿＿＿元整。

停車位每月＿＿＿＿＿元整。

租賃期間因不可歸責於雙方當事人之事由，致本費用增加者，承租人就增加部分之金額，以負擔百分之十為限；如本費用減少者，承租人負擔減少後之金額。

☐其他：＿＿＿＿＿＿。

（二）水費：

☐ 由包租業負擔。

☐ 由承租人負擔。

☐ 其他：＿＿＿＿＿＿。

（三）電費：

☐由包租業負擔。

☐由承租人負擔（但不得超過台灣電力股份有限公司所定夏季用電量最高級距之每度金額）。

☐其他：＿＿＿＿＿＿。

（四）瓦斯費：

☐由包租業負擔。

☐由承租人負擔。

　　　　□其他：_____。

（五）網路費：

　　　　□由包租業負擔。

　　　　□由承租人負擔。

　　　　□其他：_____。

（六）其他費用及其支付方式：_____。

七、稅費負擔之約定

本契約有關稅費，依下列約定辦理：

（一）包租業收取現金者，其銀錢收據應貼用之印花稅票，由包租業
　　　負擔。

（二）依營業稅法規定應開立發票報繳之營業稅，由包租業負擔。

（三）其他稅費及其支付方式：_____。

本契約租賃雙方同意辦理公證者，其有關費用依下列約定辦理：

（一）公證費_____元整。

　　　　□由包租業負擔。

　　　　□由承租人負擔。

　　　　□由租賃雙方平均負擔。

　　　　□其他：_____。

（二）公證代辦費_____元整。

　　　　□由包租業負擔。

　　　　□由承租人負擔。

　　　　□由租賃雙方平均負擔。

　　　　□其他：_____。

八、使用租賃住宅之限制

本租賃住宅係供居住使用，承租人不得變更用途。

承租人同意遵守公寓大廈規約或其他住戶應遵行事項，不得違法使
用、存放有爆炸性或易燃性物品，影響公共安全、公共衛生或居住安
寧。

承租人不得將本租賃住宅之全部或一部分轉租，或將租賃權轉讓於他人。

九、修繕

租賃住宅或附屬設備損壞時，應由包租業負責修繕。但其損壞係可歸責於承租人之事由者，不在此限。

前項由包租業負責修繕者，承租人得定相當期限催告修繕，如包租業未於承租人所定相當期限內修繕時，承租人得自行修繕，並請求包租業償還其費用或於第四點約定之租金中扣除。

包租業為修繕租賃住宅所為之必要行為，應於相當期間先期通知，承租人無正當理由不得拒絕。

前項包租業於修繕期間，致租賃住宅全部或一部不能居住使用者，承租人得請求包租業扣除該期間全部或一部之租金。

十、室內裝修

承租人有室內裝修之需要，應經包租業同意並依相關法令規定辦理，且不得損害原有建築結構之安全。

承租人經包租業同意裝修者，其裝修增設部分若有損壞，由承租人負責修繕。

第一項情形，承租人返還租賃住宅時，□應負責回復原狀□現況返還□其他_____。

十一、包租業之義務及責任

本契約租賃期間，包租業之義務及責任如下：

（一）應出示租賃住宅服務業登記證影本，供承租人核對。

（二）應向承租人提供包租契約之出租人（以下簡稱原出租人）同意轉租之書面文件，並載明其與原出租人之租賃標的範圍、租賃期間及得終止住宅包租契約之事由。

（三）應以合於所約定居住使用之租賃住宅，交付承租人，並於租賃期間保持其合於居住使用之狀態。

（四）簽訂本契約，應先向承租人說明租賃住宅由包租業負責修繕項

目及範圍，並提供有修繕必要時之聯絡方式。

（五）應製作租賃標的現況確認書（如附件一），並於簽訂本契約時，以該確認書及本契約向承租人解說。

（六）應於收受承租人之有關費用或文件時，開立統一發票或掣給收據。

（七）應執行日常修繕維護並製作紀錄，提供承租人查詢或取閱。

（八）原出租人有修繕之必要行為時，包租業應於相當期間先期通知承租人配合辦理。

（九）應配合承租人設立戶籍需要，協助向原出租人取得可供設籍之相關證明。

前項第二款、第四款之同意轉租及負責修繕項目、範圍，如附件二「出租人同意轉租範圍、租賃期間及終止租約事由確認書」及附件三「包租業負責修繕項目及範圍確認書」。

十二、承租人之義務及責任

承租人應於簽訂本契約時，出示國民身分證或其他足資證明身分之文件，供包租業核對。

承租人應以善良管理人之注意，保管、使用租賃住宅。

承租人違反前項義務，致租賃住宅毀損或滅失者，應負損害賠償責任。但依約定之方法或依租賃住宅之性質使用，致有變更或毀損者，不在此限。

十三、租賃住宅部分滅失

租賃關係存續中，因不可歸責於承租人之事由，致租賃住宅之一部滅失者，承租人得按滅失之部分，請求減少租金。

十四、提前終止租約之約定

本契約於期限屆滿前，除第十七點及第十八點規定外，租賃雙方□得□不得終止租約。

依約定得終止租約者，租賃之一方應至少於終止前一個月通知他方。

一方未為先期通知而逕行終止租約者，應賠償他方最高不得超過一個

月租金額之違約金。

前項承租人應賠償之違約金得由第五點第一項規定之押金中抵充。

租期屆滿前，依第二項規定終止租約者，包租業已預收之租金應返還予承租人。

十五、租賃住宅之返還

租期屆滿或租賃契約終止時，包租業應即結算承租人第六點約定之相關費用，並會同承租人共同完成屋況及附屬設備之點交手續，承租人應將租賃住宅返還包租業並遷出戶籍或其他登記。

前項租賃之一方未會同點交，經他方定相當期限催告仍不會同者，視為完成點交。

承租人未依第一項規定返還租賃住宅時，包租業應明示不以不定期限繼續契約，並得向承租人請求未返還租賃住宅期間之相當月租金額，及相當月租金額計算之違約金（未足一個月者，以日租金折算）至返還為止。

前項金額及承租人未繳清第六點約定之相關費用，包租業得由第五點第一項規定之押金中抵充。

十六、租賃住宅所有權之讓與

本契約租賃期間，租賃住宅所有權人縱將其所有權讓與第三人，包租契約對於受讓人仍繼續存在，本契約不因此而受影響。

前項情形，包租業應於接獲原出租人通知後，以書面通知承租人。

十七、包租業提前終止租約

租賃期間有下列情形之一者，包租業得提前終止租約，承租人不得要求任何賠償：

（一）原出租人為重新建築而必要收回。

（二）承租人遲付租金之總額達二個月之金額，經包租業定相當期限催告，仍不為支付。

（三）承租人積欠管理費或其他應負擔之費用達二個月之租金額，經包租業定相當期限催告，仍不為支付。

（四）承租人違反第八點第一項規定，擅自變更用途，經包租業阻止仍繼續為之。

（五）承租人違反第八點第二項規定，違法使用、存放有爆炸性或易燃性物品，經包租業阻止仍繼續為之。

（六）承租人違反第八點第三項規定，擅自將租賃住宅轉租或轉讓租賃權予他人，經包租業阻止仍未終止轉租或轉讓契約。

（七）承租人毀損租賃住宅或附屬設備，經包租業定相當期限催告修繕仍不為修繕或相當之賠償。

（八）承租人違反第十點第一項規定，未經包租業同意，擅自進行室內裝修，經包租業阻止仍繼續為之。

（九）承租人違反第十點第一項規定，未依相關法令規定進行室內裝修，經包租業阻止仍繼續為之。

（十）承租人違反第十點第一項規定，進行室內裝修，損害原有建築結構之安全。

包租業依前項規定提前終止租約者，應依下列規定期限，檢附相關事證，以書面通知承租人：

（一）依前項第一款規定終止者，於終止前三個月。

（二）依前項第二款至第十款規定終止者，於終止前三十日。但前項第五款及第十款有公共安全之危害情形者，得不先期通知。

十八、承租人提前終止租約

租賃期間有下列情形之一，致難以繼續居住者，承租人得提前終止租約，包租業不得要求任何賠償：

（一）租賃住宅未合於居住使用，並有修繕之必要，經承租人依第九點第二項規定催告，仍不於期限內修繕。

（二）租賃住宅因不可歸責於承租人之事由致一部滅失，且其存餘部分不能達租賃之目的。

（三）租賃住宅有危及承租人或其同居人之安全或健康之瑕疵；承租人於簽約時已明知該瑕疵或拋棄終止租約權利者，亦同。

（四）承租人因疾病、意外產生有長期療養之需要。

（五）因第三人就租賃住宅主張其權利，致承租人不能為約定之居住使用。

（六）包租業經主管機關撤銷、廢止其許可或登記。

承租人依前項各款規定提前終止租約者，應於終止前三十日，檢附相關事證，以書面通知包租業。但前項第三款前段其情況危急或有第六款之情形者，得不先期通知。

承租人死亡，其繼承人得主張終止租約，其通知期限及方式，準用前項規定。

十九、提前終止包租契約之處理

包租業應於知悉原出租人提前終止包租契約之次日起五日內通知承租人終止本契約，協調返還租賃住宅、執行屋況及附屬設備點交事務、退還預收租金及全部或一部押金，並協助承租人優先承租其他租賃住宅。

前項原出租人提前終止包租契約之情形，於包租業因故停業、解散或他遷不明時，得由原出租人通知承租人，承租人並得請求所在地租賃住宅服務商業同業公會或其全國聯合會協調續租事宜，該同業公會或其全國聯合會不得拒絕。

前二項原出租人提前終止包租契約之情形，因可歸責於包租業之事由，致承租人受損害時，包租業應負賠償責任。

二十、遺留物之處理

本契約租期屆滿或提前終止租約，依第十五點完成點交或視為完成點交之手續後，承租人仍於租賃住宅有遺留物者，除租賃雙方另有約定外，經包租業定相當期限向承租人催告，逾期仍不取回時，視為拋棄其所有權。

包租業處理前項遺留物所生費用，得由第五點第一項規定之押金中抵充，如有不足，並得向承租人請求給付不足之費用。

二十一、履行本契約之通知

除本契約另有約定外，租賃雙方相互間之通知，以郵寄為之者，應以本契約所記載之地址為準；如因地址變更未告知他方，致通知無法到達時，以第一次郵遞之日期推定為到達日。

前項之通知得經租賃雙方約定以□電子郵件信箱：＿＿＿＿□手機簡訊□即時通訊軟體以文字顯示方式為之。

二十二、其他約定

本契約租賃雙方□同意□不同意辦理公證。

本契約經辦理公證者，租賃雙方□不同意；□同意公證書載明下列事項應逕受強制執行：

（一）承租人如於租期屆滿後不返還租賃住宅。

（二）承租人未依約給付之欠繳租金、費用及包租業或租賃住宅所有權人代繳之管理費，或違約時應支付之金額。

（三）包租業如於租期屆滿或本契約終止時，應返還承租人之全部或一部押金。

公證書載明金錢債務逕受強制執行時，如有保證人者，前項第＿＿＿款之效力及於保證人。

二十三、契約及其相關附件效力

本契約自簽約日起生效，雙方各執一份契約正本。

包租業之廣告及相關附件視為本契約之一部分。

二十四、當事人及相關人員基本資料

本契約應記載當事人、租賃住宅管理人員及其基本資料如下：

（一）承租人之姓名、戶籍地址、通訊地址、聯絡電話。

（二）包租業之公司名稱、代表人姓名、統一編號、登記證字號、營業地址、聯絡電話、電子郵件信箱。

（三）租賃住宅管理人員之姓名、證書字號、通訊地址、聯絡電話、電子郵件信箱。

|貳、不得記載事項|

一、不得約定拋棄審閱期間。

二、不得約定廣告僅供參考。

三、不得約定承租人不得申報租賃費用支出。

四、不得約定承租人不得遷入戶籍。

五、不得約定應由包租業或租賃住宅所有權人負擔之稅賦，若較出租前增加時，其增加部分由承租人負擔。

六、不得約定免除或限制民法上包租業故意不告知之瑕疵擔保責任。

七、不得約定承租人須繳回契約書。

八、不得約定本契約之通知僅以電話方式為之。

九、不得約定違反強制或禁止規定。

附件一

租賃標的現況確認書

填表日期　　年　　月　　日

項次	內容	備註說明
1	□有□無包括未登記之改建、增建、加建、違建部分： □壹樓__平方公尺□__樓__平方公尺。 □頂樓__平方公尺 □其他__平方公尺。	若為違建（未依法申請增、加建之建物），出租人應確實加以說明，使承租人得以充分認知此範圍之建物隨時有被拆除之虞或其他危險。
2	建物型態：_____。 建物現況格局：__房（間、室）__廳__衛 □有□無隔間。	一、建物型態： （一）一般建物：透天厝、別墅（單獨所有權無共有部分）。 （二）區分所有建物：公寓（五樓含以下無電梯）、透天厝、店面（店鋪）、辦公商業大樓、住宅或複合型大樓（十一層含以上有電梯）、華廈（十層含以下有電梯）、套房（一房、一廳、一衛）等。 （三）其他特殊建物：如工廠、廠辦、農舍、倉庫等型態。 二、現況格局（例如：房間、廳、衛浴數，有無隔間）。
3	汽車停車位種類及編號： 地上（下）第__層□平面式停車位□機械式停車位□其他__。 編號：第__號車位個，□有□無獨立權狀。 □有□無檢附分管協議及圖說。	

3	機車停車位：地上（下）第__層編號第__號車位個或其位置示意圖。	
4	□有□無消防設施，若有，項目： （1）____（2）____（3）____。 □有□無定期辦理消防安全檢查。	非屬應設置火警自動警報設備之住宅所有權人應依消防法第六條第五項規定設置及維護住宅用火災警報器。
5	□有□無滲漏水之情形，滲漏水處： ＿＿＿＿＿＿＿＿＿＿＿＿＿。 若有滲漏水處之處理： □由出租人修繕後交屋。 □以現況交屋。 □其他____。	
6	□有□無曾經做過輻射屋檢測？ 若有，請檢附檢測證明文件。 檢測結果是否有輻射異常？□是□否；若有： □由出租人修繕後交屋。 □以現況交屋。 □其他____。	七十一年至七十三年領得使用執照之建築物，應特別留意檢測。如欲進行改善，應向行政院原子能委員會洽詢技術協助。
7	□有□無曾經做過混凝土中水溶性氯離子含量檢測（例如海砂屋檢測事項）；若有檢測結果：_____。	一、八十四年六月三十日以前已建築完成之建築物，參照八十三年七月二十二日修訂公佈之CNS 3090檢測標準，混凝土中最大水溶性氯離子含量（依水溶法）容許值為0.6 kg/m^3。 二、八十四年七月一日至一百零四年一月十二日依建築法規申報施工勘驗之建築物，混凝土中最大水溶性氯離子含量參照CNS 3090檢測標準，容許值含量為0.3kg/m^3。

7		三、一百零四年一月十三日（含）以後依建築法規申報施工勘驗之建築物，混凝土中最大水溶性氯離子含量參照CNS 3090檢測標準，容許值含量為0.15 kg/m^3。 四、上開檢測資料可向建築主管機關申請，不同時期之檢測值，互有差異，租賃雙方應自行注意。
8	本租賃住宅（專有部分）是否曾發生凶殺、自殺、一氧化碳中毒或其他非自然死亡之情事： (1) 包租業確認原出租人於產權持有期間□有□無曾發生上列情事。 (2) 於產權持有前，包租業確認原出租人： 　□無上列情事。 　□知道曾發生上列情事。 　□不知道曾否發生上列情事。	
9	供水及排水□是□否正常。 若不正常，由□出租人□承租人負責維修。	
10	□有□無公寓大廈規約或其他住戶應遵循事項；若有，□有□無檢附規約或其他住戶應遵循事項。	
11	□有□無管理委員會統一管理，若有建物管理費為 □月繳新臺幣__元□季繳新臺幣__元 □年繳新臺幣__元□其他___。 停車位管理費為□月繳新臺幣__元	停車位管理費以清潔費名義收取者亦同。

11	□季繳新臺幣__元□年繳新臺幣__元 □其他___。 □有□無積欠建物、停車位管理費; 若有,新臺幣____元。	
12	附屬設備項目如下: □電視__台□電視櫃__件□沙發__組□茶几__件□餐桌__組 □鞋櫃__件□窗簾__組□燈飾__件□冰箱__台□洗衣機__台 □書櫃__件□床組(頭)__件□衣櫃__組□梳妝台__件 □書桌椅__組□置物櫃__件□電話__具□保全設施__組□微波爐__台 □洗碗機__台□冷氣__台□排油煙機__件□流理台__件□瓦斯爐__台 □熱水器__台□天然瓦斯□其他__。
	包租業:_____(簽章) 租賃住宅管理人員:_____(簽章) 承租人:_____(簽章) 簽章日期:_____年_____月_____日

附件三

出租人同意轉租範圍、租賃期間

及終止租約事由確認書

出租人_____將後列住宅出租予包租業_____，並於民國___年___月___日簽訂住宅包租契約書在案，茲同意包租業得於租賃期間將住宅轉租，但包租業應於簽訂轉租契約三十日內，將轉租範圍、期間及承租人之姓名、通訊住址等相關資料告知本人。本人同意轉租範圍及租賃相關事項如附明細表。

此致

包租業

出租人_____（簽章）

中　華　民　國　　　年　　　月　　　日

出租人同意轉租範圍、租賃期間及終止租約事由明細表（請逐戶填載）

租賃住宅標的									轉租之範圍	租賃起迄期間	有無提前終止租約之約定	備註
縣市	鄉鎮市區	街路	段	巷	弄	號	樓	室				
									□全部 □一部	民國__年__月__日起至民國__年__月__日止	□有 □無（若有，請註明）	同意轉租範圍如為一部者，應檢附該部分位置示意圖
									□全部 □一部	民國__年__月__日起至民國__年__月__日止	□有 □無（若有，請註明）	

附註：本住宅包租契約於租賃期間，如有提前終止租約之約定者，其提前終止租約之事由如下：

附件三

包租業負責修繕項目及範圍確認書

包租業_____將住宅出租予承租人_____，並於民國____年____月____日簽訂住宅轉租契約書在案，茲同意依本契約第____點第____項約定出具本租賃住宅負責修繕項目及範圍之確認書如附明細表（僅為例示，應由租賃雙方依實際情形自行約定後確認之）。

　　此致

承租人

　　　　　　　　　　　包租業_____（簽章）

中　華　民　國　　　年　　　月　　　日

包租業負責修繕項目及範圍明細表

設備或設施及數量		點交狀態		租賃期間損壞之修繕責任		備註
室外	大門	□現狀	□修繕後點交	□有	□無	
	門鎖	□現狀	□修繕後點交	□有	□無	
	門鈴	□現狀	□修繕後點交	□有	□無	
	對講機	□現狀	□修繕後點交	□有	□無	
	房門	□現狀	□修繕後點交	□有	□無	
	門口燈	□現狀	□修繕後點交	□有	□無	
	其他	□現狀	□修繕後點交	□有	□無	
客餐廳及臥室	落地門窗	□現狀	□修繕後點交	□有	□無	
	紗門	□現狀	□修繕後點交	□有	□無	
	玻璃窗	□現狀	□修繕後點交	□有	□無	
	天花板	□現狀	□修繕後點交	□有	□無	
	內牆壁	□現狀	□修繕後點交	□有	□無	
	室內地板	□現狀	□修繕後點交	□有	□無	
	其他	□現狀	□修繕後點交	□有	□無	
廚房及衛浴設備等	洗臉台	□現狀	□修繕後點交	□有	□無	
	流理台	□現狀	□修繕後點交	□有	□無	
	排水孔	□現狀	□修繕後點交	□有	□無	
	水龍頭	□現狀	□修繕後點交	□有	□無	
	馬桶	□現狀	□修繕後點交	□有	□無	
	浴缸	□現狀	□修繕後點交	□有	□無	
	門窗	□現狀	□修繕後點交	□有	□無	
	天花板	□現狀	□修繕後點交	□有	□無	
廚房及衛浴設備等	地版	□現狀	□修繕後點交	□有	□無	
	牆壁	□現狀	□修繕後點交	□有	□無	
	其他	□現狀	□修繕後點交	□有	□無	
其他						

附註：

1. 以上修繕項目及範圍請逐戶填載；如附屬設備有不及填載時，得於其他欄填載。

2. 未經約定確認之設備或設施，除其損壞係可歸責於承租人之事由外，由包租業負責修繕。

3. 如為現狀點交者，建議拍照存證。

4. 如為修繕後點交，亦應載明修繕方式。

5. 修繕聯絡方式：

   □同本契約第＿＿＿點包租業基本資料。

   □其他聯絡方式：（如有，請另行填載）＿＿＿＿＿＿＿。

住宅包租契約書範本

108.2.23內政部內授中辦地字第1080260815號函訂定
附件一、租賃標的現況確認書
附件二、出租人同意轉租範圍、租賃期間及終止租約事由確認書
　　　　出租人同意轉租範圍、租賃期間及終止租約事由明細表
附件三、出租人負擔修繕費用之項目及範圍確認書
　　　　出租人負擔修繕費用之項目及範圍明細表

簽約注意事項

　　立契約書人出租人_____，包租業_____，茲為住宅租賃事宜，雙方同意本契約條款如下：

第一條　租賃標的

（一）租賃住宅標示：

1. 門牌____縣（市）____鄉（鎮、市、區）____街（路）____段____巷____弄____號____樓之____（基地坐落__段__小段__地號）。無門牌者，其房屋稅籍編號：_____或其位置略圖。

2. 專有部分建號____，權利範圍____，面積共計____平方公尺。

　(1) 主建物面積：

　　____層____平方公尺，____層____平方公尺，____層____平方公尺共計____平方公尺，用途____。

　(2) 附屬建物用途____，面積____平方公尺。

3. 共有部分建號____，權利範圍____，持分面積____平方公尺。

4. 車位：□有（汽車停車位____個、機車停車位____個）□無。

5. □有□無設定他項權利，若有，權利種類：_____。

6. □有□無查封登記。

（二）租賃範圍：

　　1. 租賃住宅□全部□部分：第＿＿層□房間＿＿間
　　　　□第＿＿室，面積＿＿＿＿平方公尺（如「租賃住宅位置格
　　　　局示意圖」標註之租賃範圍）。

　　2. 車位（如無則免填）：

　　　　(1) 汽車停車位種類及編號：

　　　　　　地上（下）第＿＿層□平面式停車位□機械式停車位，
　　　　　　編號第＿＿號。

　　　　(2) 機車停車位：地上（下）第＿＿層編號第＿＿號或其位
　　　　　　置示意圖。

　　　　(3) 使用時間：

　　　　　　□全日□日間□夜間□其他＿＿＿＿＿。

　　3. 租賃附屬設備：

　　　　□有□無附屬設備，若有，除另有附屬設備清單外，詳如後
　　　　附租賃標的現況確認書（如附件一）。

　　4. 其他：＿＿＿＿＿＿。

第二條　租賃期間

　　租賃期間自民國＿＿年＿＿月＿＿日起至民國＿＿年＿＿月＿＿日
止。（租賃期間不得少於三十日）

第三條　租金約定及支付

　　包租業每月租金為新臺幣（下同）＿＿＿＿＿元整，每期應繳納＿＿個月
租金，並於每□月□期＿＿日前支付，不得藉任何理由拖延或拒絕。

　　租金支付方式：□現金繳付□轉帳繳付：金融機構：＿＿＿＿＿＿＿，
戶名：＿＿＿＿＿＿，帳號：＿＿＿＿＿＿。□其他：＿＿＿＿＿＿。

第四條　押金約定及返還

　　押金由租賃雙方約定為＿＿＿個月租金，金額為＿＿＿元整（最高不得超過二個月租金之總額）。承租人應於簽訂住宅租賃契約（以下簡稱本契約）之同時給付出租人。

　　前項押金，除有第十三條第三項、第十四條第四項及第十九條第二項得抵充之情形外，出租人應於租期屆滿或租賃契約終止，包租業返還租賃住宅時，返還押金或抵充本契約所生債務後之賸餘押金。

第五條　租賃期間相關費用之支付

　　租賃期間，使用租賃住宅所生之相關費用如下：

（一）管理費：

　　　　□由出租人負擔。

　　　　□由包租業負擔。

　　　　　租賃住宅每月＿＿＿＿＿元整。

　　　　　停車位每月＿＿＿＿＿元整。

　　　　□其他：＿＿＿。

（二）水費：

　　　　□由出租人負擔。

　　　　□由包租業負擔。

　　　　□其他：＿＿＿。

（三）電費：

　　　　□由出租人負擔。

　　　　□由包租業負擔。

　　　　□其他：＿＿＿。

（四）瓦斯費：

　　　　□由出租人負擔。

　　　　□由包租業負擔。

　　　　□其他：＿＿＿。

（五）網路費：

　　　　□由出租人負擔。

　　　　□由包租業負擔。

　　　　□其他：＿＿＿。

（六）其他費用及其支付方式：＿＿＿＿＿。

第六條　稅費負擔之約定

本契約有關稅費，依下列約定辦理：

（一）租賃住宅之房屋稅、地價稅，由出租人負擔。

（二）出租人收取現金者，其銀錢收據應貼用之印花稅票，由出租人
　　　負擔。

（三）其他稅費及其支付方式：＿＿＿＿＿。

本契約租賃雙方同意辦理公證者，其有關費用依下列約定辦理：

（一）公證費＿＿＿＿＿元整。

　　　　□由出租人負擔。

　　　　□由包租業負擔。

　　　　□由租賃雙方平均負擔。

　　　　□其他：＿＿＿＿＿。

（二）公證代辦費＿＿＿＿＿元整。

　　　　□由出租人負擔。

　　　　□由包租業負擔。

　　　　□由租賃雙方平均負擔。

　　　　□其他：＿＿＿＿＿。

第七條　使用租賃住宅之限制

本租賃住宅係供轉租作居住使用，包租業不得變更用途。

出租人□同意□不同意包租業將本租賃住宅以出借或轉租以外之其他

方式供他人居住使用。

包租業轉租本租賃住宅或經出租人同意提供他人使用者，應督促次承租人或使用人遵守公寓大廈規約或其他住戶應遵行事項，不得違法使用、存放有爆炸性或易燃性物品，影響公共安全、公共衛生或居住安寧。

第八條　修繕

租賃住宅或附屬設備損壞時，應由包租業負責修繕，其修繕費用，得由租賃雙方視損壞性質及責任歸屬，另行約定負擔方式。

前項約定由出租人負擔修繕費用者，包租業得請求出租人償還其費用或於第三條約定之租金中扣除。

第九條　室內裝修

出租人□同意□不同意包租業將本租賃住宅之全部或一部分進行室內裝修。

前項經出租人同意室內裝修者，包租業應依相關法令規定辦理，且不得損害原有建築結構之安全。

第一項室內裝修所需費用，由□出租人□包租業負擔或□其他＿＿＿＿＿。

包租業經出租人同意裝修者，其裝修增設部分若有損壞，由包租業負責修繕併負擔費用。

第二項情形，包租業返還租賃住宅時，□應負責回覆原狀□現況返還□其他＿＿＿＿＿。

第十條　出租人之義務及責任

本契約租賃期間，出租人之義務及責任如下：

（一）應出示有權出租本租賃住宅之證明文件及國民身分證或其他足資證明身分之文件，供包租業核對。

（二）應於簽訂本契約時，提供同意本租賃標的之全部或一部分轉租

之同意書，並載明租賃標的範圍、租賃期間及得終止本契約之事由。

（三）應以合於所約定居住使用之租賃住宅，交付包租業，並於租賃期間保持其合於居住使用之狀態。

（四）簽訂本契約，應先向包租業說明租賃住宅由出租人負擔修繕費用之項目及範圍，並提供有修繕必要時之聯絡方式。

前項第二款、第四款之同意轉租及負擔修繕費用之項目、範圍，如附件二「出租人同意轉租範圍、租賃期間及終止租約事由確認書」及附件三「出租人負擔修繕費用之項目及範圍確認書」。

第十一條　包租業之義務及責任

本契約租賃期間，包租業之義務及責任如下：

（一）應出示租賃住宅服務業登記證影本，供出租人核對。

（二）應以善良管理人之注意，保管、使用、收益租賃住宅。

（三）與次承租人簽訂轉租契約時，不得逾出租人同意轉租之標的範圍及租賃期間。

（四）應於簽訂轉租契約後三十日內，以書面將轉租標的範圍、租賃期間、次承租人之姓名及其通訊地址等相關資料通知出租人。

（五）應執行日常修繕維護並製作紀錄，提供出租人查詢或取閱。

（六）應於收受出租人之有關費用或文件時，開立統一發票或掣給收據。

（七）應配合出租人申請減徵稅捐需要，提供相關證明。

（八）不得轉讓出租人同意轉租權利及其管理業務。

包租業違反前項各款規定之一，致出租人受有損害者，應負賠償責任。但前項第二款情形，包租業依約定之方法或依租賃住宅之性質使用、收益，致有變更或毀損者，不在此限。

第十二條　租賃住宅部分滅失

租賃關係存續中，因不可歸責於包租業及次承租人之事由，致租賃住宅之一部滅失者，包租業得按滅失之部分，請求減少租金。

第十三條　提前終止租約之約定

本契約於期限屆滿前，除第十六條及第十七條規定外，租賃雙方□得□不得就租賃住宅之全部或一部終止租約。

依約定得終止租約者，租賃之一方應至少於終止前一個月通知他方。一方未為先期通知而逕行終止租約者，應賠償他方最高不得超過一個月租金額之違約金。

前項包租業應賠償之違約金得由第四條第一項規定之押金中抵充。

租期屆滿前，依第二項規定終止租約者，出租人已預收之租金應返還予包租業。

第十四條　租賃住宅之返還

租期屆滿或租賃契約終止時，包租業應即結算第五條約定之相關費用，並會同出租人共同完成屋況及附屬設備之點交手續，包租業應將租賃住宅返還出租人並督促次承租人或使用人遷出戶籍或其他登記。

前項租賃之一方未會同點交，經他方定相當期限催告仍不會同者，視為完成點交。

包租業未依第一項規定返還租賃住宅時，出租人應明示不以不定期限繼續契約，並得向包租業請求未返還租賃住宅期間之相當月租金額，及相當月租金額計算之違約金（未足一個月者，以日租金折算）至返還為止。

前項金額及包租業未繳清第五條約定之相關費用，出租人得由第四條第一項規定之押金中抵充。

第十五條　租賃住宅所有權之讓與

出租人於租賃住宅交付後，包租業或次承租人占有中，縱將其所有權

讓與第三人，本契約對於受讓人仍繼續存在。

前項情形，出租人應移交押金及已預收之租金予受讓人，並以書面通知包租業。

本契約如未經公證，其期限逾五年者，不適用第一項之規定。

第十六條　出租人提前終止租約

租賃期間有下列情形之一者，出租人得提前終止租約，包租業不得要求任何賠償：

（一）出租人為重新建築而必要收回。

（二）包租業遲付租金之總額達二個月之金額，經出租人定相當期限催告，仍不為支付。

（三）包租業積欠管理費或其他應負擔之費用達二個月之租金額，經出租人定相當期限催告，仍不為支付。

（四）包租業違反第七條第一項規定，擅自變更用途，經出租人阻止仍繼續為之。

（五）包租業違反第七條第二項規定，未經出租人同意，擅自將本租賃住宅以出借或轉租以外之其他方式供他人使用，經出租人阻止仍繼續為之。

（六）包租業毀損租賃住宅或附屬設備，經出租人定相當期限催告修繕仍不為修繕或相當之賠償。

（七）包租業違反第八條第一項規定，未履行修繕義務。

（八）包租業違反第九條第一項規定，未經出租人同意，擅自進行室內裝修，經出租人阻止仍繼續為之。

（九）包租業違反第九條第二項規定，未依相關法令規定進行室內裝修，經出租人阻止仍繼續為之。

（十）包租業違反第九條第二項規定，進行室內裝修，損害原有建築結構之安全。

（十一）包租業轉租本租賃住宅，違反第十一條第一項第三款規定，

逾出租人同意轉租之範圍或期間。

（十二）包租業違反第十一條第一項第八款規定，將出租人同意轉租
　　　　權利及其管理業務轉讓予第三人，經出租人阻止仍繼續為之。

（十三）包租業經主管機關撤銷、廢止其許可或登記。

　　出租人依前項規定提前終止租約者，應依下列規定期限，檢附相關事
證，以書面通知包租業：

（一）依前項第一款規定終止者，於終止前三個月。

（二）依前項第二款至十三款規定終止者，於終止前三十日。但前項
　　　第十款有危害公共安全或有第十三款之情形者，得不先期通
　　　知。

第十七條　包租業提前終止租約

　　租賃期間有下列情形之一者，包租業得提前終止租約之全部或一部：

（一）租賃住宅或附屬設備損壞，應由出租人負擔修繕費用者，經包
　　　租業定相當期限催告，出租人仍不於期限內為支付。

（二）租賃住宅因不可歸責於包租業及次承租人之事由致一部滅失，
　　　且其存餘部分不能達租賃之目的。

（三）租賃住宅有危及次承租人或其同居人之安全或健康之瑕疵。

（四）因第三人就租賃住宅主張其權利，致次承租人不能為約定之居
　　　住使用。

　　包租業依前項各款規定提前終止租約者，應於終止前三十日，檢附相
關事證，以書面通知出租人。但前項第三款情況危急者，得不先期通知。

第十八條　出租人提前終止租約之處理

　　包租業應於知悉出租人提前終止本契約之次日起五日內通知次承租人
終止轉租契約，協調返還租賃住宅、執行屋況及附屬設備點交事務、退還
向次承租人預收之租金及全部或一部押金或履行其他應盡事宜。

　　前項出租人提前終止本契約之情形，於包租業因故停業、解散或他遷

不明時，出租人得請求所在地租賃住宅服務商業同業公會或其全國聯合會協調返還租賃住宅，該同業公會或其全國聯合會不得拒絕。

前二項出租人提前終止本契約之情形，因可歸責於包租業之事由，致出租人或次承租人受損害時，包租業應負賠償責任。

第十九條　遺留物之處理

本契約租期屆滿或提前終止租約，依第十四條完成點交或視為完成點交之手續後，包租業或次承租人仍於租賃住宅有遺留物者，除租賃雙方另有約定外，經出租人定相當期限向包租業催告，逾期仍不取回時，視為拋棄其所有權。

出租人處理前項遺留物所生費用，得由第四條第一項規定之押金中抵充，如有不足，並得向包租業請求給付不足之費用。

第二十條　履行本契約之通知

除本契約另有約定外，租賃雙方相互間之通知，以郵寄為之者，應以本契約所記載之地址為準；如因地址變更未告知他方，致通知無法到達時，以第一次郵遞之日期推定為到達日。

前項之通知得經租賃雙方約定以□電子郵件信箱：＿＿＿□手機簡訊□即時通訊軟體以文字顯示方式為之。

第二十一條　其他約定

本契約租賃雙方□同意□不同意辦理公證。

本契約經辦理公證者，租賃雙方□不同意；□同意公證書載明下列事項應逕受強制執行：

（一）包租業如於租期屆滿後不返還租賃住宅。

（二）包租業未依約給付之欠繳租金、費用及出租人或租賃住宅所有權人代繳之管理費，或違約時應支付之金額。

（三）出租人如於租期屆滿或本契約終止時，應返還包租業之全部或

一部押金。

公證書載明金錢債務逕受強制執行時，如有保證人者，前項後段第＿款之效力及於保證人。

第二十二條　契約及其相關附件效力

本契約自簽約日起生效，租賃雙方各執一份契約正本。

本契約廣告及相關附件視為本契約之一部分。

第二十三條　未盡事宜之處置

本契約如有未盡事宜，依有關法令、習慣、平等互惠及誠實信用原則公平解決之。

附件

□建物所有權狀影本或其他有權出租之證明文件

□使用執照影本

□雙方身分證明文件影本

□授權代理人簽約同意書

□租賃標的現況確認書

□出租人同意轉租範圍、租賃期間及終止租約事由確認書

□出租人負擔修繕費用之項目及範圍確認書

□附屬設備清單

□租賃住宅位置格局示意圖

□其他（測量成果圖、室內空間現狀照片、稅籍證明等）

立契約書人

出租人：

　　　姓名：_____（簽章）

統一編號或身分證明文件編號：_____

戶籍地址：_____

通訊地址：_____

聯絡電話：_____

電子郵件信箱：_____

包租業：

　　公司名稱：_____（簽章）

　　代表人姓名：_____

　　統一編號：_____

　　登記證字號：_____

　　營業地址：_____

　　聯絡電話：_____

　　電子郵件信箱：_____

租賃住宅管理人員：

　　姓名：_____（簽章）

　　證書字號：_____

　　通訊地址：_____

　　聯絡電話：_____

　　電子郵件信箱：_____

中華民國_____年_____月_____日

附件一

租賃標的現況確認書

填表日期　　年　　月　　日

項次	內容	備註說明
1	□有□無　包括未登記之改建、增建、加建、違建部分： □壹樓__平方公尺□__樓__平方公尺。 □頂樓__平方公尺□其他__平方公尺。	若為違建（未依法申請增、加建之建物），出租人應確實加以說明，使承租人得以充分認知此範圍之建物隨時有被拆除之虞或其他危險。
2	建物型態：_____。 建物現況格局：__房（間、室）__廳__衛 □有□無隔間。	一、建物型態： （一）一般建物：單獨所有權無共有部分（包括獨棟、連棟、雙併等）。 （二）區分所有建物：公寓（五樓含以下無電梯）、透天厝、店面（店鋪）、辦公商業大樓、住宅或複合型大樓（十一層含以上有電梯）、華廈（十層含以下有電梯）、套房（一房、一廳、一衛）等。 （三）其他特殊建物：如工廠、廠辦、農舍、倉庫等型態。 二、現況格局（例如：房間、廳、衛浴數，有無隔間）。
3	汽車停車位種類及編號： 地上（下）第__層□平面式停車位 □機械式停車位□其他__。 編號：第__號車位個，□有□無獨立權狀。	

3	□有□無檢附分管協議及圖說。 機車停車位：地上（下）第__層編號 第__號車位個或其位置示意圖。	
4	□有□無住宅用火災警報器。 □有□無其他消防設施，若有，項 目： （1）____（2）____（3）____。 □有□無定期辦理消防安全檢查。	非屬應設置火警自動警報設備之 住宅所有權人應依消防法第六條 第五項規定設置及維護住宅用火 災警報器。
5	□有□無滲漏水之情形，若有，滲漏 水處：＿＿＿＿＿＿＿＿＿＿。 滲漏水處之處理： □由委託人修繕後交屋。 □委託受託人修繕。 □以現況交屋。 □其他＿＿＿＿＿＿＿＿＿＿。	。
6	□有□無曾經做過輻射屋檢測？ 若有，請檢附檢測證明文件。 檢測結果是否有輻射異常？□是□否； 若有： □由出租人修繕後交屋。 □以現況交屋。 □其他____。	七十一年至七十三年領得使用執 照之建築物，應特別留意檢測。 如欲進行改善，應向行政院原子 能委員會洽詢技術協助。
7	□有□無曾經做過混凝土中水溶性氯 離子含量檢測（例如海砂屋檢測事 項）；若有檢測結果：＿＿＿＿＿。	一、八十四年六月三十日以前已 　　建築完成之建築物，參照八 　　十三年七月二十二日修訂公 　　佈之CNS 3090檢測標準，混 　　凝土中最大水溶性氯離子含 　　量（依水溶法）容許值為0.6 　　kg/m^3。

7		二、八十四年七月一日至一百零四年一月十二日依建築法規申報施工勘驗之建築物，混凝土中最大水溶性氯離子含量參照CNS 3090檢測標準，容許值含量為0.3kg/m^3。 三、一百零四年一月十三日（含）以後依建築法規申報施工勘驗之建築物，混凝土中最大水溶性氯離子含量參照CNS 3090檢測標準，容許值含量為0.15kg/m^3。 四、上開檢測資料可向建築主管機關申請，不同時期之檢測值，互有差異，租賃雙方應自行注意。
8	本租賃住宅（專有部分）是否曾發生凶殺、自殺、一氧化碳中毒或其他非自然死亡之情事： (1) 於產權持有期間□有□無曾發生上列情事。 (2) 於產權持有前，出租人： □確認無上列情事。 □知道曾發生上列情事。 □不知道曾否發生上列情事。	
9	供水及排水□是□否正常。若不正常，由□出租人□包租業負責維修。	
10	□有□無公寓大廈規約或其他住戶應遵行事項；若有，□有□無檢附規約或其他住戶應遵行事項。	

11	□有□無管理委員會統一管理，若有租賃住宅管理費為□月繳新臺幣__元□季繳新臺幣__元□年繳新臺幣__元□其他___。 停車位管理費為□月繳新臺幣__元□季繳新臺幣__元□年繳新臺幣__元□其他___。 □有□無積欠租賃住宅、停車位管理費；若有，新臺幣____元。	停車位管理費以清潔費名義收取者亦同。
12	附屬設備項目如下： □電視__台□電視櫃__件□沙發__組□茶几__件□餐桌__組 □鞋櫃__件□窗簾__組□燈飾__件□冰箱__台□洗衣機__台 □書櫃__件□床組（頭）__件□衣櫃__組□梳妝台__件 □書桌椅__組□置物櫃__件□電話__具□保全設施__組□微波爐__台 □洗碗機__台□冷氣__台□排油煙機__件□流理台__件□瓦斯爐__台 □熱水器__台□天然瓦斯□其他__。	
	出租人：_____（簽章） 包租業：_____（簽章） 租賃住宅管理人員：_____（簽章） 簽章日期：_____年_____月_____日	

附件二

出租人同意轉租範圍、租賃期間
及終止租約事由確認書

出租人_____將後列住宅出租予包租業_____，並於民國___年___月___日簽訂住宅包租契約書在案，茲同意包租業得於租賃期間將住宅轉租，但包租業應於簽訂轉租契約三十日內，將轉租範圍、期間、次承租人之姓名及其通訊地址等相關資料告知本人。本人同意轉租範圍及租賃相關事項如附明細表。

　　　　此致

包租業

　　　　　　　　　　　　　出租人_____（簽章）

　　中　華　民　國　　　年　　　月　　　日

出租人同意轉租範圍、租賃期間及終止租約事由明細表（請逐戶填載）

租賃住宅標的									轉租之範圍	租賃起迄期間	有無提前終止租約之約定	備註
縣市	鄉鎮市區	街路	段	巷	弄	號	樓	室				
									□全部 □一部	民國__年__月__日起至民國__年__月__日止	□有□無 （若有，請註明）	同意轉租範圍如為一部者，
									□全部 □一部	民國__年__月__日起至民國__年__月__日止	□有□無 （若有，請註明）	應檢附該部分位置示意圖

附註：本住宅包租契約於租賃期間，如有提前終止租約之約定者，其提前終止租約之事由如下：

附件三

出租人負擔修繕費用之項目及範圍確認書

出租人_____將住宅出租予包租業_____公司，並於民國____年____月____日簽訂住宅包租契約書在案，茲同意依本契約第__條第__項約定出具本租賃住宅負擔修繕費用之項目及範圍之確認書如附明細表。（以下僅為例示，應由租賃雙方依實際情形自行約定後確認之）

　　　　　此致

包租業

　　　　　　　　　　　　　出租人_____（簽章）

　　　中　華　民　國　　　年　　　月　　　日

出租業負責修繕項目及範圍明細表

設備或設施及數量				點交狀態	租賃期間損壞之修繕責任	修繕費用之負擔	備註
室外	大門	□現狀		□修繕後點交	□包租業 □出租人 □其他：___	□包租業 □出租人 □其他：___	
	門鎖	□現狀		□修繕後點交	□包租業 □出租人 □其他：___	□包租業 □出租人 □其他：___	
	門鈴	□現狀		□修繕後點交	□包租業 □出租人 □其他：___	□包租業 □出租人 □其他：___	
	對講機	□現狀		□修繕後點交	□包租業 □出租人 □其他：___	□包租業 □出租人 □其他：___	
	房門	□現狀		□修繕後點交	□包租業 □出租人 □其他：___	□包租業 □出租人 □其他：___	
	門口燈	□現狀		□修繕後點交	□包租業 □出租人 □其他：___	□包租業 □出租人 □其他：___	
	其他	□現狀		□修繕後點交	□包租業 □出租人 □其他：___	□包租業 □出租人 □其他：___	
客餐廳及臥室	落地門窗	□現狀		□修繕後點交	□包租業 □出租人 □其他：___	□包租業 □出租人 □其他：___	
	紗門	□現狀		□修繕後點交	□包租業 □出租人 □其他：___	□包租業 □出租人 □其他：___	

客餐廳及臥室	玻璃窗	□現狀	□修繕後點交	□包租業 □出租人 □其他：__	□包租業 □出租人 □其他：__	
	天花板	□現狀	□修繕後點交	□包租業 □出租人 □其他：__	□包租業 □出租人 □其他：__	
	內牆壁	□現狀	□修繕後點交	□包租業 □出租人 □其他：__	□包租業 □出租人 □其他：__	
	室內地板	□現狀	□修繕後點交	□包租業 □出租人 □其他：__	□包租業 □出租人 □其他：__	
	其他	□現狀	□修繕後點交	□包租業 □出租人 □其他：__	□包租業 □出租人 □其他：__	
廚房及衛浴設備等	洗臉台	□現狀	□修繕後點交	□包租業 □出租人 □其他：__	□包租業 □出租人 □其他：__	
	流理台	□現狀	□修繕後點交	□包租業 □出租人 □其他：__	□包租業 □出租人 □其他：__	
	排水孔	□現狀	□修繕後點交	□包租業 □出租人 □其他：__	□包租業 □出租人 □其他：__	
	水龍頭	□現狀	□修繕後點交	□包租業 □出租人 □其他：__	□包租業 □出租人 □其他：__	
	馬桶	□現狀	□修繕後點交	□包租業 □出租人 □其他：__	□包租業 □出租人 □其他：__	

廚房及衛浴設備等	浴缸	□現狀	□修繕後點交	□包租業 □出租人 □其他：__	□包租業 □出租人 □其他：__	
	門窗	□現狀	□修繕後點交	□包租業 □出租人 □其他：__	□包租業 □出租人 □其他：__	
	天花板	□現狀	□修繕後點交	□包租業 □出租人 □其他：__	□包租業 □出租人 □其他：__	
	地板	□現狀	□修繕後點交	□包租業 □出租人 □其他：__	□包租業 □出租人 □其他：__	
	牆壁	□現狀	□修繕後點交	□包租業 □出租人 □其他：__	□包租業 □出租人 □其他：__	
	其他	□現狀	□修繕後點交	□包租業 □出租人 □其他：__	□包租業 □出租人 □其他：__	
其他						

附註：

1. 以上損壞責任歸屬及費用負擔請逐戶填載；如附屬設備有不及填載時，得於其他欄填載。
2. 如為現狀點交者，建議拍照存證。
3. 如為修繕後點交，亦應載明修繕方式。
4. 修繕聯絡方式：
   □同本契約第____條之出租人及包租業基本資料。
   □其他聯絡方式：（如有，請另行填載）_____。

簽約注意事項

一、適用範圍

本契約書範本適用於出租人將其住宅出租予租賃住宅包租業（以下簡稱包租業）並供轉租之用。故本範本係提供出租人與包租業簽訂住宅租賃契約時參考使用。

二、租賃意義

稱租賃者，謂當事人約定，一方以物租與他方使用收益，他方支付租金之契約（民法第四百二十一條）。當事人就標的物及租金為同意時，租賃契約即為成立。為使租賃當事人清楚瞭解自己所處之立場與權利義務關係，乃簡稱支付租金之人為包租業，交付租賃住宅之人為出租人。

三、租賃標的

（一）租賃住宅係以出租予包租業供其轉租作居住使用之建築物，非以合法建築物為限。

（二）租賃住宅範圍屬已登記者，以登記簿記載為準；未登記者以房屋稅籍證明或實際測繪結果為準。

（三）租賃住宅範圍非屬全部者（如部分樓層之套房或雅房出租），應由出租人出具「租賃住宅位置格局示意圖」標註租賃範圍，以確認實際租賃住宅位置或範圍。

（四）為避免租賃雙方對於租賃住宅是否包含未登記之改建、增建、加建及違建部分，或冷氣、傢俱等其他附屬設備認知差異，得參依本契約書範本附件「租賃標的現況確認書」，由租賃雙方互為確認，以杜糾紛。

（五）包租業點收租賃住宅時，可請出租人出具負擔修繕費用之項目及範圍確認書，並由租賃雙方會同檢查租賃住宅設備現況並拍照存證，如有附屬設備，並得以清單列明，以供返還租賃住宅回復原狀時之參考。

四、租賃期間其契約方式

為舉證方便並保障租賃當事人之權益，租賃雙方應以書面簽訂租賃契約書並明定租賃期間，且所訂定之租賃期間，不得少於三十日。（租賃住宅市場發展及管理條例第四條第四款及第二十九條第一項）

五、租金約定及支付

（一）租金係以月租金額為計算基準，並應約定每期支付月租金之月數、時間及方式，以杜爭議。

（二）包租業應依約定時間支付租金，不得藉任何理由拖延或拒付。

六、押金約定及返還

（一）押金具有擔保承租人因租賃所衍生之債務，主要用於擔保損害賠償及處理遺留物責任，而預為支付之金錢，其金額最高不得超過二個月租金之總額，包租業應於簽訂本契約之同時給付出租人。

（二）出租人應於租期屆滿或租賃契約終止，包租業返還租賃住宅時，返還押金或抵充本契約所生債務後之賸餘押金。

（三）包租業於支付押金或租金時，出租人應簽寫收據或於包租業所持有之租賃契約書上註明收訖；若以轉帳方式支付，應保留轉帳收據。同時出租人返還押金予包租業時，亦應要求包租業簽寫收據或於所持有之租賃契約書上記明收訖。

七、租賃期間相關費用之支付

（一）有關使用租賃住宅而連帶產生之相關費用（如水、電、瓦斯、網路及管理費等），實務上有不同類型，部分契約係包含於租金中，部分則約定由包租業另行支付，亦有係由租賃雙方共同分擔等情形，宜事先於契約中明訂數額或雙方分擔之方式，以免日後產生爭議。

（二）租賃住宅範圍非屬全部者（如部分樓層之套房或雅房出租），相關費用及其支付方式，宜由租賃雙方依實際租賃情形事先於契約中明訂數額或雙方分擔之方式，例如以房間分度表數計算

每度電費應支付之金額。

八、使用租賃住宅之限制

（一）本契約書範本之租賃住宅用途，係供包租業轉租作居住使用，而非供營業使用，出租人得不同意包租業或次承租人為公司登記、商業登記及營業（稅籍）登記。

（二）出租人得同意或不同意包租業以出借或轉租以外之其他方式供他人使用，為免生糾紛，租賃雙方宜於契約書約明。

（三）包租業應依約定方法，為租賃住宅之使用、收益，並於轉租後，要求次承租人應遵守公寓大廈規約所定之一切權利義務及其他住戶應遵行事項。

九、修繕

（一）租賃住宅或附屬設備之損壞，應由包租業負責修繕，其修繕費用，得由租賃雙方視損壞性質及責任歸屬，另行約定負擔方式。出租人應於簽訂本契約時，向包租業說明尤其負擔修繕費用之項目及範圍，並檢附「出租人負擔修繕費用之項目及範圍確認書」，及提供有修繕必要時之聯絡方式，以利執行。

（二）租賃住宅或附屬設備由出租人負擔修繕費用者，包租業得請求出租人償還其費用或於本契約書範本第三條約定之租金中扣除。

（三）出租人之修繕義務，在使包租業就租賃住宅能為約定之住宅使用、收益，如包租業就租賃住宅以外有所增設時，該增設物即不在出租人修繕義務範圍。（最高法院六十三年台上字第九九號判例參照）

（四）租賃住宅有無滲漏水之情形，租賃雙方宜於交屋前確認，若有滲漏水，宜約定其處理方式（如由出租人修繕後交屋、以現況交屋、減租或由包租業自行修繕等）。

十、室內裝修

（一）包租業對租賃住宅有室內裝修需要，應經出租人同意，始得依

相關法令自行裝修，但不得損害原有建築結構之安全。租賃雙方並應約明返還租賃住宅時，包租業應負責回復之狀況，以避免爭議。

（二）室內裝修所需經費之負擔，租賃雙方宜於契約中訂明。另所指「應依相關法令規定辦理」，包括都市計畫法、消防法及建築法等相關法令在內。例如將舊租賃住宅進行室內裝修，應依建築法第七十七條之二規定，遵守下列規定：

1. 供公眾使用建築物之室內裝修應申請審查許可。但中央主管機關得授權建築師公會或其他相關專業技術團體審查。

2. 裝修材料應合於建築技術規則之規定。

3. 不得妨害或破壞防火避難設施、消防設備、防火區劃及主要構造。

4. 不得妨害或破壞保護民眾隱私權設施。

前項建築物室內裝修應由經內政部登記許可之室內裝修從業者辦理。

十一、提前終止租約之約定

（一）租賃定有期限者，其租賃關係，於期限屆滿時消滅。故契約當事人於簽訂租賃契約時，應約定得否於租賃期間提前終止租約及違約金之賠償額度，以保障自身權益。

（二）定有期限之租賃契約，如約定租賃之一方於期限屆滿前，得終止契約者，其終止契約，應按照本契約書範本第十三條約定先期通知他方。如租賃之一方未依約定期間先期通知他方而逕行終止租約者，最高賠償他方一個月租金額之違約金。

（三）租賃雙方雖約定不得終止租約，但如有本契約書範本第十六條或第十七條得終止租約之情形，因係屬法律規定或事實無法履行契約，仍得終止租約。如無第十六條或第十七條得終止租約之情形者，租賃雙方當事人則得本於契約自由原則，自行約定違約金。

十二、出租人提前終止租約

為確保租賃住宅之適居性及安全性，出租人為收回租賃住宅重新建築時，應按照本契約書範本第十六條第二項第一款，於終止前三個月，以書面通知包租業，並提出具體事證，以確保次承租人居住權益。

十三、租賃住宅之返還

（一）包租業返還租賃住宅時，如有附屬設備清單或拍照存證相片，宜由租賃雙方會同逐一檢視點交返還。

（二）包租業返還租賃住宅時，如未將次承租人或使用人所設立之戶籍及其他法人或團體等登記遷出，住宅所有權人得依戶籍法第十六條等相關規定，證明無租借住宅情事，向住宅所在地戶政事務所或主管機關申請遷離或廢止。

十四、包租業損害賠償責任

（一）因可歸責於包租業之事由致不能履行契約，出租人受有損害時，由包租業負賠償責任。如因其受僱人執行業務之故意或過失致出租人受損害者，包租業應與其受僱人負連帶賠償責任。

（二）因包租業或其受僱人於執業過程所造成之損害，出租人得向全國聯合會請求由業者已繳存之營業保證金額度內代為賠償所受損害。

十五、爭議處理

（一）本契約發生之爭議，雙方得依下列方式處理：

1. 依直轄市縣（市）不動產糾紛調處委員會設置及調處辦法規定申請調處。

2. 依鄉鎮市調解條例規定，向鄉、鎮、市（區）調解委員會聲請調解。

3. 依民事訴訟法第四百零三條及第四百零四條規定，向法院聲請調解。

4. 依仲裁法規定，向仲裁機構聲請仲裁。

5. 依租賃住宅市場發展及管理條例第三十一條規定，向中華民

　　　　國租賃住宅服務商業公會全國聯合會請求代為賠償。

（二）鄉、鎮、市（區）調解委員會調解成立之調解書，經法院核定
　　　後與民事確定判決有同一效力；仲裁判斷，於當事人間，與法
　　　院之確定判決，有同一效力。

（三）司法院訴訟外紛爭解決機構查詢平台：

　　　http://adrmap.judicial.gov.tw/

十六、包租契約之效力

　　為確保私權及避免爭議，簽訂住宅包租契約時不宜輕率，宜請求公證
人就法律行為或私權事實作成公證書或認證文書。

十七、契約分存

（一）訂約務必詳審契約條文，由雙方簽章或按手印，寫明包租業公
　　　司名稱、代表人、統一編號、營業地址、登記證字號及其指派
　　　租賃住宅管理人員姓名、證書字號等，及出租人姓名、戶籍、
　　　通訊地址及聯絡電話等，契約應一式二份，由雙方各自留存一
　　　份契約正本。如有保證人，契約應一式三份，由雙方及保證人
　　　各自留存一份契約正本。

（二）若租賃租約超過二頁以上，租賃雙方宜加蓋騎縫章，以避免被
　　　抽換；若契約內容有任何塗改，亦必須於更改處簽名或蓋章，
　　　以保障自身權益受損。

十八、確定訂約者之身分

（一）簽約時，出租人應請包租業提示其公司名稱、代表人、統一編
　　　號、地址、登記證字號及其指派租賃住宅管理人員姓名、證書
　　　字號等文件，確認其為合法業者，而包租業應先確定簽訂人之
　　　身分，例如國民身分證、駕駛執照或健保卡等身分證明文件之
　　　提示。若非租賃雙方本人簽約時，應請簽約人出具授權簽約同
　　　意書。

（二）出租人是否為屋主（即租賃住宅所有權人），影響租賃雙方權
　　　益甚大，故包租業可要求出租人提示產權證明如所有權狀、登

記謄本；如出租人非屋主，則應提出屋主授權出租之證明文件。

十九、租賃住宅管理人員簽章

依租賃住宅市場發展及管理條例第三十二條規定，下列文件應由包租業指派專任租賃住宅管理人員簽章：

（一）住宅包租契約書。

（二）租賃標的現況確認書。

（三）屋況與附屬設備點交證明文件。

（四）租金、押金及相關費用收據。

（五）退還租金、押金證明。

住宅包租契約應約定及不得約定事項

108.2.23內政部內授中辦地字第1080260693號（108.6.1生效）
附件一、租賃標的現況確認書
附件二、出租人同意轉租範圍、租賃期間及終止租約事由確認書
　　　　出租人同意轉租範圍、租賃期間及終止租約事由明細表
附件三、出租人負擔修繕費用之項目及範圍確認書
　　　　出租人負擔修繕費用之項目及範圍明細表

| 壹、應記載事項 |

一、租賃標的

（一）租賃住宅標示：

1. 門牌＿＿縣（市）＿＿鄉（鎮、市、區）＿＿街（路）＿＿段＿＿巷＿＿弄＿＿號＿＿樓之＿（基地坐落＿段＿小段＿地號）。無門牌者，其房屋稅籍編號：＿＿＿＿＿或其位置略圖。

2. 專有部分建號＿＿，權利範圍＿＿，面積共計＿＿平方公尺。

(1) 主建物面積：

＿＿層＿＿平方公尺，＿＿層＿＿平方公尺，＿＿層＿＿平方公尺共計＿＿＿＿平方公尺，用途＿＿。

(2) 附屬建物用途＿＿，面積＿＿＿平方公尺。

3. 共有部分建號＿＿，權利範圍＿＿，持分面積＿＿平方公尺。

4. 車位：□有（汽車停車位＿＿個、機車停車位＿＿個）□無。

5. □有□無設定他項權利，若有，權利種類：＿＿＿＿＿。

6. □有□無查封登記。

（二）租賃範圍：

    1. 租賃住宅□全部□部分：第＿＿層□房間＿＿間
□第＿＿室，面積＿＿＿＿平方公尺（如「租賃住宅位置格局
示意圖」標註之租賃範圍）。

    2. 車位（如無則免填）：

      (1) 汽車停車位種類及編號：
地上（下）第＿＿層□平面式停車位□機械式停車位，
編號第＿＿＿＿號。

      (2) 機車停車位：地上（下）第＿＿層編號第＿＿號或其位
置示意圖。

      (3) 使用時間：
□全日□日間□夜間□其他＿＿＿。

    3. 租賃附屬設備：
□有□無附屬設備，若有，除另有附屬設備清單外，詳如後
附租賃標的現況確認書（如附件一）。

    4. 其他：＿＿＿＿＿。

二、租賃期間

租賃期間自民國＿＿年＿＿月＿＿口起至民國＿＿年＿＿月＿＿日
止。（租賃期間不得少於三十日）

三、租金約定及支付

包租業每月租金為新臺幣（下同）＿＿＿元整，每期應繳納＿＿個月租
金，並於每□月□期＿＿日前支付，不得藉任何理由拖延或拒絕。

租金支付方式：□現金繳付□轉帳繳付：金融機構：＿＿＿＿＿＿＿，
戶名：＿＿＿＿＿＿，帳號：＿＿＿＿＿＿。□其他：＿＿＿＿＿。

四、押金約定及返還

押金由租賃雙方約定為＿＿個月租金，金額為＿＿元整（最高不得超
過二個月租金之總額）。包租業應於簽訂住宅包租契約（以下簡稱本
契約）之同時給付出租人。

前項押金，除有第十三點第三項、第十四點第四項及第十九點第二項得抵充之情形外，出租人應於租期屆滿或租賃契約終止，包租業返還租賃住宅時，返還押金或抵充本契約所生債務後之賸餘押金。

五、租賃期間相關費用之支付

租賃期間，使用租賃住宅所生之相關費用如下：

（一）管理費：

□由出租人負擔。

□由包租業負擔。

租賃住宅每月＿＿＿＿＿元整。

停車位每月＿＿＿＿＿元整。

□其他：＿＿＿＿＿。

（二）水費：

□由出租人負擔。

□由包租業負擔。

□其他：＿＿＿＿＿。

（三）電費：

□由出租人負擔。

□由包租業負擔。

□其他：＿＿＿＿＿。

（四）瓦斯費：

□由出租人負擔。

□由包租業負擔。

□其他：＿＿＿＿＿。

（五）網路費：

□由出租人負擔。

□由包租業負擔。

□其他：＿＿＿＿＿。

（六）其他費用及其支付方式：＿＿＿＿＿。

六、稅費負擔之約定

本契約有關稅費，依下列約定辦理：

（一）租賃住宅之房屋稅、地價稅，由出租人負擔。

（二）出租人收取現金者，其銀錢收據應貼用之印花稅票，由出租人負擔。

（三）其他稅費及其支付方式：_____。

本契約租賃雙方同意辦理公證者，其有關費用依下列約定辦理：

（一）公證費_____元整。

　　□由出租人負擔。

　　□由包租業負擔。

　　□由租賃雙方平均負擔。

　　□其他：_____。

（二）公證代辦費_____元整。

　　□由出租人負擔。

　　□由包租業負擔。

　　□由租賃雙方平均負擔。

　　□其他：_____。

七、使用租賃住宅之限制

本租賃住宅係供轉租作居住使用，包租業不得變更用途。

出租人□同意□不同意包租業將本租賃住宅以出借或轉租以外之其他方式供他人居住使用。

包租業轉租本租賃住宅或經出租人同意提供他人使用者，應督促次承租人或使用人遵守公寓大廈規約或其他住戶應遵行事項，不得違法使用、存放有爆炸性或易燃性物品，影響公共安全、公共衛生或居住安寧。

八、修繕

租賃住宅或附屬設備損壞時，應由包租業負責修繕，其修繕費用，得由租賃雙方視損壞性質及責任歸屬，另行約定負擔方式。

前項約定由出租人負擔修繕費用者，包租業得請求出租人償還其費用

或於第三點約定之租金中扣除。

九、室內裝修

出租人□同意□不同意包租業將本租賃住宅之全部或一部分進行室內裝修。

前項經出租人同意室內裝修者，包租業應依相關法令規定辦理，且不得損害原有建築結構之安全。

第一項室內裝修所需費用，由□出租人□包租業負擔或

□其他____。

包租業經出租人同意裝修者，其裝修增設部分若有損壞，由包租業負責修繕併負擔費用。

第二項情形，包租業返還租賃住宅時，□應負責回復原狀

□現況返還□其他_____。

十、出租人之義務及責任

本契約租賃期間，出租人之義務及責任如下：

（一）應出示有權出租本租賃住宅之證明文件及國民身分證或其他足資證明身分之文件，供包租業核對。

（二）應於簽訂本契約時，提供同意本租賃標的之全部或一部分轉租之同意書，並載明租賃標的範圍、租賃期間及得終止本契約之事由。

（三）應以合於所約定居住使用之租賃住宅，交付包租業，並於租賃期間保持其合於居住使用之狀態。

（四）簽訂本契約，應先向包租業說明租賃住宅由出租人負擔修繕費用之項目及範圍，並提供有修繕必要時之聯絡方式。

前項第二款、第四款之同意轉租及負擔修繕費用之項目、範圍，如附件二「出租人同意轉租範圍、租賃期間及終止租約事由確認書」及附件三「出租人負擔修繕費用之項目及範圍確認書」。

十一、包租業之義務及責任

本契約租賃期間，包租業之義務及責任如下：

（一）應出示租賃住宅服務業登記證影本，供出租人核對。

（二）應以善良管理人之注意，保管、使用、收益租賃住宅。

（三）與次承租人簽訂轉租契約時，不得逾出租人同意轉租之標的範圍及租賃期間。

（四）應於簽訂轉租契約後三十日內，以書面將轉租標的範圍、租賃期間、次承租人之姓名及其通訊地址等相關資料通知出租人。

（五）應執行日常修繕維護並製作紀錄，提供出租人查詢或取閱。

（六）應於收受出租人之有關費用或文件時，開立統一發票或掣給收據。

（七）應配合出租人申請減徵稅捐需要，提供相關證明。

（八）不得轉讓出租人同意轉租權利及其管理業務。

包租業違反前項各款規定之一，致出租人受有損害者，應負賠償責任。但前項第二款情形，包租業依約定之方法或依租賃住宅之性質使用、收益，致有變更或毀損者，不在此限。

十二、租賃住宅部分滅失

租賃關係存續中，因不可歸責於包租業及次承租人之事由，致租賃住宅之一部滅失者，包租業得按滅失之部分，請求減少租金。

十三、提前終止租約之約定

本契約於期限屆滿前，除第十六點及第十七點規定外，租賃雙方□得□不得就租賃住宅之全部或一部終止租約。

依約定得終止租約者，租賃之一方應至少於終止前一個月通知他方。一方未為先期通知而逕行終止租約者，應賠償他方最高不得超過一個月租金額之違約金。

前項包租業應賠償之違約金得由第四點第一項規定之押金中抵充。

租期屆滿前，依第二項規定終止租約者，出租人已預收之租金應返還予包租業。

十四、租賃住宅之返還

租期屆滿或租賃契約終止時，包租業應即結算第五點約定之相關費

用，並會同出租人共同完成屋況及附屬設備之點交手續，包租業應將租賃住宅返還出租人並督促次承租人或使用人遷出戶籍或其他登記。

前項租賃之一方未會同點交，經他方定相當期限催告仍不會同者，視為完成點交。

包租業未依第一項規定返還租賃住宅時，出租人應明示不以不定期限繼續契約，並得向包租業請求未返還租賃住宅期間之相當月租金額，及相當月租金額計算之違約金（未足一個月者，以日租金折算）至返還為止。

前項金額及包租業未繳清第五點約定之相關費用，出租人得由第四點第一項規定之押金中抵充。

十五、租賃住宅所有權之讓與

出租人於租賃住宅交付後，包租業或次承租人占有中，縱將其所有權讓與第三人，本契約對於受讓人仍繼續存在。

前項情形，出租人應移交押金及已預收之租金予受讓人，並以書面通知包租業。

本契約如未經公證，其期限逾五年者，不適用第一項之規定。

十六、出租人提前終止租約

租賃期間有下列情形之一者，出租人得提前終止租約，包租業不得要求任何賠償：

（一）出租人為重新建築而必要收回。

（二）包租業遲付租金之總額達二個月之金額，經出租人定相當期限催告，仍不為支付。

（三）包租業積欠管理費或其他應負擔之費用達二個月之租金額，經出租人定相當期限催告，仍不為支付。

（四）包租業違反第七點第一項規定，擅自變更用途，經出租人阻止仍繼續為之。

（五）包租業違反第七點第二項規定，未經出租人同意，擅自將本租賃住宅以出借或轉租以外之其他方式供他人使用，經出租人阻

止仍繼續為之。

（六）包租業毀損租賃住宅或附屬設備，經出租人定相當期限催告修
繕仍不為修繕或相當之賠償。

（七）包租業違反第八點第一項規定，未履行修繕義務。

（八）包租業違反第九點第一項規定，未經出租人同意，擅自進行室
內裝修，經出租人阻止仍繼續為之。

（九）包租業違反第九點第二項規定，未依相關法令規定進行室內裝
修，經出租人阻止仍繼續為之。

（十）包租業違反第九點第二項規定，進行室內裝修，損害原有建築
結構之安全。

（十一）包租業轉租本租賃住宅，違反第十一點第一項第三款規定，
逾出租人同意轉租之範圍或期間。

（十二）包租業違反第十一點第一項第八款規定，將出租人同意轉租
權利及其管理業務轉讓予第三人，經出租人阻止仍繼續為之。

（十三）包租業經主管機關撤銷、廢止其許可或登記。

出租人依前項規定提前終止租約者，應依下列規定期限，檢附相關事
證，以書面通知包租業：

（一）依前項第一款規定終止者，於終止前三個月。

（二）依前項第二款至十三款規定終止者，於終止前三十日。但前項
第十款有危害公共安全或有第十三款之情形者，得不先期通
知。

十七、包租業提前終止租約

租賃期間有下列情形之一者，包租業得提前終止租約之全部或一部：

（一）租賃住宅或附屬設備損壞，應由出租人負擔修繕費用者，經包
租業定相當期限催告，出租人仍不於期限內支付。

（二）租賃住宅因不可歸責於包租業及次承租人之事由致一部滅失，
且其存餘部分不能達租賃之目的。

（三）租賃住宅有危及次承租人或其同居人之安全或健康之瑕疵。

（四）因第三人就租賃住宅主張其權利，致次承租人不能為約定之居
　　　住使用。

包租業依前項各款規定提前終止租約者，應於終止前三十日，檢附相
關事證，以書面通知出租人。但前項第三款情況危急者，得不先期通
知。

十八、出租人提前終止租約之處理

包租業應於知悉出租人提前終止本契約之次日起五日內通知次承租人
終止轉租契約，協調返還租賃住宅、執行屋況及附屬設備點交事務、
退還向次承租人預收之租金及全部或一部押金或履行其他應盡事宜。

前項出租人提前終止本契約之情形，於包租業因故停業、解散或他遷
不明時，出租人得請求所在地租賃住宅服務商業同業公會或其全國聯
合會協調返還租賃住宅，該同業公會或其全國聯合會不得拒絕。

前二項出租人提前終止本契約之情形，因可歸責於包租業之事由，致
出租人或次承租人受損害時，包租業應負賠償責任。

十九、遺留物之處理

本契約租期屆滿或提前終止租約，依第十四點完成點交或視為完成點
交之手續後，包租業或次承租人仍於租賃住宅有遺留物者，除租賃雙
方另有約定外，經出租人定相當期限向包租業催告，逾期仍不取回
時，視為拋棄其所有權。

出租人處理前項遺留物所生費用，得由第四點第一項規定之押金中抵
充，如有不足，並得向包租業請求給付不足之費用。

二十、履行本契約之通知

除本契約另有約定外，租賃雙方相互間之通知，以郵寄為之者，應以
本契約所記載之地址為準；如因地址變更未告知他方，致通知無法到
達時，以第一次郵遞之日期推定為到達日。

前項之通知得經租賃雙方約定以□電子郵件信箱：＿＿＿＿
□手機簡訊□即時通訊軟體以文字顯示方式為之。

二十一、其他約定

本契約租賃雙方□同意□不同意辦理公證。

本契約經辦理公證者，租賃雙方□不同意；

□同意公證書載明下列事項應逕受強制執行：

（一）包租業如於租期屆滿後不返還租賃住宅。

（二）包租業未依約給付之欠繳租金、費用及出租人或租賃住宅所有權人代繳之管理費，或違約時應支付之金額。

（三）出租人如於租期屆滿或本契約終止時，應返還包租業之全部或一部押金。

公證書載明金錢債務逕受強制執行時，如有保證人者，前項後段第＿款之效力及於保證人。

二十二、契約及其相關附件效力

本契約自簽約日起生效，租賃雙方各執一份契約正本。

本契約廣告及相關附件視為本契約之一部分。

二十三、當事人及相關人員基本資料

本契約應記載當事人、租賃住宅管理人員及其基本資料如下：

（一）出租人之姓名（名稱）、戶籍地址、通訊地址、聯絡電話。

（二）包租業之公司名稱、代表人姓名、統一編號、登記證字號、營業地址、聯絡電話、電子郵件信箱。

（三）租賃住宅管理人員之姓名、證書字號、通訊地址、聯絡電話、電子郵件信箱。

｜貳、不得約定事項｜

一、不得約定廣告僅供參考。

二、不得約定次承租人不得遷入戶籍。

三、不得約定應由包租業負擔之稅費，轉嫁由出租人負擔。

四、不得約定免除或限制民法上出租人故意不告知之瑕疵擔保責任。

五、不得約定出租人須繳回契約書。

六、不得約定本契約之通知，僅以電話方式為之。

七、不得約定違反強制或禁止規定。

附件一

租賃標的現況確認書

填表日期　　年　　月　　日

項次	內容	備註說明
1	□有□無包括未登記之改建、增建、加建、違建部分： □壹樓__平方公尺□__樓__平方公尺。 □頂樓__平方公尺。 □其他處所：__平方公尺。	若為違建（未依法申請增、加建之建物），出租人應確實加以說明，使包租業或次承租人得以充分認知此範圍之建物隨時有被拆除之虞或其他危險。
2	建物型態：_____。 建物現況格局：__房（間、室）__廳__衛□有□無隔間。	一、建物型態： （一）一般建物：單獨所有權無共有部分（包括獨棟、連棟、雙併等）。 （二）區分所有建物：公寓（五樓含以下無電梯）、透天厝、店面（店鋪）、辦公商業大樓、住宅或複合型大樓（十一層含以上有電梯）、華廈（十層含以下有電梯）、套房（一房、一廳、一衛）等。 （三）其他特殊建物：如工廠、廠辦、農舍、倉庫等型態。 二、現況格局（例如：房間、廳、衛浴數，有無隔間）。
3	汽車停車位種類及編號： 地上（下）第__層□平面式停車位 □機械式停車位□其他__。 編號：第__號車位個，□有□無獨立權狀。 □有□無檢附分管協議及圖說。	

3	機車停車位：地上（下）第＿層，編號第＿號車位個或其位置示意圖。	
4	□有□無住宅用火災警報器。 □有□無其他消防設施，若有，項目：（1）＿＿（2）＿＿（3）＿＿。 □有□無定期辦理消防安全檢查。	非屬應設置火警自動警報設備之住宅所有權人應依消防法第六條第五項規定設置及維護住宅用火災警報器。
5	□有□無滲漏水之情形，滲漏水處： ＿＿＿＿＿＿＿＿＿＿＿。 若有滲漏水處之處理： □由出租人修繕後交屋。 □以現況交屋。 □其他＿＿。	
6	□有□無曾經做過輻射屋檢測？ 若有，請檢附檢測證明文件。 檢測結果是否有輻射異常？ □是□否；若有： □由出租人修繕後交屋。 □以現況交屋。 □其他＿＿。	七十一年至七十三年領得使用執照之建築物，應特別留意檢測。如欲進行改善，應向行政院原子能委員會洽詢技術協助。
7	□有□無曾經做過混凝土中水溶性氯離子含量檢測（例如海砂屋檢測事項）；若有檢測結果：＿＿＿＿＿。	一、八十四年六月三十日以前已建築完成之建築物，參照八十三年七月二十二日修訂公佈之CNS 3090檢測標準，混凝土中最大水溶性氯離子含量（依水溶法）容許值為0.6 kg/m^3。 二、八十四年七月一日至一百零四年一月十二日依建築法規申報施工勘驗之建築物，混凝土中最大水溶性氯離子含量參照CNS 3090檢測標準，容許值含量為0.3kg/m^3。

7		三、一百零四年一月十三日（含）以後依建築法規申報施工勘驗之建築物，混凝土中最大水溶性氯離子含量參照CNS 3090檢測標準，容許值含量為0.15kg/m^3。 四、上開檢測資料可向建築主管機關申請，不同時期之檢測值，互有差異，租賃雙方應自行注意。
8	本租賃住宅（專有部分）是否曾發生凶殺、自殺、一氧化碳中毒或其他非自然死亡之情事： (1) 於產權持有期間□有□無曾發生上列情事。 (2) 於產權持有前，出租人： 　□確認無上列情事。 　□知道曾發生上列情事。 　□不知道曾否發生上列情事。	
9	供水及排水□是□否正常。若不正常，由□出租人□包租業負責維修。	
10	□有□無公寓大廈規約或其他住戶應遵行事項；若有，□有□無檢附規約或其他住戶應遵行事項。	
11	□有□無管理委員會統一管理，若有租賃住宅管理費為□月繳新臺幣__元□季繳新臺幣__元□年繳新臺幣__元□其他___。 停車位管理費為□月繳新臺幣__元□季繳新臺幣__元□年繳新臺幣__元□其他___。	停車位管理費以清潔費名義收取者亦同。

11	□有□無積欠租賃住宅、停車位管理費；若有，新臺幣____元。
12	附屬設備項目如下： □電視__台□電視櫃__件□沙發__組□茶几__件□餐桌__組 □鞋櫃__件□窗簾__組□燈飾__件□冰箱__台□洗衣機__台 □書櫃__件□床組（頭）__件□衣櫃__組□梳妝台__件 □書桌椅__組□置物櫃__件□電話__具□保全設施__組□微波爐__台 □洗碗機__台□冷氣__台□排油煙機__件□流理台__件□瓦斯爐__台 □熱水器__台□天然瓦斯□其他__。
	出租人：_____（簽章） 包租業：_____（簽章） 租賃住宅管理人員：_____（簽章） 簽章日期：____年____月____日

附件二

出租人同意轉租範圍、租賃期間
及終止租約事由確認書

出租人＿＿＿＿＿將後列住宅出租予包租業＿＿＿＿＿，並於民
國＿＿年＿＿月＿＿日簽訂住宅包租契約書在案，茲同意包租業
得於租賃期間將住宅轉租，但包租業應於簽訂轉租契約三十日
內，將轉租範圍、期間、次承租人之姓名及其通訊地址等相關資
料告知本人。本人同意轉租範圍及租賃相關事項如附明細表。

　　　　　此致

包租業

　　　　　　　　　　　出租人＿＿＿＿＿＿＿＿（簽章）
　　　　中　華　民　國　　　年　　　月　　　日

出租人同意轉租範圍、租賃期間及終止租約事由明細表（請逐戶填載）

租賃住宅標的									轉租之範圍	租賃起迄期間	有無提前終止租約之約定	備註
縣市	鄉鎮市區	街路	段	巷	弄	號	樓	室				
									□全部 □一部	民國＿年＿月＿日起至民國＿年＿月＿日止	□有□無（若有，請註明）	同意轉租範圍如為一部者，應檢附該部分位置示意圖
									□全部 □一部	民國＿年＿月＿日起至民國＿年＿月＿日止	□有□無（若有，請註明）	

附註：本住宅包租契約於租賃期間，如有提前終止租約之約定者，其提前終止租約之事由如下：

附件三

出租人負擔修繕費用之項目及範圍確認書

出租人＿＿＿＿＿將住宅出租予包租業＿＿＿＿＿公司，並於民國＿＿年＿＿月＿＿日簽訂住宅包租契約書在案，茲同意依本契約第＿點第＿項約定出具本租賃住宅負擔修繕費用之項目及範圍之確認書如附明細表（僅為例示，應由租賃雙方依實際情形自行約定後確認之）。

　　　　此致

包租業

出租人＿＿＿＿＿＿＿（簽章）

中　華　民　國　　　年　　　月　　　日

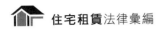

出租人負擔修繕費用之項目及範圍明細表

設備或設施及數量		點交狀態		租賃期間損壞之修繕責任	修繕費用之負擔	備註
室外	大門	□現狀	□修繕後點交	□包租業 □出租人 □其他：__	□包租業 □出租人 □其他：__	
	門鎖	□現狀	□修繕後點交	□包租業 □出租人 □其他：__	□包租業 □出租人 □其他：__	
	門鈴	□現狀	□修繕後點交	□包租業 □出租人 □其他：__	□包租業 □出租人 □其他：__	
	對講機	□現狀	□修繕後點交	□包租業 □出租人 □其他：__	□包租業 □出租人 □其他：__	
	房門	□現狀	□修繕後點交	□包租業 □出租人 □其他：__	□包租業 □出租人 □其他：__	
	門口燈	□現狀	□修繕後點交	□包租業 □出租人 □其他：__	□包租業 □出租人 □其他：__	
	其他	□現狀	□修繕後點交	□包租業 □出租人 □其他：__	□包租業 □出租人 □其他：__	
客餐廳及臥室	落地門窗	□現狀	□修繕後點交	□包租業 □出租人 □其他：__	□包租業 □出租人 □其他：__	
	紗門	□現狀	□修繕後點交	□包租業 □出租人 □其他：__	□包租業 □出租人 □其他：__	

客餐廳及臥室	玻璃窗	□現狀	□修繕後點交	□包租業 □出租人 □其他:__	□包租業 □出租人 □其他:__
	天花板	□現狀	□修繕後點交	□包租業 □出租人 □其他:__	□包租業 □出租人 □其他:__
	內牆壁	□現狀	□修繕後點交	□包租業 □出租人 □其他:__	□包租業 □出租人 □其他:__
	室內地板	□現狀	□修繕後點交	□包租業 □出租人 □其他:__	□包租業 □出租人 □其他:__
	其他	□現狀	□修繕後點交	□包租業 □出租人 □其他:__	□包租業 □出租人 □其他:__
廚房及衛浴設備等	洗臉台	□現狀	□修繕後點交	□包租業 □出租人 □其他:__	□包租業 □出租人 □其他:__
	流理台	□現狀	□修繕後點交	□包租業 □出租人 □其他:__	□包租業 □出租人 □其他:__
	排水孔	□現狀	□修繕後點交	□包租業 □出租人 □其他:__	□包租業 □出租人 □其他:__
	水龍頭	□現狀	□修繕後點交	□包租業 □出租人 □其他:__	□包租業 □出租人 □其他:__
	馬桶	□現狀	□修繕後點交	□包租業 □出租人 □其他:__	□包租業 □出租人 □其他:__

	浴缸	□現狀	□修繕後點交	□包租業 □出租人 □其他：__	□包租業 □出租人 □其他：__	
	門窗	□現狀	□修繕後點交	□包租業 □出租人 □其他：__	□包租業 □出租人 □其他：__	
廚房 及衛浴 設備等	天花板	□現狀	□修繕後點交	□包租業 □出租人 □其他：__	□包租業 □出租人 □其他：__	
	地板	□現狀	□修繕後點交	□包租業 □出租人 □其他：__	□包租業 □出租人 □其他：__	
	牆壁	□現狀	□修繕後點交	□包租業 □出租人 □其他：__	□包租業 □出租人 □其他：__	
	其他	□現狀	□修繕後點交	□包租業 □出租人 □其他：__	□包租業 □出租人 □其他：__	
其他						

附註：

1. 以上損壞責任歸屬及費用負擔請逐戶填載；如附屬設備有不及填載時，得於其他欄填載。

2. 如為現狀點交者，建議拍照存證。

3. 如為修繕後點交，亦應載明修繕方式。

4. 修繕聯絡方式：

□同本契約第____點之出租人及包租業基本資料。

□其他聯絡方式：（如有，請另行填載）_____。

租賃糾紛存證信函範本

108.10.15地政司委託崔媽媽基金會編制

一、修繕：

範例【1】：修繕義務之通知

　　本人向台端承租 □縣（市）□鄉（鎮/市/區）□街（路）□段 □巷 □弄 □號 □樓 □室，詎於本人遷入後未達月餘，即發覺 □□□（說明租屋處需修繕的事項及嚴重，例如：廚房天花板嚴重漏水，油漆不斷剝落，影響廚房使用甚劇……）。本人於 □ 年 □ 月 □ 日曾以 LINE 與台端聯絡，惟不見台端採取修復措施，特再以本函催請台端於三日內履行租賃住宅市場發展及管理條例第八條及民法第四百二十九條之修繕義務，逾期則本人將自行僱工進行修復。其修復費用，本人將逕自由 □ 月份租金中扣除，特此通知，希待見覆。

二、欠租：

範例【2-1】：催告給付租金

　　台端向本人承租 □縣（市）□鄉（鎮/市/區）□街（路）□段 □巷 □弄 □號 □樓 □室，租期自 □ 年 □ 月 □ 日起至 □ 年 □ 月 □ 日止，計 □ 年 □ 月，租金為每月 □ 元，並定期於每月 □ 日給付之。頃查台端應給付本人 □ 年 □ 月份租金，迄未蒙台端依約給付，特此通知，請於文到後七日內給付租金 □ 元，以為誠信是禱。

範例【2-2】：催告給付二期租金，並預告終止契約

　　台端向本人承租 □縣（市）□鄉（鎮/市/區）□街（路）□段 □巷 □弄 □號 □樓 □室，租期自 □ 年 □ 月 □ 日起至 □ 年 □ 月 □ 日止，

計 □ 年 □ 月，租金為每月 □ 元，並定期於每月 □ 日給付之。詎台端於 □ 年 □ 月 □ 日以後即未曾依約給付租金，迄今已積欠租金達二個月以上，共計 □ 元，經本人於 □ 年 □ 月 □ 日以 □ 郵局第 □ 號存證信函定期催告台端付清租金，惟台端迄仍未履行，為此特以本函催告台端於函到後 □ 日內付清租金，屆期如未付清，租約即行終止，不另通知。

三、終止：

範例【3-1】：租約到期不再續約

台端向本人承租 □縣（市）□鄉（鎮/市/區）□街（路）□段 □巷 □弄 □號 □樓 □室，租期自 □ 年 □ 月 □ 日起至 □ 年 □ 月 □ 日止，本人特此聲明屆期不再續租，謹請台端屆期按時搬遷將房屋點交返還予本人，特此通告，峕此順頌時綏。

範例【3-2】：到期應再訂新約，否則不再續租

台端向本人承租 □縣（市）□鄉（鎮/市/區）□街（路）□段 □巷 □弄 □號 □樓 □室，租期自 □ 年 □ 月 □ 日起，將於 □ 年 □ 月 □ 日屆滿。台端如欲續租，希台端於 □ 年 □ 月 □ 日前與本人洽商重新訂約之事宜並簽妥新約，逾期未簽訂新約者，則不再出租予台端，盼台端屆時依約將房屋返還予本人，無任感激。

範例【3-3】：通知終止租約，並請求遷讓房屋及付清租金

台端向本人承租 □縣（市）□鄉（鎮/市/區）□街（路）□段 □巷 □弄 □號 □樓 □室，租期自 □ 年 □ 月 □ 日起至 □ 年 □ 月 □ 日止，計 □ 年 □ 月，租金為每月 □ 元，並定期於每月 □日給付之。詎台端於 □ 年 □ 月 □ 日以後即未曾依約給付租金，迄今已積欠租金達二個月以上，共計 □ 元，經本人於 □ 年 □ 月 □ 日以 □ 郵局第 □ 號存證信函定期催告台端付清租金，惟台端迄仍未履行，特依法以本函終止租約，請台

端於函到後立即付清租金並遷讓房屋，以免訟累是禱。

四、點交

範例【4】：屋況、設備共同點交

台端向本人承租 □縣（市）□鄉（鎮/市/區）□街（路）□段 □巷 □弄 □號 □樓 □室，業已於 □ 年 □ 月 □ 日租期屆滿，多次聯繫台端共同點交租賃物時間，皆未得到台端之回覆，本人特以存證信函通知台端於函到 □ 日內與本人約定共同完成屋況、設備點交返還房屋的時間，台端若仍置之不理，將視為已完成點交。請台端務必配合，切勿自誤！

五、遺留物

範例【5】：點交後遺留物處理

台端向本人承租 □縣（市）□鄉（鎮/市/區）□街（路）□段 □巷 □弄 □號 □樓 □室，業已於 □ 年 □ 月 □ 日租期屆滿，並點交完成後，台端尚有遺留物未取，為避免爾後發生法律糾紛，本人特以存證信函通知台端於函到 □ 日內取走遺留物品，逾期仍不取回時，視為拋棄其所有權，處理費用會從欲返還台端之押金中扣除。請台端務必配合，切勿自誤！

六、押金返還：

範例【6】：返還押租金之通知函

本人向台端承租 □縣（市）□鄉（鎮/市/區）□街（路）□段 □巷 □弄 □號 □樓 □室，業已於 □ 年 □ 月 □ 日租期屆滿，並經本人遷還房屋予台端。查本人於簽訂租賃契約時，已交付台端押金新台幣 □ 元，依約台端應於租期屆滿時返還押金於本人。惟屢經本人催告台端返還前述押金，台端均置之不理，特此函告知台端於函到七日內，返還前述押金予本人，以免爭訟。

租屋服務事業認定及獎勵辦法

內政部106.6.22台內營字第1060808400號令訂定

第一條　本辦法依住宅法（以下簡稱本法）第五十二條第二項規定訂定之。

第二條　本辦法所稱租屋服務事業，指提供租屋市場資訊、媒合服務、專業管理協助及糾紛諮詢等服務，經主管機關認定之私法人或團體。

符合下列資格之一者，得檢具相關證明文件，向主管機關申請認定為租屋服務事業：

（一）立案之社會團體或財團法人，其章程明定辦理社會福利或住宅相關業務。

（二）不動產租售業、不動產經紀業或其他相關服務業。

前項證明文件如下：

（一）社會團體或財團法人：立案證書及其章程影本。

（二）不動產經紀業：經直轄市、縣（市）地政主管機關許可及設立備查之證明文件影本。

（三）不動產租售業或其他相關服務業：公司或商業登記證明文件影本。

（四）其他經主管機關認定之證明文件。

經主管機關認定之租屋服務事業，應公告之。

第三條　租屋服務事業提供服務項目如下：

（一）租屋資訊。

（二）租金補助諮詢。

（三）承租民間住宅並轉租及代為管理。

（四）媒合承、出租雙方及代為管理。

（五）協助收取租金。

（六）協助租屋契約公證。

（七）租屋修繕諮詢。

（八）租屋搬遷諮詢。

（九）住宅出租修繕獎勵諮詢。

（十）租屋糾紛諮詢。

（十一）其他租屋相關諮詢。

（十二）其他經主管機關認定之服務項目。

租屋服務事業提供前項服務項目，涉及租屋之仲介行為者，應由不動產經紀業者執行相關業務。

第四條　主管機關委任租屋服務事業提供前條第一項第三款、第四款之服務項目，協助符合本法第四條、第二十五條規定之家庭或個人租屋時，得依本法第十九條第一項第六款規定給予補助。

第五條　前條之補助項目如下：

（一）第三條第一項第三款服務費用：

1.開發費：租屋服務事業與住宅所有權人簽訂租賃契約後，每件以不超過一個半月簽約租金計算；租期未達一年者，開發費按月數比例核給。

2.包管費：於租屋服務事業承租及管理期間，每件每月核給簽約月租金金額最高百分之二十五。

（二）第三條第一項第四款服務費用：

1.媒合費：租屋服務事業於媒合承、出租雙方簽訂租賃契約後，每件以不超過一個月簽約租金計算；租期未達一年者，媒合費按月數比例核給。

　　　　　　2.代管費：於租屋服務事業租賃契約管理期間，每件每
　　　　　　　月核給簽約月租金金額最高百分之二十。

第 六 條　主管機關應至少每三年辦理一次租屋服務事業評鑑，並於實施
　　　　　評鑑六個月前公告及通知受評鑑者；其評鑑項目如下：
　　　　　（一）行政組織及經營管理。
　　　　　（二）居住協助及專業服務。
　　　　　（三）改進創新作為。
　　　　　（四）其他經主管機關指定應受評鑑項目。

　　　　　前項評鑑，得採書面審查或實地訪視方式辦理。

第 七 條　前條之評鑑結果以一百分為滿分，其成績等級如下：
　　　　　（一）優等：九十分以上。
　　　　　（二）甲等：八十分以上未達九十分。
　　　　　（三）乙等：七十分以上未達八十分。
　　　　　（四）丙等：未達七十分。

　　　　　主管機關應將評鑑結果通知受評鑑者，並公佈於網站。

第 八 條　經評鑑結果列為甲等以上之租屋服務事業，由主管機關發給獎
　　　　　牌或獎狀。

　　　　　評鑑結果列為丙等，主管機關應限期令其改善，屆期不改善，
　　　　　且情節重大者，廢止其租屋服務事業之認定，並公告之。

第 四 條　規定受委任之租屋服務事業，其評鑑結果，依前二項規定及委
　　　　　任契約辦理。

第 九 條　租屋服務事業經主管機關依前條第二項規定廢止認定者，自廢
　　　　　止之次日起三年內，不得重新申請認定為租屋服務事業。

第 十 條　本辦法自發佈日施行。

非租賃住宅服務業而經營租賃住宅代管業務或包租業務者之營業行為認定參考

內政部109年2月25日台內地字第1090260932號函發佈

　　有關非租賃住宅服務業而經營代管業務或包租業務者之營業行為認定，請各直轄市或縣（市）主管機關本於權責依事實審認是否構成租賃住宅市場發展及管理條例第三十六條之處罰要件，並參考下列行為態樣蒐集違法事證，但不宜僅以下列行為態樣之一即逕為認定其違法營業：

一、從事租賃住宅代管業務之行為

（一）設有店面或辦公室之營業處所，其外觀、市招、櫥窗、看板、名片及廣告之內容，有明顯從事代管業務之徵象，並足以使多數人認知其為從事代管業務者。

（二）未設有店面或辦公室之行為人，以看板、名片或廣告等足以使多數人知悉之方法，為從事代管業務之表示或表徵者。

（三）公開進行招攬代管業務者。

（四）簽署租賃住宅委託管理契約書或相當於該契約書之文件者，或於該書件之受託人欄位簽章者。

（五）代為收取租賃住宅租金、押金、相關費用或開立該收取金額之收據者。

（六）代為處理租賃住宅、附屬設備（設施）之日常修繕維護或開立該代為處理費用之收據者。

（七）收取租賃住宅代管費或其他類此之對價者。

（八）最近一年內向稅捐機關申報執行業務所得，並足以辨識其為從

事代管業務者。

（九）公司登記營業項目為「租賃住宅代管業」而未領得登記證，並於最近一年內向稅捐機關申報營利事業所得稅或營業稅者。

（十）其他具有明顯經營代管業務之事證者。

二、從事租賃住宅包租業務之行為

（一）設有店面或辦公室之營業處所，其外觀、市招、櫥窗、看板、名片及廣告之內容，有明顯從事包租業務之徵象，並足以使多數人認知其為從事包租業務者。

（二）未設有店面或辦公室之行為人，以看板、名片或廣告等足以使多數人知悉之方法，為從事包租業務之表示或表徵者。

（三）公開進行招攬包租業務者。

（四）簽署租賃住宅包租、轉租契約書或相當於該契約書之文件者，或於該書件之包租人（業）、轉租人欄位簽章者。

（五）承租他人住宅並轉租予第三人及執行租賃住宅管理業務、收取相關費用或開立相關費用之收據者。

（六）對轉租住宅之承租人提供解說「住宅租賃標的現況確認書」或相當於該確認書者。

（七）最近一年內向稅捐機關申報執行業務所得，並足以辨識其為從事包租業務者。

（八）公司登記營業項目為「租賃住宅包租業」而未領得登記證，並於最近一年內向稅捐機關申報營利事業所得稅或營業稅者。

（九）其他具有明顯經營包租業務之事證者。

租賃住宅服務業業務檢查及非法經營包租代管業務查處注意事項

內政部109年1月30日台內地字第1090260559號

一、為利直轄市或縣（市）主管機關（以下簡稱主管機關）執行租賃住宅服務業業務檢查，及查明處理非租賃住宅服務業而經營包租業務或代管業務者（以下簡稱非法經營包租代管業務者），以促進住宅租賃市場健全發展，特訂定本注意事項。

二、主管機關為執行租賃住宅服務業業務檢查及查處非法經營包租代管業務者，得組成業務檢查小組，其成員得包括地政、公司管理及消費者保護官等單位或人員，並由地政單位選任一人為領隊。必要時得洽請所屬社會住宅、公寓大廈管理服務業相關主管單位、所在地租賃住宅服務商業同業公會協助或會同辦理。

三、主管機關應依租賃住宅市場發展及管理條例、行政程序法、行政罰法及相關法規，執行租賃住宅服務業業務檢查及非法經營包租代管業務查處作業。

四、主管機關應因地制宜訂定查核實施計畫定期或不定期執行租賃住宅服務業業務檢查及非法經營包租代管業者查處作業，其檢查或查處方式原則採實地執行，必要時得採書面執行。

五、主管機關管轄區域內有下列情形之一者，得優先查處或實施業務檢查：

（一）有非法經營包租代管業務之虞。

（二）租賃住宅服務業或其分設營業處所經檢舉或通報有具體事證違規執業之虞。

（三）租賃住宅服務業或其分設營業處所曾發生或已發生重大消費爭

議而有實施業務檢查之必要。

（四）租賃住宅服務業或其分設營業處所領得登記證後逾六個月未開始營業或自行停止營業。

（五）有經主管機關許可經營後逾期未辦妥租賃住宅服務業登記者。

（六）其他視個案情形有實施業務檢查之必要。

六、主管機關執行業務檢查時，除依自行訂定之業務檢查執行要點辦理外，得以下列違規事項為檢查重點：

（一）租賃住宅市場發展及管理條例第三十六條規定之情事。

（二）租賃住宅市場發展及管理條例第三十七條、第三十八條及第三十九條第一項各款規定之情事。

（三）租賃住宅市場發展及管理條例第四十條第一項、第四十一條第一項規定之情事。

（四）其他為管理及輔導租賃住宅服務業或查處非法經營包租代管業務者必要之相關事項。

七、主管機關受理檢舉案件時，應遵守個人資料保護法相關規定，對於檢舉當事人之姓名、住址及聯絡電話等個人資料應予保密，且不得於公函內明載檢舉人身分資料。

八、業務檢查人員於執行租賃住宅服務業業務檢查或查處非法經營包租代管業務者時，應佩戴機關服務證，並備妥主管機關業務檢查相關文件及照相機、攝影機或錄音機等設備，並作成紀錄。

九、業務檢查人員於執行租賃住宅服務業業務檢查或查處非法經營包租代管業務者時，應說明檢查目的及相關法令依據，並請受檢業者提出身分及營業相關文件以備查考，現場處理態度應保持良好，避免發生衝突。

十、主管機關及業務檢查人員於執行業務檢查前，應予保密。但為因應實際檢查需要或配合相關查核實施計畫明定應通知受檢業者準備相關資料者，不在此限。

十一、業務檢查人員為舉證租賃住宅服務業或非法經營包租代管業務者違

法情事之必要，除得依租賃住宅市場發展及管理條例施行細則第二十八條第一項規定辦理外，並得影印業者執行業務有關紀錄及文件；如租賃住宅服務業者有規避、妨礙或拒絕之情形，得依違反租賃住宅市場發展及管理條例第三十五條規定辦理。

十二、業務檢查人員於執行公務過程中，遇有緊急或嚴重衝突事件，致其人身安全遭受威脅時，得向所在地警察單位報備或請其派員為必要之保護。

十三、業務檢查人員與受檢業者有利害關係者，應自行迴避，不得執行職務。

十四、業務檢查人員應公正執行職權，不得有下列之情形：

（一）接受不當餽贈或招待。

（二）以業務檢查之名，妨礙業者正當合法業務之進行。

（三）以業務檢查之名，蒐集與檢查無關之資料或資訊，或為其他不當之要求。

（四）洩漏業務檢查前應保密之事項，包括查核對象、地點及時間等。但有第十點但書規定之情形者，不在此限。

（五）洩漏業務檢查後所獲應保密之事項，包括足以影響租賃住宅服務業者公平競爭之資料或資訊。

（六）變更或捏造業務檢查之事實。

（七）未依職責或經主管機關指派，擅自執行業務檢查。

（八）其他足以影響公正執行職權之情事。

十五、主管機關執行業務檢查，應依下列方式辦理：

（一）實地執行業務檢查完畢，應由業務檢查小組當場作成業務檢查紀錄文件一式二份，由業者或其營業處所之負責人或現場工作人員及業務檢查小組人員簽章後，一份當場交付業者或其營業處所代表收執，一份由業務檢查小組收執。但業者或其營業處所之負責人或現場工作人員拒絕簽收者，不予交付該紀錄文件，並由業務檢查小組攜回以雙掛號郵寄送達。

（二）書面執行業務檢查完畢，應由業務檢查人員作成紀錄並通知業者改善。

（三）調查或詢問非法經營包租代管業務者，對於利害關係人之意見陳述，得製作訪談紀錄。

（四）有租賃住宅市場發展及管理條例第三十六條至第三十九條規定之情事者，依該條例規定及主管機關處理違反租賃住宅市場發展及管理條例統一裁罰基準處罰。

（五）有租賃住宅市場發展及管理條例第十九條第一項、第二項、第五項、第六項、第二十條規定由主管機關廢止許可或廢止登記之情事者，經廢止租賃住宅服務業之許可或登記後，應通知經濟部或直轄市政府公司管理單位及所在地或鄰近所在地之直轄市或縣（市）租賃住宅服務商業同業公會。主管機關對於業者有無開始營業之認定，得請稅捐稽徵機關、所在地或鄰近所在地之直轄市或縣（市）租賃住宅服務商業同業公會協助查明。

（六）違反租賃住宅市場發展及管理條例之情節重大者，並對消費者已發生重大損害或有發生重大損害之虞，而情況危急時，得依消費者保護法第三十七條規定，透過大眾傳播媒體公告違法業者名稱、負責人或從業人員姓名及其違法情形。

（七）違規業者所在地與其執行業務行為地非屬同一直轄市、縣（市）主管機關管轄區域者，其查明權責與處罰之管轄權應依租賃住宅市場發展及管理條例施行細則第二十九條、第三十條規定辦理。

＿＿＿＿＿＿政府租賃住宅服務業業務檢查紀錄表（範例）

編號：（　　）年度第　　號

檢查時間	受檢對象	營業地址	
年　月　日 午　時　分	公司 分設營業處所		
營業情形： 1.□營業中 2.□未營業 3.□停業中	經營項目： 1.□代管 2.□包租	設立登記情形： 1.□已領租賃住宅服務業登記證 2.□已領分設營業處所登記證 3.□未完成分設營業處所登記	
檢查項目		**檢查結果**	**備註**
1.租賃住宅廣告內容是否與事實相符並註明租賃住宅服務業者名稱。 【依據】租賃住宅市場發展及管理條例第13條		□是　□否	檢查標的：＿＿＿＿
2.有無原許可/原登記事項變更而未申請變更許可/變更登記之項目 【依據】租賃住宅市場發展及管理條例第21條		□有　□無	未變更許可項目：＿＿＿ 未變更登記項目：＿＿＿
3.是否僱用具備租賃住宅管理人員資格者從事包租代管業務。		□是　□否	僱用租賃住宅管理人員 已備查＿＿＿名、
4.是否置專任租賃住宅管理人員至少1名。		□是　□否	未備查＿＿＿名 （專任＿＿＿名、 兼任＿＿＿名）、
5.專任租賃住宅管理人員是否受僱於2家以上租賃住宅服務業。 【依據】租賃住宅市場發展及管理條例第25條		□是　□否	未具資格人員名單：＿＿ 同時受僱2家以上業者 之專任人員名單： ＿＿＿＿＿。

6.租賃住宅管理人員到職或異動是否報請所在地主管機關備查。 【依據】租賃住宅市場發展及管理條例第21條	□是　□否	租賃住宅管理人員到職或異動未備查名單：＿＿。
7.代管業是否與房東簽訂「租賃住宅委託管理契約書」後始執行業務。 【依據】租賃住宅市場發展及管理條例第28條	□是　□否 □無代管業務	檢查標的：＿＿＿＿＿
8.包租業是否與房東簽訂「租賃住宅包租契約書」始刊登廣告及執行業務。	□是　□否 □無包租業務	
9.包租業與房客簽訂轉租契約時是否提供「住宅租賃標的現況確認書」及「房東同意轉租文件」，並於轉租契約書載明「包租『標的範圍』、『租期』及『得終止包租契約之事由』」。	□是　□否 □無包租業務	檢查標的：＿＿＿＿＿
10.包租業與房客簽訂轉租約後 30 日內是否將「轉租『標的範圍』、『租期』及『房客資訊』」書面通知房東。 【依據】租賃住宅市場發展及管理條例第29條	□是　□否 □無包租業務	
11.房東提前終止包租契約，包租業是否於知悉終止之次日起 5 日內通知房客終止轉租契約，並協調「返還租賃住宅」、「執行屋況及附屬設備點交事務」、「退還預收租金」、「退還押金」、「協助房客優先承租其他租賃住宅」事宜。 【依據】租賃住宅市場發展及管理條例第30條	□是　□否 □無此情事	檢查標的：＿＿＿＿＿

12.下列文件是否指派專任租賃住宅管理人員簽章： (1) 委託管理契約書 (2) 租賃契約書 (3) 標的現況確認書 (4) 點交證明文件 (5) 租/押金/費用收據 (6) 退還租/押金證明 【依據】租賃住宅市場發展及管理條例第 32 條	□是　□否	檢查標的：_____ 未簽章文件：_____ 簽章者非專任人員名單：_____
13.是否於營業處所明顯之處及其網站揭示下列文件資訊： (1) 租賃住宅服務業/分設營業處所登記證 (2) 同業公會會員證書 (3) 租賃住宅管理人員證書 (4) 代管費用收取基準及方式 【依據】租賃住宅市場發展及管理條例第 33 條	處所： □是□否 網站： □是□否	處所未揭示文件：____ 網站未揭示文件：____ 網址：_____ 代管費計算方式：____
14.是否於廣告、市招及名片明顯處標明加盟店 【依據】租賃住宅市場發展及管理條例施行細則第 26 條	□是□否 □無加盟	
15.每季結束後 15 日內是否報送代管、包租、轉租租賃住宅案件之相關資訊。 【依據】租賃住宅市場發展及管理條例第 34 條	□是□否	檢查標的：_____
16.檢查過程中受檢對象是否規避、妨礙或拒絕 【依據】租賃住宅市場發展及管理條例第 35 條	□是□否	
17.其他：		

業者具結：前列檢查項目、結果及紀錄與事實相符，檢查人員執行檢查時，並無不法行為，特此具結。

具結人（即受檢對象代表）：

□負責人　　　（簽章）　　　□現場工作人員（職稱：）　　　（簽章）

○○○政府

檢查人員：　　　（簽章）　　　會同人員：　　　（簽章）

聯絡電話：　　　傳真/E-mail：　　　地址：

附註：

一、「檢查結果」如有不符合規定者，檢查人員應於「備註」敘明不符之情形或態樣。

二、本表 1 式 2 份，適用實地執行業務檢查，1 份當場交付受檢對象代表(如拒絕簽章時，則由檢查人員攜回以雙掛號郵寄)，並告知業者本紀錄表內容若經主管機關認定違法將受罰。

＿＿＿＿＿＿＿＿＿政府查處非法經營包租代管業務者紀錄表（範例）

編號：（　）年度第　號

檢查時間	受檢對象	查核地址
年　月　日 午　時　分		
營業情形： 1.□營業中 2.□未營業 3.□籌備中	經營項目/行為： 1.□代管 2.□包租	設立登記情形： 1.□未申請許可 2.□許可後逾 3 個月未辦妥公司登記 3.□辦妥公司登記後逾6個月未領得登記證 4.□廢止許可　5.□註銷許可 6.□撤銷許可　7.□其他＿＿＿

檢查項目	檢查結果	備註
1.租賃條例施行(107年 6月27日)前是否已經營/從事租賃住宅包租代管業務 【依據】租賃住宅市場發展及管理條例第 40 條、第 41 條	□是　　□否	
2.設有店面或辦公室之營業處所，其外觀、市招、櫥窗、看板、名片及廣告之內容，有明顯從事包租代管業務之徵象，並足以使不特定多數人認知其為從事包租代管業務者	□是　　□否	
3.未設有店面或辦公室之行為人，以看板、名片或廣告等足以使不特定多數人知悉之方法，為從事包租代管業務之表示或表徵者。	□是　　□否	
4.簽署租賃住宅委託管理、住宅包租、住宅轉租契約書或相當於該契約書者。	□是　　□否	檢查標的：
5.代收租賃住宅租金、押金、相關費用或開立相關收據者。	□是　　□否	

6.代為處理租賃住宅或其附屬設備（設施）之日常修繕維護等事宜。	□是　□否	
7.提供解說「住宅租賃標的現況確認書」或相當於該確認書者。	□是　□否	
8.收取租賃住宅代管費者。	□是　□否	
9.登記營業項目為「不動產租賃業」、「住宅及大樓開發租售業」，卻將非自有之住宅轉租予第三人	□是　□否	
10.登記營業項目為「公寓大廈管理服務業」、「不動產仲介經紀業」，卻協助所有權人向承租住戶代收租金、押金、相關費用。	□是　□否	
11.最近一年內向稅捐機關申報執行業務所得有案，足以辨識其為從事包租代管業務者。	□是　□否 □未查證	
12.其他具有明顯經營包租代管業務之事證者。	□是　□否	
13.檢查過程中受檢對象是否規避、妨礙或拒絕	□是　□否	

14.其他：

業者具結：前列檢查項目、結果及紀錄與事實相符，檢查人員執行檢查時，並無不法行為，特此具結。具結人（即受檢對象代表）：
□負責人/行為人　　　　（簽章）　□現場工作人員（職稱：　）　（簽章）
○○○政府
檢查人員：　　　　　　　　　（簽章）　　　　　　　會同人員：
（簽章）聯絡電話：　　　　　傳真/E-mail：　　　　地址：

附註：
一、「檢查結果」如有不符合規定者，檢查人員應於「備註」敘明不符之情形或態樣。
二、本表1式2份，適用實地執行查處作業，1份當場交付受檢對象代表（如拒絕簽章時，則由檢查人員攜回以雙掛號郵寄），並告知業者本紀錄表內容若經主管機關認定違法將受罰。

租賃住宅相關解釋令

租賃住宅包租業轉租個人住宅供自然人居住使用課徵營業稅之規定

財政部賦稅署 107.7.16 台財稅字第 10700541050 號

一、依租賃住宅市場發展及管理條例第 19 條規定許可設立之租賃住宅包租業營業人，承租符合同條例第 17 條規定之個人住宅，轉租供自然人居住使用，且無同條例第 4 條規定之情形者，應逐屋編製「○○公司租賃住宅租金收支明細表」（格式詳附件 1）作為列帳憑證，以備稽徵機關查核。

二、租賃住宅包租業營業人，應於收款時，按收取之租金開立「租賃住宅包租業租金收據」（格式詳附件 2），交付次承租人，並於該次收款時，就「○○公司租賃住宅租金收支明細表」計算之「本次結餘數」為正數者，核認服務費收入，開立二聯式應稅統一發票自行留存備查。

有關於出租人將租賃契約之承租人個人資料交付予受任人或租賃住宅代管業者，是否違反個人資料保護法疑義一案。

內政部 107.9.13 內授中辦地字第 1070442692 號

一、依據法務部 107 年 9 月 5 日法律字第 10703509250 號函辦理，並檢附該函影本 1 份；兼復貴公司 107 年 5 月 22 日 107 年……。

二、按貴公司以前揭函表示：「於出租人委託前已既存之承租人，其

資訊、契約及相關文件，是否可交付住宅租賃服務業，則法無明文。若出租人不可交付相關資料，則住宅租賃服務業顯無法履行本條例（租賃住宅市場發展及管理條例）第 3 條第 1 項第 6 款規定之租賃住宅管理業務。」爰請本部就出租人否可交付承租人相關資料予租賃住宅代管業釋疑。經本部函詢個人資料保護法（下稱個資法）之法規主管機關法務部以前揭函覆略以：「二、……故出租人基於管理租賃契約事務之特定目的，依其與承租人所訂租賃契約，於必要範圍內蒐集或處理承租人個人資料時，符合個資法第 19 條第 1 項第 2 款規定……。三、…… 租賃住宅代管業（下稱代管業）或其他受任人受出租人委託辦理租賃住宅管理事務，涉及承租人個人資料之蒐集、處理或利用者，受委託之代管業或其他受任人係出租人手足之延伸，視同出租人行為，從而，出租人若將已蒐集之承租人個人資料交由受委託之代管業或其他受任人處理或利用，倘未踰越原先蒐集之特定目的，此時代管業或其他受任人係屬協助出租人處理或利用該個人資料，代管業或其他受任人本身並非獨立之個人資料蒐集主體；而出租人雖有交付外觀，但並非出租人對代管業或其他受任人為特定目的外利用，出租人仍係基於管理租賃契約事務之特定目的處理或利用該個人資料，並無違反個資法規定。」爰出租人倘基於管理租賃契約事務之特定目的，依其與承租人所訂租賃契約，於必要範圍內蒐集或處理承租人個人資料，並交付予受託之租賃住宅代管業者或受任人為該特定目的之處理及利用，依上開法務部函釋，尚無違反個資法規定。

住宅所有權人非屬個人（自然人）無租稅減徵優惠之適用

內政部 108 年 1 月 17 日內授中辦地字第 1080101346 號函

一、按租賃住宅市場發展及管理條例（以下簡稱本條例）第 3 條第 1 款、第 5 款、第 4 條規定，租賃住宅係指以出租供居住使用之建築物；租賃住宅包租業（以下簡稱包租業）係指承租租賃住宅並轉租，及經營該租賃住宅管理業務（以下簡稱包租業務）之公司；租賃住宅不適用本條例規

定之情形為「供休閒或旅遊為目的」、「由政府或其設立之專責法人或機構經營管理」、「由合作社經營管理」、「租賃期間未達 30 日」。次按本條例第 17 條、第 18 條規定略以，個人住宅所有權人將住宅委託代管業或出租予包租業轉租，契約約定供居住使用 1 年以上者，出租期間每屋每月租金收入不超過新臺幣 6,000 元部分，免納綜合所得稅；出租期間每屋每月租金收入超過新臺幣 6,000 元至 2 萬元部分，依該部分租金收入 53% 計算必要損耗及費用減除；符合前條（本條例第 17 條）規定之租賃住宅，直轄市、縣（市）政府應課徵之地價稅及房屋稅，得予適當減徵。合先敘明。

二、貴所經管之集合式住宅依本條例規定出租予包租業再轉租予次承租人居住使用，茲因該住宅所有權人非屬個人（自然人），故無本條例第 17 條及第 18 條租稅減徵優惠之適用；至於包租業執行包租業務，應遵守本條例第 3 章租賃住宅服務業許可登記及相關業務責任規範，倘包租業因故停業、解散或他遷不明情事，或因可歸責於包租業之事由致租賃住宅服務當事人受損害，應依本條例第 30 條規定妥為相關因應，亦適用本條例第 31 條有關租賃住宅服務業繳存營業保證金及提供擔保總額內代為賠償之規定。另承租人（包租業）出租租賃住宅予次承租人，除有本條例第 4 條規定之情事不適用本條例規定外，餘均適用。

包租業之管理部分業務不得委由他包租業或代管業執行

內政部 108 年 1 月 25 日內授中辦地字第 1080270303 號函

一、按租賃住宅市場發展及管理條例（以下簡稱本條例）第 3 條第 3 款至第 6 款規定，租賃住宅服務業係指租賃住宅代管業（以下簡稱代管業）及租賃住宅包租業（以下簡稱包租業）；代管業係指受出租人之委託，經營租賃住宅管理業務之公司；包租業係指承租租賃住宅並轉租，及經營該租賃住宅管理業務（以下簡稱包租業務）之公司；租賃住宅管理業務係指租賃住宅之屋況與設備點交、收租與押金管理、日常修繕維護、糾紛協調處理及其他與租賃住宅管理有關之事項。次按本條例第 29 條至第

31 條規定略以，包租業應經出租人同意轉租並簽訂包租契約始得執行業務，包租業與次承租人簽訂轉租契約時應提供相關書面文件，該轉租契約應載明包租契約租賃標的範圍、期間等重要約定事項；包租業轉租後出租人提前終止租約時，包租業應執行終止轉租契約、協調返還租賃住宅及協助租屋相關事宜，包租業因故停業、解散或他遷不明，得請求所在地同業公會或全國聯合會協調返還租賃住宅或續租事宜；如可歸責於包租業事由致出租人或次承租人受損害時，由包租業負賠償責任，被害人得向全國聯合會請求就該業繳存之營業保證金額度內代為賠償，合先敘明。

二、依查本條例前開規定所稱包租業務，除承租租賃住宅及轉租外，尚包含對該租賃住宅之管理業務，倘僅包租後逕予轉租他包租業，而不進行管理業務，實與包租業之業務性質迥異。復依本條例前開規定意旨，包租業務之執行攸關合法轉租權源、專業管理服務品質及居住安定協助，且定有專屬包租業之業務責任，考量包租業須取得轉租權利、確認租賃標的現況、提供次承租人有關包租契約重要約定與限制事項及因應終止轉租契約之作為，始能維護出租人及次承租人權益，避免發生租賃服務糾紛。爰本條例建立之包租業服務制度，其業務內容含先承租租賃住宅後轉租及管理，尚不得將包租業務之管理部分業務割裂委由他包租業或他代管業執行，以避免衍生複雜之法律關係，甚或難以釐清原包租業或他包租業之業務責任，而使出租人或次承租人權益陷於不確定風險。至於本條例第 28 條係規範代管業之業務責任，與旨揭疑義事項無涉，併予敘明。

經營管理社會住宅之廠商倘涉及租賃住宅帶看事宜，則應具不動產經紀業資格

內政部 108 年 1 月 31 日內授中辦地字第 1080270632 號函

一、按租賃住宅市場發展及管理條例（以下簡稱租賃條例）第 3 條第 4 款、第 6 款規定，租賃住宅代管業（以下簡稱代管業）係指受出租人之委託，經營租賃住宅管理業務之公司；租賃住宅管理業務係指租賃住宅之屋況

與設備點交、收租與押金管理、日常修繕維護、糾紛協調處理及其他與租賃住宅管理有關之事項。又租賃住宅由政府或其設立之專責法人或機構經營管理等情形，依租賃條例第 4 條規定，不適用該租賃條例規定。次按不動產經紀業管理條例（以下簡稱經紀業條例）第 4 條第 4 款及第 5 款規定，經紀業係指依經紀業條例規定經營仲介或代銷業務之公司或商號；仲介業務係指從事不動產買賣、互易、租賃之居間或代理業務。又依本部 92 年 8 月 18 日內授中辦地字第 0920012166 號函釋略以，公寓大廈管理委員會為服務區分所有權人，代為保管鑰匙帶人看屋，並酌收保管費用等行為，固未有如仲介經紀業般積極幹旋於交易當事人間之媒合行為，惟揆諸該管理委員會帶人看屋等服務之性質，顯屬依民法第 103 條、第 528 條規定，受託代理區分所有權人（屋主）提供消費者決定承買或承租與否之房屋現況相關重要交易資訊，從而應屬經紀業條例所稱之仲介業務，並應受經紀業條例之規範。

　　二、貴處函詢「政府機構經營管理之社會住宅」透過招標程序委託廠商協助帶看及點交等事宜，該廠商資格是否需具代管業及不動產仲介經紀業資格 1 節，查屋況與設備點交等租賃住宅管理業務，係屬租賃條例所稱代管業之法定業務範圍，除由政府自行經營或由政府設立之專責法人執行租賃住宅管理業務不適用租賃條例規範外，餘委託民間廠商經營管理租賃住宅皆應適用租賃條例有關代管業之相關規範。至於「協助帶看事宜」，倘涉及上開經紀業條例所稱之「仲介」業務範圍，則應具不動產仲介經紀業資格。本案因涉個案執行事實審認，請依上開規定本於權責審認投標廠商應具備資格。

公司承租房屋作為員工宿舍，不適用租賃住宅市場發展及管理條例

內政部 108 年 2 月 11 日內授中辦地字第 1080260559 號函

　　依租賃住宅市場發展及管理條例（以下簡稱租賃條例）第 3 條第 1 項第 1 款規定：「一、租賃住宅：指以出租供居住使用之建築物。」依其立

法說明略以,所稱租賃住宅,指住宅出租係供居住使用者,不論其是否符合建築管理或土地使用管制等相關法規,舉凡住宅出租係供居住使用者,除第4條規定情形外,均應適用本條例規定。另有關公(民)營機構提供員工宿舍等,均非本條例租賃住宅適用範圍。是以,公司承租租賃住宅後供作員工宿舍,不適用租賃條例之規定。另如由個人名義承租,且供自行最終居住使用者,則有租賃條例之適用;惟租賃型態繁多,貴公司如仍有疑義,請檢具具體事證,洽詢租賃住宅所在地直轄市、縣(市)政府,以資便捷。

租賃期間認定爭議及損害賠償事宜得依規定調處

內政部 108 年 2 月 19 日內授中辦地字第 1080105569 號函

按土地法第 101 條規定:「因房屋租用發生爭議,得由該管直轄市或縣(市)地政機關予以調處,不服調處者,得向司法機關訴請處理。」其立法意旨係基於房屋租賃最易發生爭議,為發揮行政機關之勸導排解功能,藉以疏解訟源,減輕人民訟累而規範者。故該法條所稱「房屋租用發生爭議」,應指房屋因租賃使用所生履約爭議等相關事項。本案因租賃雙方對於租賃期限認定不一及損害賠償事宜,致衍生履約爭議,屬上開土地法第 101 條所定之私權爭執情形,自得依該法及旨揭調處辦法規定予以調處。

核釋「租賃住宅管理人員訓練發證及收費辦法」第 3 條有關參加租賃住宅管理人員資格訓練之學歷資格規定。

內政部 108.2.21 內授中辦地字第 1080260785 號

國內、外公私立大學、獨立學院、三年制或二年制專科學校一年級以上肄業或五年制專科學校四年級以上肄業,持有肄業證明、在學證明或已蓋註冊章之學生證者,得依租賃住宅管理人員訓練發證及收費辦法第三條第一款規定,參加租賃住宅管理人員資格訓練。

參加租賃住宅管理人員資格訓練學歷資格

內政部 108 年 2 月 21 日內授中辦地字第 1080260785 號令

國內、外公私立大學、獨立學院、3 年制或 2 年制專科學校一年級以上肄業或 5 年制專科學校 4 年級以上肄業,持有肄業證明、在學證明或已蓋註冊章之學生證者,得依租賃住宅管理人員訓練發證及收費辦法第 3 條第 1 款規定,參加租賃住宅管理人員資格訓練。

包租契約屬非具消費關係,其出租人無再認定是否為「反覆實施出租行為」之必要

內政部 108 年 3 月 18 日內授中辦地字第 1080110037 號函

一、按租賃住宅市場發展及管理條例第 5 條第 1 項規定:「租賃契約具消費關係者,適用消費者保護法相關規定;非具消費關係者,其應約定及不得約定事項,由中央主管機關定之。」本部爰依上開規定於本(108)年 2 月 23 日公告「住宅包租契約應約定及不得約定事項」(下簡稱包租契約),用以規範租賃住宅出租人(下簡稱出租人)與租賃住宅包租業(下簡稱包租業)間之法律關係,並訂於 6 月 1 日實施。又依同條例第 3 條第 5 款規定,包租業係指承租租賃住宅並轉租,及經營該租賃住宅管理業務之公司,於包租契約關係中,雖為承租方,惟其仍非屬承租作為居住使用之最終消費者,尚難謂具有消費關係。

二、有關出租人「反覆實施出租行為」係於一般租賃關係中,用以認定出租人是否為企業經營者及租賃契約是否具消費關係之判斷基礎。包租契約既屬「非具消費關係」,尚無再個案認定出租人是否「反覆實施出租行為」之必要。

租賃雙方約定不得終止租約者，得本於契約自由原則自行約定違約金

內政部 108 年 6 月 13 日台內地字第 1080039793 號函

一、為衡平房屋租賃當事人權利義務關係，避免因不平等契約條款而引發租賃糾紛，本部依消費者保護法第 17 條第 1 項規定，公告「房屋租賃定型化契約應記載及不得記載事項」，自 106 年 1 月 1 日實施，作為出租人（企業經營者）與承租人（消費者）訂定房屋租賃契約之準據。又本部依「租賃住宅市場發展及管理條例」（以下簡稱本條例）第 5 條規定訂定非具消費關係之「住宅租賃契約應約定及不得約定事項」（簡稱一般租約），自 107 年 6 月 27 日生效，作為房東非為企業經營者或房客為轉租人訂定住宅租賃契約之準據。另依本條例第 5 條訂定非具消費關係之「住宅包租契約應約定及不得約定事項」，及依消費者保護法第 17 條第 1 項及本條例第 32 條第 3 項規定，訂定「住宅轉租定型化契約應記載及不得記載事項」，作為包租業者與房東及包租業者與房客簽訂住宅租賃契約之準據，自 108 年 6 月 1 日施行。

二、按民法第 453 條規定：「定有期限之租賃契約，如約定當事人之一方於期限屆滿前，得終止契約者，其終止契約，應依第 450 條第 3 項之規定，先期通知。」為避免租賃之一方未依上開規定通知他方，損及他方當事人權益，爰上開 4 種契約應記載（約定）事項對於定有期限之租賃契約，皆訂有租賃雙方於簽約時，應先約定得否於租賃期間提前終止租約，倘經約定得提前終止租約者，如租賃之一方未依約定期間先期通知他方而逕行終止租約者，最高賠償他方一個月租金額之違約金。惟如已依約定期間先期通知他方，尚無須賠償他方違約金。倘租賃契約經租賃雙方約定不得提前終止租約，但有房屋租賃定型化契約第 15 點或第 16 點、住宅轉租定型化契約第第 17 點或第 18 點，及一般租約、包租約第 16 點或第 17 點所定得終止租約之情形者，因係屬法律規定或事實無法履行契約（參照本條例第 10 條及第 11 條），仍得終止租約。如無上開 4 種契約所定得終止租約之情形者，租賃雙方當事人則得本於契約自由原則，自行約定違約金。

核釋「印花稅法」第 5 條規定，租賃住宅包租業轉租個人住宅供自然人居住使用所開立租賃住宅包租業租金收據，非屬印花稅課徵範圍。

財政部 108.7.30 台財稅字第 10804528040 號

依租賃住宅市場發展及管理條例第 19 條規定許可設立之租賃住宅包租業營業人，承租符合同條例第 17 條規定之個人住宅，轉租供自然人居住使用，且無同條例第 4 條規定之情形者，該營業人按收取租金開立之「租賃住宅包租業租金收據」，屬印花稅法第 5 條第 2 款但書規定，兼具營業發票性質之銀錢收據，非印花稅課徵範圍。

租賃住宅服務業協力廠商之專業人員，無須具備租賃住宅管理人員資格

內政部 108 年 9 月 24 日台內地字第 1080265174 號函

一、按租賃住宅市場發展及管理條例（以下簡稱本條例）第 3 條第 3 款至第 6 款規定略以，租賃住宅服務業係指租賃住宅代管業（以下簡稱代管業）及租賃住宅包租業（以下簡稱包租業）；代管業係指受出租人之委託，經營租賃住宅管理業務（以下簡稱代管業務）之公司；包租業係指承租租賃住宅並轉租，及經營該租賃住宅管理業務（以下簡稱包租業務）之公司；租賃住宅管理業務係指租賃住宅之屋況與設備點交、收租與押金管理、日常修繕維護、糾紛協調處理及其他與租賃住宅管理有關之事項。次按本條例第 25 條第 1 項規定，租賃住宅服務業應僱用具備租賃住宅管理人員資格者從事代管業務及包租業務；違反者，依本條例第 37 條第 4 款規定處新臺幣 1 萬元以上 5 萬元以下罰鍰並限期改正。

二、查本條例為維護租賃住宅服務業之服務品質及提升專業經營效能，以保障租賃住宅服務當事人之權益，爰規範租賃住宅服務業應僱用具有租賃住宅管理人員資格者執行業務。又具租賃住宅管理人員資格者，應

依本條例第 26 條規定，參加租賃住宅管理人員資格訓練並測驗合格，且登錄及領有租賃住宅管理人員證書，其用意係為引導租賃住宅管理人員具備下列專業能力：（一）住宅產權及現況調查；（二）住宅設備安全維護及簡易修繕知識；（三）營建、土地使用及室內裝修法規知識；（四）民法及土地法有關租賃契約相關知識；（五）不動產相關稅法、租賃所得及費用申報知識；（六）委託管理租賃住宅、住宅租賃定型化契約及消費者保護法相關規範；（七）租賃糾紛協調處理能力；（八）其他與代管業務或包租業務有關之知識、技術及態度（本條例第 26 條立法說明參照）。依上開規定意旨，租賃住宅管理人員執行業務範圍包含代管業務及包租業務，而執行該二項業務應履行之義務及責任，業已規範於本條例第 3 章第 3 節有關租賃住宅服務業之業務及責任、本部 108 年 2 月 23 日發佈之「住宅包租契約應約定及不得約定事項」、「住宅轉租定型化契約應記載及不得記載事項」及 108 年 9 月 5 日發佈之「租賃住宅委託管理定型化契約應記載及不得記載事項」；且代管業及包租業於執行業務時，應以善良管理人之注意義務為之。

　　三、又租賃住宅服務業所屬從業人員於執行業務過程，涉及上開法令規定之業務責任或應具備之專業知識，自應依本條例第 25 條第 1 項規定僱用具備租賃住宅管理人員資格者從事包租代管業務。而本條例並無明定租賃住宅管理人員執行業務方式，倘書面、電話、簡訊、電子郵件、即時通訊軟體等方式替代親自處理之方式，亦無不可。至於協助租賃住宅管理人員提供服務之內部作業人員，倘無須具備租賃住宅管理人員專業能力，僅屬租賃住宅管理人員之輔助人性質（例如：會計、出納等）；或租賃住宅服務業因業務需要所外僱之專業人員或協力廠商之專業人員，僅就租賃住宅管理業務之部分事項協助提供專業服務（例如：律師、專業技師、技術士、裝修或清潔專業人員等），皆無須具備租賃住宅管理人員資格。惟上開人員具體執業情形涉及事實認定問題，如仍有疑義，請檢具案例逕向所在地直轄市、縣（市）政府洽詢。

代管業基於民法第 425 條規定代理更換租賃契約，倘未招攬新承租人及代為協商租賃條件，難謂為仲介業務範疇

內政部 108 年 10 月 31 日台內地字第 1080265899 號函

　　一、按不動產經紀業管理條例（以下簡稱本條例）第 4 條第 5 款、第 24 條之 1 第 1 項規定略以，仲介業務係指從事不動產買賣、互易、租賃之居間或代理業務；經營仲介業務者，對於租賃委託案件，應於簽訂租賃契約書後 30 日內，向主管機關申報登錄成交案件實際資訊。又所稱居間者，依民法第 565 條規定，謂當事人約定，一方為他方報告訂約之機會或為訂約之媒介，他方給付報酬之契約；而有關代理權之行使，依民法第 103 條規定，代理人於代理權限內，以本人名義所為之意思表示，直接對本人發生效力。是以，仲介業務之執行，除對不特定多數人進行廣告行銷及招攬活動外，並居間媒合或代為協商交易條件，促使不動產交易當事人成立買賣或租賃契約。

　　二、本案所詢房屋所有權人委託租賃住宅代管業（以下簡稱代管業）管理租賃住宅期間，因房屋所有權人出售房屋予他人而代理房屋新所有權人與承租人更換租賃契約，是否適用本條例第 24 條之 1 第 1 項規定 1 節，查民法第 425 條第 1 項規定，出租人於租賃物交付後，承租人占有中，縱將其所有權讓與第三人，其租賃契約，對於受讓人仍繼續存在，爰代管業基於民法上開規定（買賣不破租賃原則），原租賃契約對於房屋受讓人（新所有權人）仍繼續存在，其代理房屋新所有權人與承租人更換租賃契約，倘房屋之承租人不變（未招攬新承租人），且未涉及代為協商或居間媒合租賃條件，尚難謂為仲介業務之範疇，自無本條例第 24 條之 1 規定之適用。至於代管業代理房屋所有權人與承租人更換代管業所使用之租賃契約，是否適用本條例第 24 條之 1 第 1 項規定 1 節，因現行尚無明定代管業專用之租賃契約書，其代理租賃雙方更換房屋租賃契約之時機及契約變更之內容均不明確，其是否有執行仲介業務之情形，涉及個案事實之認定，仍請檢具具體案例逕向所在地直轄市、縣（市）政府洽詢。

附件一

○○公司租賃住宅租金收支明細表

個人住宅所有權人：

房屋坐落地址：

房屋稅籍編號： 單位：新台幣元

序號	日 期 (年/月/日)	摘 要	收入金額		支出金額		前次結餘數 (前序號結餘數結轉)	本次結餘數 F＝ (A+B)－ (C+D)＋ (E)	收據號碼 (自行編列)	二聯式統一發票字軌號碼	備註
			轉租租金	租金增(減)	承租租金	租金增(減)					
			(A)	(B)	(C)	(D)	(E)	(F)	(G)	(H)	
1		例如：支付個人住宅租金、收取次承租人(○○○)租金、合約編號等									
2											
3											
4											
5											
6											
7											
8											
9											
10											

註1. 本表專供依財政部107年7月16日台財稅字第10700541050號令規定租賃住宅包租業營業人租賃住宅租金收支使用。

註2. 於收取次承租人轉租租金、租金增(減)及支付個人住宅所有權人承租租金、租金增(減)時，應依時序逐筆分項填列於A、B、C、D相對應欄位。

註3. 於轉租租金(A)及增加租金(B)收款時應開立「租賃住宅包租業租金收據」，並將收據號碼填入(G)欄位。

註4. 本次結餘數(F)>0時，應開立二聯式統一發票及將發票字軌號碼填入(H)欄位，該金額不結轉次序號(E)欄。本次結餘數(F)<0時，應將結餘數金額結轉至次序號(E)欄，免開立統一發票。

註5. 若無房屋稅籍編號得免填。

附件二

租賃住宅包租業租金收據（二聯式）

中華民國　　　年　　　月　　　日

收據號碼：
次承租人：
地址：　　　　縣市　　　　鄉鎮市區　　　街路　　　段　　　巷　　號　　樓　　室

摘　　要	金　　額	備　　註
＿＿年＿＿月＿＿日至＿＿年＿＿月＿＿日之租金收入 合約約定每期＿＿個月，每月租金新臺幣＿＿＿＿＿元		房屋稅籍編號或坐落地址
		營業人蓋用統一發票專用章
總　　　計		
總計新臺幣（中文大寫）　仟　佰　拾　萬　仟　佰　拾　元整		

註：本公司為○○市(縣)政府○年○月○日○○字第○○○○○○○○○○號函登記設立之租賃住宅包租業者。
　　依財政部107年7月16日台財稅字第10700541050號令規定開立本收據。

第一聯(存根聯)
第二聯(收執聯)

財政部稅賦署新聞稿（108.7.16）

　　財政部於今（16）日核釋，依租賃住宅市場發展及管理條例（下稱租賃管理條例）第 19 條規定許可設立之租賃住宅包租業營業人（下稱包租業），承租符合同條例第 17 條規定之個人住宅，轉租供自然人居住使用，且無同條例第 4 條規定之情形者，於收款時，按收取租金開立「租賃住宅包租業租金收據」交付次承租人，並以向次承租人（自然人）收取租金收入，減除支付自然人房東租金支出後之正數差額核認服務費收入，開立二聯式統一發票自行留存備查。

　　財政部說明，為保障住宅租賃雙方權益及健全租賃住宅市場發展，期使租賃住宅市場制度更為完善，內政部於 106 年 12 月 27 日制定租賃管理條例，其中第 3 條第 5 款及第 19 條規定，包租業指承租租賃住宅並轉租，及經營該租賃住宅管理業務之公司，應向直轄市、縣（市）主管機關申請許可，並於許可後 3 個月內辦妥公司登記。

　　財政部進一步說明，衡酌包租業向自然人房東承租房屋轉租自然人（C2B2C）交易模式，包租業者僅為轉租媒介，其提供服務之價額為向次承租人（自然人）收取租金收入，減除支付自然人房東租金支出後之差額。爰發佈釋令規定包租業憑證開立及營業稅額計算相關事項，說明如下：

　　一、包租業者應為符合租賃管理條例第 19 條規定許可（立之租賃住宅服務公司，承租符合同條例第 17 條規定之個人住宅（即承租個人住宅所有權人房屋，並約定供居住使用 1 年以上），轉租供自然人居住使用，且無同條例第 4 條規定之情形（租賃住宅供休閒或旅遊為目的、由政府或其設立之專責法人或機構經營管理、由合作社經營管理、租賃期間未達 30 日）者。

　　二、為利包租業計算租金收入與租金支出之差額，包租業者應按承租個人住宅所有權人，逐屋編製「○○公司租賃住宅租金收支明細表」作為列帳憑證，以備稽徵機關查核；於收取次承租人轉租租金、租金增（減）及支付個人住宅所有權人承租租金、租金增（減）時，依時序逐筆分項填列對應欄位，並計算「本次結餘數」，倘其為正數者，應開立二聯式應稅統一發票自行留存備查及將發票字軌號碼填入該明細表，核認服務費收入。（範例如附件 1）

　　三、包租業於轉租租金及增加租金收款時，應依規定格式開立「租賃住宅包租業租金收據（二聯式）」交付次承租人，並將收據號碼填入收支明細表。（範例如附件 2）

　　財政部表示，包租業者符合前開特定條件及交易模式前提下，方得按上開釋令規定就其租金收支差額報繳營業稅及開立憑證。至包租業購買供本業及附屬業務使用之貨物或勞務，所取得載有營業稅額進項憑證且無加值型及非加值型營業稅法第 19 條規定不得扣抵銷項稅額情形者，仍得依同法相關規定申報扣抵。

列舉1：

1.個人住宅所有權人(甲)與包租業(A)約定	(1)租賃期間：108 年 1 月 1 日至 108 年 12 月 31 日 (2)租金給付日：1 月 1 日及 7 月 1 日 (3)租金費用：合約約定每期 6 個月，每月租金新臺幣（下同）10,000元
2.包租業(A)與次承租人(乙)約定	(1)租賃期間：108 年 2 月 1 日至 108 年 7 月 31 日 (2)租金給付日：2 月 1 日、4 月 1 日、6 月 1 日 (3)租金費用：合約約定每期 2 個月，每月租金 14,000元

A公司租賃住宅租金收支明細表

個人住宅所有權人：甲
房屋坐落地址：○○市○區○路○號
房屋稅籍編號：○○○○○

序號	日期(年/月/日)	摘要	收入金額		支出金額		前次結餘數(前序號結餘數結轉)(E)	本次結餘數 F=(A+B)-(C+D)+(E)(F)	收據號碼(自行編列)(G)	二聯式統一發票字軌號碼(H)	備註
			轉租租金(A)	租金增(減)(B)	承租租金(C)	租金增(減)(D)					
1	108/1/1	支付甲租金			60,000			(60,000)			
2	108/2/1	收取乙租金	28,000				(60,000)	(32,000)	0001		
3	108/4/1	收取乙租金	28,000				(32,000)	(4,000)	0002		
4	108/6/1	收取乙租金	28,000				(4,000)	24,000	0003	BB23456701	
5	108/7/1	支付甲租金			60,000			(60,000)			

註1.本表專供財政部107年7月16日台財稅字第10700541050號令規定租賃住宅包租營業人租賃住宅租金收支使用。

註2.於收取次承租人轉租租金、租金增(減)及支付個人住宅所有權人承租租金、租金增(減)時，應依時逐筆分項填於A、B、C、D相對應欄位。

註3.於轉租租金(A)及增加租金(B)收款時應開立「租賃住宅包租業租金收據」，並將收據號碼填入(G)欄位。

註4.本次結餘數(F)>0時，應開立二聯統一發票及將發票字軌號碼填入(H)欄位，該金額不結轉次序號(G)欄位。本次本次結餘數(F)<0時，應將結餘數金額結轉至次序號(E)欄位，免開立統一發票。

註5.若無房屋稅籍編號得免填。

列舉 2：

1.個人住宅所有權人(甲)與包租業(A)約定	(1)租賃期間：108 年 1 月 1 日至 108 年 12 月 31 日 (2)租金給付日：1 月 1 日及 7 月 1 日 (3)租金費用：合約約定每期 6 個月，每月租金新臺幣（下同）10,000 元 (4)自 3 月 1 日起調整租金，每月調漲 2 千元，於該日給付截至 6 月 30 日調漲金額共 8,000 元。
2.包租業(A)與次承租人(乙)約定	(1)租賃期間：108 年 2 月 1 日至 108 年 7 月 31 日 (2)租金給付日：2 月 1 日、4 月 1 日、6 月 1 日 (3)租金費用：合約約定每期 2 個月，每月租金 14,000 元 (4)自 3 月 1 日起調整租金，每月調減 1 千元

A 公司租賃住宅租金收支明細表

個人住宅所有權人：甲
房屋坐落地址：○○市○區○路○號
房屋稅籍編號：○○○○○

序號	日期(年/月/日)	摘要	收入金額		支出金額		前次結餘數(前序號結餘數結轉)(E)	本次結餘數 F=(A+B)-(C+D)+(E)(F)	收據號碼(自行編列)(G)	二聯式統一發票字軌號碼(H)	備註
			轉租租金(A)	租金增(減)(B)	承租租金(C)	租金增(減)(D)					
1	108/1/1	支付甲租金			60,000			(60,000)			
2	108/2/1	收取乙租金	28,000				(60,000)	(32,000)	0001		
3	108/3/1	甲調漲租金			8,000		(32,000)	(40,000)			
4	108/3/1	乙調減組金		(1,000)			(40,000)	(41,000)			
5	108/4/1	收取乙租金	26,000				(41,000)	(15,000)	0002		
6	108/6/1	收取乙租金	26,000				(15,000)	11,000	0003	BB23456701	
7	108/7/1	支付甲租金			72,000			(72,000)			

註1. 本表專供財政部107年7月16日台財稅字第10700541050號令規定租賃住宅包租營業人租賃住宅租金收支使用。

註2. 於收取次承租人轉租金、租金增(減)及支付個人住宅所有權人承租金、租金增(減)時，應依時逐筆分項填於A、B、C、D相對應欄位。

註3. 於轉租金(A)及增加租金(B)收款時應開立「租賃住宅包租業租金收據」，並將收據號碼填入(G)欄位。

註4. 本次結餘數(F)>0時，應開立二聯統一發票及將發票字軌號碼填入(H)欄位，該金額不結轉次序號(G)欄位。本次結餘數(F)<0時，應將結餘數金額結轉至次序號(E)欄位，免開立統一發票。

註5. 若無房屋稅籍編號得免填。

租賃住宅包租業租金收據(二聯式)

中華民國 108 年 2 月 1 日

收據號碼：0001

次承租人：乙

地址： 　　縣市　　　鄉鎮市區　　街路　　段　　巷　　號　　樓　　室

摘　　要	金　　額	備　　註
108 年 2 月 1 日至 108 年 3 月 31 日之租金收入 合約約定每期 2 個月，每月租金新台幣 14,000元	28,000	(房屋稅籍編號或坐落地址) 房屋坐落地址：○○市○區 ○路○號 房屋稅籍編號：○○○○○
		營業人蓋用統一發票專用章
總　　　　　計	28,000	
總計新臺幣（中文大寫）	貳萬捌仟元整	

註：本公司為○○市(縣)政府○年○月○日○○字第○○○○○○○○○○號函登記設立之租賃住宅包租業者。
　　依財政部107年7月16日台財稅字第10700541050號令規定開立本收據。　　　第一聯(存根聯)
　　　　　　　　　　　　　　　　　　　　　　　　　　　　　　　　　第二聯(收執聯)

有關租賃住宅市場發展及管理條例施行前已經營租賃住宅代管業務或包租業務者及租賃住宅管理人員之認定方式等相關事宜，請查照。

內政部 107.7.9 內授中辦地字第 1071304327 號

　　一、租賃住宅市場發展及管理條例（以下簡稱本條例）已於本（107）年 6 月 27 日施行，有關本條例施行前已經營代管業務或包租業務者及租賃住宅管理人員之認定準據，說明如下：

　　（一）本條例第 40 條第 1 項所稱本條例施行前已經營代管業務或包

租業務者（以下簡稱現有業者），係指本條例施行前已依公司法或商業登記法完成公司或商業登記，並有下列情形之一者：

1. 本條例施行前 5 年內訂有委託管理租賃住宅契約書、包租契約書、轉租契約書，或相當於該契約書，並持有該契約書件。

2. 本條例施行前 5 年內實際執行租賃住宅管理業務（如屋況與設備點交、收租與押金管理、日常修繕維護、糾紛協調處理及其他與租賃住宅管理有關之事項），並持有該服務紀錄。

3. 接受政府委託經營社會住宅包租代管業務，並持有證明文件。

（二）本條例第 41 條第 1 項所稱本條例施行前已從事代管業務或包租業務之租賃住宅管理人員（以下簡稱現有從業人員），係指本條例施行前 5 年內曾任職於現有業者、屬現有業者負責人或未曾任職於現有業者，且從事租賃住宅管理業務並持有下列文件之一者：

1. 任職於現有業者：

  (1) 薪資或執行業務所得扣（免）繳憑單影本。該憑單上，不論係執行業務所得、佣金或薪資所得均可採。

  (2) 年度綜合所得稅各類所得查詢清單影本。

  (3) 年度綜合所得稅核定通知書影本。

  (4) 勞工保險局加蓋戳章及核發日期之勞工保險被保險人投保資料表。

  (5) 現有業者開立之員工服務證明書並經認證。

2. 現有業者負責人：

  (1) 年度營利事業所得稅結算申報書（含損益及稅額計算表）影本。

  (2) 年度營利事業所得稅核定稅額繳款書影本。

  (3) 年度各類所得扣繳暨免扣繳憑單申報書影本。

(4) 年度營利事業所得稅結算稅額繳款書影本。

(5) 營業人銷售額與稅額申報書影本（每 2 個月申報 1 次）。

(6) 營業稅查定課徵核定稅額繳款書影本（每 3 個月報繳 1 次）或經稅捐機關證明設籍辦理營業登記證明文件。

(7) 年度小規模營利事業所得稅核定通知書暨繳款書影本。

3. 未曾任職於現有業者，以持有上開說明一（一）之 1 或 2 文件認定之。

（三）租賃住宅服務業得僱用現有從業人員充任租賃住宅管理人員，並據以申請租賃住宅服務業登記，充任期間依本條例第 41 條第 1 項規定，得自本條例施行之日起繼續執業 2 年。

（四）租賃住宅服務業僱用現有從業人員申請租賃住宅服務業或其分設營業處所登記時，應檢附上開說明一之（二）所定文件。如現有從業人員曾於其他直轄市、縣（市）現有業者任職者，受理登記機關得函請該直轄市、縣（市）政府查明。

二、本條例第 40 條第 1 項及第 41 條第 1 項規定，僅讓現有業者及其從業人員取得繼續營業或執業之資格，惟執行業務時仍應遵循行為時法規，故現有業者及其從業人員繼續營業或執行業務，當適用本條例授權規定之相關契約規範，並應依本條例規定之業務責任辦理。

有關集合住宅、住宅（原 H-2 類組建築物供特定人長期住宿之場所）任一住宅單位（戶）之任一樓層分間為 6 個以上使用單元（不含客廳及餐廳）或設置 10 個以上床位之居室者，其供公眾使用建築物及建築物使用類組認定 1 案，業經本部以 107 年 4 月 24 日台內營字第 1070803969 號令發佈，檢送發佈令 1 份，相關規定如說明，請查照轉知。

內政部 107.4.24 台內營字第 10708039692 號

一、集合住宅、住宅任一住宅單位（戶）之任一樓層分間為 6 個以上

使用單元（不含客廳及餐廳）或設置 10 個以上床位之居室者，其使用類組歸屬 H-1 組，並屬建築法所稱供公眾使用之建築物。使用單元指住宅單位（戶）內具有門扇及壁體之臥室、儲藏、廚房及其他類似高密度性質之空間。

二、前揭建築物辦理建築物室內裝修許可時，須符合建築技術規則建築設計施工編相關規定擇要如下：

　　(一)依建築技術規則建築設計施工編第 86 條規定，分間牆構造依下列規定：「二、建築物使用類組為……H－1 組……，其各防火區劃內之分間牆應以不燃材料建造。但其分間牆上之門窗，不在此限。」。

　　(二)依建築技術規則建築設計施工編第 88 條規定檢討附表（八）時，建築物之內部裝修材料應依 H-1 組規定辦理並檢討下列事項：居室或該使用部分之內部裝修材料須為耐燃 3 級以上；通達地面之走廊及樓梯其內部裝修材料須為耐燃 2 級以上。

三、上開建築物辦理建築物公共安全檢查申報時，須以 H-1 類組按實際現況用途辦理，其申報頻率為：300 平方公尺以上每 2 年 1 次；未達 300 平方公尺每 4 年 1 次。

核釋「建築法」第 5 條所稱供公眾使用之建築物與「建築物使用類組及變更使用辦法」第 2 條所定 H-1 組之相關規定，自即日生效。

內政部 107.4.24 台內營字第 1070803969 號

　　有關建築法第五條與建築物使用類組及變更使用辦法第二條規定之解釋如下，並自即日生效：

　　一、集合住宅、住宅任一住宅單位（戶）之任一樓層分間為六個以上使用單元（不含客廳及餐廳）或設置十個以上床位之居室者，其使用類組歸屬建築物使用類組及變更使用辦法第二條所定 H-1 組，並屬建築法第

五條所稱供公眾使用之建築物。

二、使用單元指住宅單位（戶）內具有門扇及壁體之臥室、儲藏、廚房及其他類似高密度性質之空間。

有關「房屋租賃定型化契約應記載及不得記載事項」適用對象疑義，如說明，請查照。

行政院消費者保護處 105.5.30 院臺消保字第 1050165274 號

一、按消費者保護法第 2 條第 1 款、第 2 款及第 3 款對於消費者其業經營者及消費關係均訂有明文對於「消費」及「企業經營者」疑義，組改前行政院消費者保護委員會 84 年 4 月 6 日台 84 消保法字第 00351 號函內容略以「消費者保護法所稱之『消費』，係指不再用於生產之情形下所為之最終消費而言。」、85 年 10 月 21 日台 85 消保法字第 01241 號函內容略以「消費者保護法所稱之企業經營者解釋上得為公司、合夥或其他型態之團體組織，亦得為獨資企業或個人；其為團體組織者，除為公權力行使機關外，無論其為公營或私營均屬之。」亦均釋示在案。

二、對於近日本處發佈「房屋租賃定型化契約應記載及不得記載事項」適用對象疑義部分，本處前於 104 年 4 月 16 日召開「房屋租賃適用消費者保護法疑義」座談會，獲致結論略以：「不論公司、團體或個人，亦不論其營業於行政上是否經合法登記或許可經營，若反覆實施出租行為，非屬偶一為之，並以出租為業者，均可認定為企業經營者，其出租行為均得以消保法加以規範。」是以就承租人端而言，承租房屋之目的倘係作為銷售商品、執行業務或投入生產，並非單純供自住使用，即無「房屋租賃定型化契約應記載及不得記載事項」之適用；就出租人端而言，不論其為公司、團體或個人，亦不論出租戶數，若反覆實施出租行為，非屬偶一為之，並以出租為業者，均可認定為企業經營者，得以「房屋租賃定型化契約應記載及不得記載事項」加以規範。

從事網路銷售貨物或勞務之營業人，以其原供住家用房屋作為營業登記場所，實際交易均於網路交易平台完成，准續按住家用稅率及自用住宅用地稅率課徵房屋稅及地價稅

財政部 104.9.16 發佈台財稅字第 10400128120 號

一、原供住家使用的房屋，作為從事網路銷售貨物或勞務的營業登記場所，但實際交易都是在網路交易平台完成，而且房屋也沒有提供辦公或堆置貨物等其他營業使用，就可以繼續按住家用稅率課徵房屋稅。原經核准按自用住宅用地稅率課徵地價稅的用地，也可以繼續按自用住宅用地稅率課徵地價稅。

二、廢止本部 94 年 10 月 28 日台財稅字第 09404576540 號令。

簽訂委託契約書之委託人得為所有權人以外之人。

內政部 101.10.2 內授中辦地字第 1016039771 號

依不動產經紀業管理條例（以下簡稱本條例）第 21 條第 1 項規定：「經紀業與委託人簽訂委託契約書後，方得刊登廣告及銷售。」上開規定所稱之「委託人」，本條例尚無明定為委託銷售不動產之所有權人，亦即委託人尚非不得為所有權人以外之人。且委託銷售契約屬負擔行為，不以處分人有處分權為必要。嗣後委託銷售契約之履行如有爭議，係屬私權爭執，尚不生是否違反上開條例規定之問題。惟經紀業與不動產所有權人以外之人簽訂委託銷售契約，自應妥為查證、評估，以利後續履行契約相關權利及義務。

最高法院 98 年度第 2 次民事庭會議

【會議日期】民國 98 年 03 月 31 日
【資料來源】司法院

【相關法條】民法第 425 條（88.04.21）

【決議】採乙說

　　基於保護民法債編修正前之既有秩序，以維護法律之安定性，民法債編修正前成立之租賃契約，無適用修正民法第四百二十五條第二項規定之餘地。

【最高法院九十八年度第二次民事庭會議紀錄（節本）】

【討論事項】九十八年度民議字第四號提案（台灣高等法院暨所屬法院九十七年法律座談會民事類提案第十二號）

【院長提議】出租人於民國八十九年五月五日民法債編修正施行前，已與承租人訂定未經公證之期限逾五年或未定期限之不動產租賃契約，並將不動產交由承租人占有中，嗣於該法修正施行後始將不動產所有權讓與他人者，是否有新修正民法第四百二十五條第二項規定之適用？

【甲說】民法第四百二十五條第一項「所有權讓與不破租賃」規定之適用前提，在於租賃物所有權發生移轉，故同條第二項之適用，應以租賃物所有權移轉之時，係在民法債編修正前或修正後而定。如租賃物係於債編修正前發生所有權移轉，固無修正後同條第二項之適用，但租賃物係於債編修正後，始發生所有權移轉者，仍應適用修正後之規定。蓋租賃契約為一繼續性契約，如租賃契約於民法債編修正後繼續存在，則自債編修正施行後，有關租賃契約之效力，自應受新修正民法債編相關規定之規範，因此時修正前之規定，已因法律修正而失其規範效力。此時適用新修正之民法債編規定，係對民法債編修正後所繼續發生之事實發生規範效力，並無違反法律不溯及既往之原則可言。

【乙說】基於法律不溯及既往原則，並保護民法債編修正前之既有秩序，以維護法律之安定性，應認為祇要在民法債編修正前成立之租賃契約，即無適用修正民法第四百二十五條第二項規定之餘地。

【丙說】本案應視承租人依舊法所取得之法律權利或期待利益，其權利或

　　利益是否值得保護，與新法溯及適用對其不利影響之程度，為綜合判斷是否適用新修正民法第四百二十五條第二項規定。

【決議】採乙說：

　　基於保護民法債編修正前之既有秩序，以維護法律之安定性，民法債編修正前成立之租賃契約，無適用修正民法第四百二十五條第二項規定之餘地。

【主席】楊仁壽

個人設置營業場所、牌號或僱用員工，從事出租建物行為，應課徵營業稅。

財政部賦稅署 97.11.5 台財稅字第 09704555660 號

　　一、個人出租自有建物或承租他人建物再出租予第三人，有下列情形之一者，自 98 年 1 月 1 日起，應辦理營業登記，課徵營業稅：

　　（一）設有固定營業場所（含設置有形之營業場所或設置網站）。

　　（二）具備「營業牌號」（不論是否已依法辦理登記）。

　　（三）僱用人員協助處理房屋出租事宜。

　　二、未符合上述情形者，應依所得稅法第 14 條規定，按租賃所得課徵個人綜合所得稅。

　　三、本令發佈前，個人出租建物已核課稅捐確定案件，不再變更。

非不動產經紀業而經營不動產仲介或代銷業務者之營業行為認定等事宜。

內政部 94.5.4 內授中辦地字第 0940724941 號

　　案經本部於 94 年 3 月 29 日邀集學者專家、行政院消費者保護委員會、公平交易委員會、勞工委員會（未派員）、法務部（未派員）、經濟部、財政部賦稅署、各縣（市）政府及中華民國不動產仲介經紀商業同業

公會全聯會等民間團體會商，獲致下列結論：

一、有關非不動產經紀業而經營不動產仲介或代銷業務者之營業行為認定，仍請各直轄市或縣（市）主管機關本於職權依事實審認是否構成不動產經紀業管理條例第 32 條之處罰要件；又所謂「為業」之認定，請參酌法務部 83 年 3 月 19 日法 83 律決 05573 號函釋辦理，但律師或地政士執行業務之範圍，合於律師法或地政士法之規定者，不在此限。並請參考下列行為態樣蒐集違法事證，但不宜僅以下列行為態樣之一即遽為認定其違法營業：

（一）從事不動產仲介業務之行為

1. 設有店面或辦公室之營業處所，其外觀、市招、櫥窗、看板、名片及廣告之內容，有明顯從事仲介業務之徵象，並足以使不特定多數人認知其為從事仲介業務者。

2. 未設有店面或辦公室之行為人，以看板、名片或廣告等足以使不特定多數人知悉之方法，為從事仲介業務之表示或表徵者。

3. 對不特定人就特定不動產公開進行招攬或媒合不動產買賣或租賃行為者。

4. 簽署不動產委託銷售、租賃契約書或相當於該契約書者。

5. 簽署不動產承購、承租要約書或相當於該契約書者。

6. 收受斡旋保證金、要約保證金、出價保證金、協調金或相當於該性質之款項者。

7. 代為收受不動產相關之定金或開立定金收據者。

8. 收取不動產仲介服務報酬或其他類此之對價者。

9. 提供解說不動產說明書或相當於該說明書者。

10. 簽署委託標購法院拍賣不動產契約書或相當於該契約書者。

11. 向執行法院提出委任狀之投標代理人，有繼續反覆實施該代理投標之行為者。

12. 收取法拍屋代標服務報酬者。

13. 公司或商號之登記營業項目為「房屋仲介業」、「土地仲介業」或「房屋租售之介紹業務」，並於最近一年內向稅捐機關申報營利事業所得稅或營業稅有案者。

14. 最近一年內向稅捐機關申報執行業務所得有案，並足以辨識其為從事仲介業務者。

15. 其他具有明顯經營仲介業務之事證者。

（二）從事不動產代銷業務之行為

1. 設有非常態固定場所之營業處所，其外觀、市招、櫥窗、看板、名片及廣告之內容，有明顯從事代銷業務之徵象，並足以使不特定多數人認知其受委託付責企劃並代理銷售不動產者。

2. 與建築業或起造人簽訂不動產委託銷售契約書或相當於該約書，並實際從事代銷業務者。

3. 代為收受定金或開立定金收據，並實際從事不動產代銷業務者。

4. 假藉受僱於起造人或建築業，惟未依勞動基準法與該起造人或建築業訂定勞動契約或由僱主提撥勞工退休準備金，而實際從事代銷業務者。

5. 假藉受僱於起造人或建築業，惟未與該起造人或建築業訂定勞動契約，而實際從事代銷業務者。

6. 假藉受僱於起造人或建築業，惟未由該起造人或建築業依勞工保險條例投保勞工保險，而實際從事代銷業務者。

7. 假藉受僱於起造人或建築業，惟未依所得稅法由該起造人或建築業扣繳所給付之員工薪資所得，而實際從事代銷業務者。

8. 最近一年內向稅捐機關申報執行業務所得有案，並足以辨識其為從事代銷業務者。

9. 其他具有明顯經營代銷業務之事證有案。

二、（以下略）

公寓大廈管理委員會受託代理區分所有權人保管鑰匙帶人看屋等行為應屬仲介業務。

內政部 92.8.18 內授中辦地字第 0920012166 號

一、按不動產經紀業管理條例第 4 條第 5 款所稱仲介業務，係指從事不動產買賣、互易、租賃之居間或代理業務。又稱居間者，依民法第 565 條規定，謂當事人約定，一方為他方報告訂約之機會，或為訂約之媒介，他方給付報酬之契約；而有關居間人報酬之請求，依民法第 568 條第 1 項規定，係以契約因其報告或媒介而成立者為限。至於民法所稱委任者，依同法第 528 條規定，係指當事人約定，一方委託他方處理事務，他方允為處理之契約；如以授予代理權方式為之者，依同法第 103 條規定，代理人於代理權限內，以本人名義所為之意思表示，直接對本人發生效力。另本部 90 年 8 月 31 日台（90）內中地字第 9083624 號函釋略以：未具不動產經紀人資格者從事不動產仲介買賣行為，固未向買賣雙方收取服務報酬，惟上開條例所稱「仲介業務」尚非以收取服務報酬為其必要條件，倘該仲介行為屬其特定業務項目，則可謂為「經營仲介業務者」而應受上開條例之規範；至「經營業務」觀念乃於社會生活上為同性質事務繼續反覆實施之行為。合先敘明。

二、本案公寓大廈管理委員會為服務區分所有權人，代為保管鑰匙帶人看屋，並酌收保管費用等行為，固未有如仲介經紀業般積極斡旋於交易當事人間之媒合行為，惟揆諸該管理委員會帶人看屋等服務之性質，顯屬依民法第 103 條、第 528 條規定，受託代理區分所有權人（屋主）提供消費者決定承買或承租與否之房屋現況相關重要交易資訊，從而應屬前開條例所稱之仲介業務，並應受該條例之規範。至於該管理委員會僅提供公佈欄供區分所有權人張貼房屋買賣或租賃之資訊而酌收費用，並無帶人看屋或為區分所有權人處理房屋買賣或租賃之部分事務，倘若未有民法上開規定之情事者，同意貴府所擬意見，尚未違反不動產經紀業管理條例之規範。

關於法規中所稱「以上、以下、以內者」之數目計算疑義乙案。

法務部 91.1.30 法律決字第 0910003481 號

　　按刑法第十條第一項規定：「稱以上、以下、以內者，俱連本數……計算。」參照上開規定，法制用語所稱「以上、以下、以內者」，包含該本數計算，合先敘明。次按民法第一百十九條定：「法令、審判或法律行為所定之期日及期間，除有特別訂定外，其計算依本章之規定。」另第一百二十四條第一項規定：「年齡自出生之日起算。」是以，有關年齡之計算，若無其他特別規定外，應依週年計算法，以實足年齡計算，自出生之日起算足一年為一歲（參施啟揚著，民法總則，第三百三十九頁參照）。來函說明二所稱「行政院所屬各機關派送具有駐外工作資格人員赴國外進修外國語文實施計畫」第二點第一項第二款規定，出國進修外國語人員須具備「四十五歲以下」之資格條件。其所稱「四十五歲以下」，參照前述說明，應指未滿四十五歲及四十五歲整。如年齡為四十五歲零一天者，因已逾四十五歲整，即不符規定要件。

不動產經紀業管理條例第 4 條第 5 款所稱「居間」業務包括「報告居間」

內政部 90.5.10 台內中地字第 9007350 號

　　一、按不動產經紀業管理條例（以下簡稱本條例）第 4 條第 4 款及第 5 款規定：「經紀業：指依本條例規定經營仲介或代銷業務之公司或商號。」「仲介業務：指從事不動產買賣、互易、租賃之居間或代理業務。」又稱「居間」者，依民法第五百六十五條規定，謂當事人約定，一方為他方報告訂約之機會，或為訂約之媒介，他方給付報酬之契約。是以，民法所定之居間有二種情形，一為報告訂約機會之報告居間，一為訂約之媒介居間。所謂報告居間，不以於訂約時周旋於他人之間為之說合為必要，僅以為他方報告訂約之機會為已足，而居間人之報酬，於雙方當事人因居間

而成立契約時，應許其請求；至於居間行為就令自始限於媒介居間，而僅為報告即已有效果時，亦應許居間人得請求報酬之支付（最高法院 52 年台上字第 2675 號判例參照）。

二、揆諸本條例對於經紀業從事「居間」業務之性質，縱無明文規定其屬「報告居間」抑或「媒介居間」，惟從前開民法及最高法院判例意旨觀之，兩者均得請求報酬之支付，即攸關不動產交易秩序與交易者權益等問題。復依本條例第 2 條規定，經紀業之管理，依本條例之規定；本條例未規定者，適用其他有關法律之規定。據此，本條例第 4 條第 5 款所稱「居間」業務，當包括民法所定之「報告居間」及「媒介居間」。

稽徵機關設算住宅租金應受土地法第 97 條之限制。

財政部 81.9.29 台財稅第 811679127 號

土地法第 97 條第 1 項規定，城市地方房屋之租金，以不超過土地及其建築物申報總價額年息 10%為限；上述條文所稱「房屋」，係指供住宅用之房屋而言，前經內政部 71 年 5 月 22 日 71 台內地字第 87103 號函釋有案。

稽徵機關依所得稅法第 14 條第 1 項第 5 類規定設算租金時，可參照上開內政部函釋意旨辦理。

設算租金以不超過土地及建物申報總價額年息 10%為限。

財政部 78.6.22 台財稅第 780158972 號函

稽徵機關依所得稅法第 14 條第 1 項第 5 類規定設算之租金，依土地法第 97 條第 1 項規定，以不超過土地及其建築物申報總價額年息 10%為限。

說明：土地法第 97 條第 1 項所稱土地及其建築物申報總價額，其土地價額係指課徵地價稅之申報地價；至建築物價額，地政機關迄未依同法

施行法第 25 條規定估定價額，應以課徵房屋稅之房屋現值為準。

租賃所得設算核定案件有異議時應比較鄰近租金以為依據。

財政部賦稅署 77.11.9 台稅一發第 770665851 號函

綜合所得稅租賃所得設算核定案件，納稅義務人如有異議時，稽徵機關應實地調查鄰近房屋之租金作為核課之依據，即將設算租金與鄰近租金比較，高時改課，低時維持原核定。

購屋借款之利息支出得列為租金收入之必要費用。

財政部 74.10.19 台財稅第 23739 號函

個人向金融機構借款購置房屋，所支付之利息，應屬所得稅法施行細則第 15 條所稱為使出租之財產能供出租取得收益所支付之合理必要費用。納稅義務人如非選用必要損耗及費用之標準減除，且能提供確實證明文件者，於核計房屋之租賃所得時，核實減除。

為已領有使用執照之多層分戶建築物，其部分所有權人申請用途變更，需否徵得全部所有權人之同意乙案，復請查照。

內政部 72.03.31.台內營字第 143375 號

查已領有使用執照之多層分戶建築物，其部分所有權人依建築法第 74 條申請變更使用執照時，如經檢查其有關公共安全與衛生之結構及建築設備、附建之停車空間等均能符合法令規定，與其變更後之使用，亦不違反都市計畫分區使用。防空避難及其他有關法令之規定，在不涉及他人權益情況下，得以變更使用。

房屋轉租人以支付前手之代價為必要損耗及費用計算其租賃所得。

財政部 69.11.14 台財稅第 39393 號

綜合所得稅納稅義務人以承租之房屋轉租他人收取租賃收入，可以其原承租房屋所支付之現金及所付押金依所得稅法第 14 條第 5 類第 3 款規定計算之租金，認屬該項租賃收入之必要損耗及費用，憑以計算租賃所得。

承租人按月貼補合理之定額電費原則上不視為租賃收入。

財政部 67.2.3 台財稅第 30827 號函

以房屋中部分房間租與他人，除於租賃契約中約定每月之租金數額外，因出租之房間未另裝電錶，承租人使用之電力，由出租人負責繳納電費，乃另約定由承租人按月貼補出租人定額電費。如該項貼補電費金額在合理限度以內，並不構成變相租金者，原則上可不視為房屋租費之代價，亦即不視為租賃所得。

當年度有租賃收入始可減除修繕費用。

財政部 65.11.5 台財稅第 37367 號函

一、個人房屋如係以出租為目的，且於當年度有租金收入者，則該房屋之修繕費用應檢附合法支付憑證，於當年度綜合所得稅結算申報時，自該房屋租賃收入項下減除。

二、前項修繕費用如未及於綜合所得稅結算申報時檢附合法支付憑證扣除者，可依本部核定之租賃收入，按必要費用標準計算其必要費用，自當年度租賃收入項下減除。

三、如房屋在實際修繕年度內無租金收入者，則其修繕費用不得在當

年度其他各類所得項下減除，亦不得延至次年度或申請自上年度之租賃所得項下減除。

四、台端出租予甲公司之房屋，回復原狀所需必要費用，經核台端所檢附之法院判決書，係屬台端對該承租人之債權，台端實際尚未支付任何修繕費用，故不得憑上述法院判決書確定之金額申請減除。惟嗣後如為使該房屋能供出租為目的而實際支付之修繕費用，可在實際支付年度檢附支付憑證，自同年度租賃收入項下減除。

一次取得 3 年之租賃所得如中途解約得自申報之所得中扣除。

財政部 64.4.2 台財稅第 32324 號

所得稅扣繳義務人一次給付納稅義務人 3 年之租賃所得，經已扣繳稅款，納稅義務人亦已將該項所得全部申報，並以扣繳稅款抵繳當年度結算申報應納綜合所得稅款，嗣因中途解約，納稅義務人因解約而歸還之該項租賃所得，如查屬實在，准由納稅義務人憑其解約說明申請結算申報地稽徵機關，自其申報之綜合所得總額中減除，重行核計應納稅額。如有溢繳稅款，並應依法退還。

說明：本案扣繳義務人於一次給付為期 3 年之租賃支出時依法扣繳稅款，尚無溢扣稅款情事，應無所得稅法施行細則第 96 條之適用，而應依同細則第 97 條規定辦理。

承租人代出租人履行納稅或其他債務應視同支付租金。

財政部 48 台財稅發第 01035 號

租賃兩造如約定由承租人代出租人履行某項納稅義務，或代出租人支付租賃財產之修理維持或擴建費用，或代出租人履行其他債務，則承租人因履行此項約定條件而支付之代價，實際即為租賃財產權利之代價，與支付現金租金之性質完全相同。

民法（租賃）節錄

108 年 6 月 19 日

第 421 條　稱租賃者，謂當事人約定，一方以物租與他方使用收益，他方支付租金之契約。

前項租金，得以金錢或租賃物之孳息充之。

第 422 條　不動產之租賃契約，其期限逾一年者，應以字據訂立之，未以字據訂立者，視為不定期限之租賃。

第 422-1 條　租用基地建築房屋者，承租人於契約成立後，得請求出租人為地上權之登記。

第 423 條　出租人應以合於所約定使用收益之租賃物，交付承租人，並應於租賃關係存續中，保持其合於約定使用、收益之狀態。

第 424 條　租賃物為房屋或其他供居住之處所者，如有瑕疵，危及承租人或其同居人之安全或健康時，承租人雖於訂約時已知其瑕疵，或已拋棄其終止契約之權利，仍得終止契約。

第 425 條　出租人於租賃物交付後，承租人占有中，縱將其所有權讓與第三人，其租賃契約，對於受讓人仍繼續存在。

前項規定，於未經公證之不動產租賃契約，其期限逾五年或未定期限者，不適用之。

第 425-1 條　土地及其土地上之房屋同屬一人所有，而僅將土地或僅將房屋所有權讓與他人，或將土地及房屋同時或先後讓與相異之人時，土地受讓人或房屋受讓人與讓與人間或房屋受

讓人與土地受讓人間，推定在房屋得使用期限內，有租賃關係。其期限不受第四百四十九條第一項規定之限制。

前項情形，其租金數額當事人不能協議時，得請求法院定之。

第 426 條　出租人就租賃物設定物權，致妨礙承租人之使用收益者，準用第四百二十五條之規定。

第 426-1 條　租用基地建築房屋，承租人房屋所有權移轉時，其基地租賃契約，對於房屋受讓人，仍繼續存在。

第 426-2 條　租用基地建築房屋，出租人出賣基地時，承租人有依同樣條件優先承買之權。承租人出賣房屋時，基地所有人有依同樣條件優先承買之權。

前項情形，出賣人應將出賣條件以書面通知優先承買權人。優先承買權人於通知達到後十日內未以書面表示承買者，視為放棄。

出賣人未以書面通知優先承買權人而為所有權之移轉登記者，不得對抗優先承買權人。

第 427 條　就租賃物應納之一切稅捐，由出租人負擔。

第 428 條　租賃物為動物者，其飼養費由承租人負擔。

第 429 條　租賃物之修繕，除契約另有訂定或另有習慣外，由出租人負擔。出租人為保存租賃物所為之必要行為，承租人不得拒絕。

第 430 條　租賃關係存續中，租賃物如有修繕之必要，應由出租人負擔者，承租人得定相當期限，催告出租人修繕，如出租人於其期限內不為修繕者，承租人得終止契約或自行修繕而請求出租人償還其費用或於租金中扣除之。

第 431 條　承租人就租賃物支出有益費用，因而增加該物之價值者，如出租人知其情事而不為反對之表示，於租賃關係終止時，應償還其費用。但以其現存之增價額為限。

承租人就租賃物所增設之工作物，得取回之。但應回復租賃物之原狀。

第 432 條　承租人應以善良管理人之注意，保管租賃物，租賃物有生產力者，並應保持其生產力。

承租人違反前項義務，致租賃物毀損、滅失者，負損害賠償責任。但依約定之方法或依物之性質而定之方法為使用、收益，致有變更或毀損者，不在此限。

第 433 條　因承租人之同居人或因承租人允許為租賃物之使用、收益之第三人應負責之事由，致租賃物毀損、滅失者，承租人負損害賠償責任。

第 434 條　租賃物因承租人之重大過失，致失火而毀損、滅失者，承租人對於出租人負損害賠償責任。

第 435 條　租賃關係存續中，因不可歸責於承租人之事由，致租賃物之一部滅失者，承租人得按滅失之部分，請求減少租金。

前項情形，承租人就其存餘部分不能達租賃之目的者，得終止契約。

第 436 條　前條規定，於承租人因第三人就租賃物主張權利，致不能為約定之使用、收益者準用之。

第 437 條　租賃關係存續中，租賃物如有修繕之必要，應由出租人負擔者，或因防止危害有設備之必要，或第三人就租賃物主張權利者，承租人應即通知出租人。但為出租人所已知者，不在此限。承租人怠於為前項通知，致出租人不能及

時救濟者，應賠償出租人因此所生之損害。

第 438 條　承租人應依約定方法，為租賃物之使用、收益；無約定方法者，應以依租賃物之性質而定之方法為之。

承租人違反前項之規定為租賃物之使用、收益，經出租人阻止而仍繼續為之者，出租人得終止契約。

第 439 條　承租人應依約定日期，支付租金；無約定者，依習慣；無約定亦無習慣者，應於租賃期滿時支付之。如租金分期支付者，於每期屆滿時支付之。如租賃物之收益有季節者，於收益季節終了時支付之。

第 440 條　承租人租金支付有遲延者，出租人得定相當期限，催告承租人支付租金，如承租人於其期限內不為支付，出租人得終止契約。租賃物為房屋者，遲付租金之總額，非達二個月之租額，不得依前項之規定，終止契約。其租金約定於每期開始時支付者，並應於遲延給付逾二個月時，始得終止契約。

租用建築房屋之基地，遲付租金之總額，達二年之租額時，適用前項之規定。

第 441 條　承租人因自己之事由，致不能為租賃物全部或一部之使用、收益者，不得免其支付租金之義務。

第 442 條　租賃物為不動產者，因其價值之昇降，當事人得聲請法院增減其租金。但其租賃定有期限者，不在此限。

第 443 條　承租人非經出租人承　，不得將租賃物轉租於他人。但租賃物為房屋者，除有反對之約定外，承租人得將其一部分轉租於他人。

承租人違反前項規定，將租賃物轉租於他人者，出租人得

終止契約。

第 444 條　承租人依前條之規定，將租賃物轉租於他人者，其與出租人間之租賃關係，仍為繼續。

因次承租人應負責之事由所生之損害，承租人負賠償責任。

第 445 條　不動產之出租人，就租賃契約所生之債權，對於承租人之物置於該不動產者，有留置權。但禁止扣押之物，不在此限。

前項情形，僅於已得請求之損害賠償及本期與以前未交之租金之限度內，得就留置物取償。

第 446 條　承租人將前條留置物取去者，出租人之留置權消滅。但其取去係乘出租人之不知，或出租人曾提出異議者，不在此限。

承租人如因執行業務取去其物，或其取去適於通常之生活關係，或所留之物足以擔保租金之支付者，出租人不得提出異議。

第 447 條　出租人有提出異議權者，得不聲請法院，逕行阻止承租人取去其留置物；如承租人離去租賃之不動產者，並得占有其物。

承租人乘出租人之不知或不顧出租人提出異議而取去其物者，出租人得終止契約。

第 448 條　承租人得提出擔保，以免出租人行使留置權，並得提出與各個留置物價值相當之擔保，以消滅對於該物之留置權。

第 449 條　租賃契約之期限，不得逾二十年。逾二十年者，縮短為二十年。前項期限，當事人得更新之。

租用基地建築房屋者，不適用第一項之規定。

第 450 條　租賃定有期限者，其租賃關係，於期限屆滿時消滅。

　　　　　未定期限者，各當事人得隨時終止契約。但有利於承租人之習慣者，從其習慣。

　　　　　前項終止契約，應依習慣先期通知。但不動產之租金，以星期、半個月或一個月定其支付之期限者，出租人應以曆定星期、半個月或一個月之末日為契約終止期，並應至少於一星期、半個月或一個月前通知之。

第 451 條　租賃期限屆滿後，承租人仍為租賃物之使用收益，而出租人不即表示反對之意思者，視為以不定期限繼續契約。

第 452 條　承租人死亡者，租賃契約雖定有期限，其繼承人仍得終止契約。但應依第四百五十條第三項之規定，先期通知。

第 453 條　定有期限之租賃契約，如約定當事人之一方於期限屆滿前，得終止契約者，其終止契約，應依第四百五十條第三項之規定，先期通知。

第 454 條　租賃契約，依前二條之規定終止時，如終止後始到期之租金，出租人已預先受領者，應返還之。

第 455 條　承租人於租賃關係終止後，應返還租賃物；租賃物有生產力者，並應保持其生產狀態，返還出租人。

第 456 條　出租人就租賃物所受損害對於承租人之賠償請求權，承租人之償還費用請求權及工作物取回權，均因二年間不行使而消滅。

　　　　　前項期間，於出租人，自受租賃物返還時起算。於承租人，自租賃關係終止時起算。

第 457 條　耕作地之承租人，因不可抗力，致其收益減少或全無者，得請求減少或免除租金。

前項租金減免請求權，不得預先拋棄。

第 457-1 條　耕作地之出租人不得預收租金。

承租人不能按期支付應交租金之全部，而以一部支付時，出租人不得拒絕收受。

第 458 條　耕作地租賃於租期屆滿前，有左列情形之一時，出租人得終止契約：

一、承租人死亡而無繼承人或繼承人無耕作能力者。

二、承租人非因不可抗力不為耕作繼續一年以上者。

三、承租人將耕作地全部或一部轉租於他人者。

四、租金積欠達兩年之總額者。

五、耕作地依法編定或變更為非耕作地使用者。

第 459 條　未定期限之耕作地租賃，出租人除收回自耕外，僅於有前條各款之情形或承租人違反第四百三十二條或第四百六十二條第二項之規定時，得終止契約。

第 460 條　耕作地之出租人終止契約者，應以收益季節後，次期作業開始前之時日，為契約之終止期。

第 460-1 條　耕作地出租人出賣或出典耕作地時，承租人有依同樣條件優先承買或承典之權。

第四百二十六條之二第二項及第三項之規定，於前項承買或承典準用之。

第 461 條　耕作地之承租人，因租賃關係終止時未及收穫之孳息所支出之耕作費用，得請求出租人償還之。但其請求額不得超過孳息之價額。

第 461-1 條　耕作地承租人於保持耕作地之原有性質及效能外，得為增加耕作地生產力或耕作便利之改良。但應將改良事項及費用數額，以書面通知出租人。

　　　　　　前項費用，承租人返還耕作地時，得請求出租人返還。但以其未失效能部分之價額為限。

第 462 條　　耕作地之租賃，附有農具，牲畜或其他附屬物者，當事人應於訂約時，評定其價值，並繕具清單，由雙方簽名，各執一份。

　　　　　　清單所載之附屬物，如因可歸責於承租人之事由而滅失者，由承租人負補充之責任。

　　　　　　附屬物如因不可歸責於承租人之事由而滅失者，由出租人負補充之責任。

第 463 條　　耕作地之承租人依清單所受領之附屬物，應於租賃關係終止時，返還於出租人；如不能返還者，應賠償其依清單所定之價值。但因使用所生之通常折耗，應扣除之。

第 463-1 條　本節規定，於權利之租賃準用之。

土地法（租賃）節錄

100 年 6 月 15 日

第 34-1 條　　共有土地或建築改良物，其處分、變更及設定地上權、農育權、不動產役權或典權，應以共有人過半數及其應有部分合計過半數之同意行之。但其應有部分合計逾三分之二者，其人數不予計算。共有人依前項規定為處分、變更或設定負擔時，應事先以書面通知他共有人；其不能以書面通知者，應公告之。

第一項共有人，對於他共有人應得之對價或補償，負連帶清償責任。於為權利變更登記時，並應提出他共有人已為受領或為其提存之證明。其因而取得不動產物權者，應代他共有人申請登記。 共有人出賣其應有部分時，他共有人得以同一價格共同或單獨優先承購。

前四項規定，於公同共有準用之。

依法得分割之共有土地或建築改良物，共有人不能自行協議分割者，任何共有人得申請該管直轄市、縣（市）地政機關調處， 不服調處者，應於接到調處通知後十五日內向司法機關訴請處理，屆期不起訴者，依原調處結果辦理之。

第三編　土地使用

第三章　房屋及基地租用

第 94 條　　城市地方，應由政府建築相當數量之準備房屋，供人民承

租自住之用。

前項房屋之租金，不得超過土地及其建築物價額年息百分之八。

第95條　直轄市或縣（市）政府為救濟房屋不足，經行政院核准，得減免新建房屋之土地稅及改良物稅，並定減免期限。

第96條　城市地方每一人民自住之房屋間數，得由直轄市或縣（市）政府斟酌當地情形，為必要之限制。但應經民意機關之同意。

第97條　城市地方房屋之租金，以不超過土地及其建築物申報總價年息百分之十為限。

約定房屋租金，超過前項規定者，該管直轄市或縣（市）政府得依前項所定標準強制減定之。

第98條　以現金為租賃之擔保者，其現金利息視為租金之一部。

前項利率之計算，應與租金所由算定之利率相等。

第99條　前條擔保之金額，不得超過二個月房屋租金之總額。

已交付之擔保金，超過前項限度者，承租人得以超過之部分抵付房租。

第100條　出租人非因左列情形之一，不得收回房屋。

一、出租人收回自住或重新建築時。

二、承租人違反民法第四百四十三條第一項之規定轉租於他人時。

三、承租人積欠租金額，除擔保金抵償外，達二個月以上時。

四、承租人以房屋供違反法令之使用時。

五、承租人違反租賃契約時。

六、承租人損壞出租人之房屋或附著財物，而不為相當之賠償時。

第 101 條　因房屋租用發生爭議，得由該管直轄市或縣（市）地政機關予以調處，不服調處者，得向司法機關訴請處理。

第 102 條　租用基地建築房屋，應由出租人與承租人於契約訂立後二個月內，聲請該管直轄市或縣（市）地政機關為地上權之登記。

第 103 條　租用建築房屋之基地，非因左列情形之一，出租人不得收回。

一、契約年限屆滿時。

二、承租人以基地供違反法令之使用時。

三、承租人轉租基地於他人時。

四、承租人積欠租金額，除以擔保現金抵償外，達二年以上時。

五、承租人違反租賃契約時。

第 104 條　基地出賣時，地上權人、典權人或承租人有依同樣條件優先購買之權。房屋出賣時，基地所有權人有依同樣條件優先購買之權。其順序以登記之先後定之。

前項優先購買權人，於接到出賣通知後十日內不表示者，其優先權視為放棄。出賣人未通知優先購買權人而與第三人訂立買賣契約者，其契約不得對抗優先購買權人。

第 105 條　第九十七條第九十九條及第一百零一條之規定，於租用基地建築房屋均準用之。

住宅法（節錄）

總統 100.12.23 華總一義字第 10000297411 號令制定公佈全文 54條；
並自公佈後一年施行
總統 106.1.11 華總一義字第 10600002041 號令修正公佈全文 65 條；
並自公佈日施行

第一章　總則

第 3 條　　本法用詞，定義如下：

一、住宅：指供居住使用，並具備門牌之合法建築物。

二、社會住宅：指由政府興辦或獎勵民間興辦，專供出租之用之住宅及其必要附屬設施。

三、公益出租人：指住宅所有權人將住宅出租予符合租金補貼申請資格，經直轄市、縣（市）主管機關認定者。

第二章　住宅補貼

第 15 條　　住宅所有權人將住宅出租予依本法規定接受主管機關租金補貼或其他機關辦理之各項租金補貼者，於住宅出租期間所獲租金收入，免納綜合所得稅。但每屋每月租金收入免稅額度不得超過新臺幣一萬元。

前項免納綜合所得稅規定，實施年限為五年，其年限屆期前半年，行政院得視情況延長之，並以一次為限。

第 16 條　　公益出租人出租房屋之土地，直轄市、縣（市）政府應課徵之地價稅，得按自用住宅用地稅率課徵。

前項租稅優惠之期限、範圍、基準及程序之自治條例，由直轄市、縣（市）主管機關定之，並報財政部備查。

第一項租稅優惠，實施年限為五年，其年限屆期前半年，行政院得視情況延長之，並以一次為限。

第三章　社會住宅

第 23 條　主管機關為促進以第十九條第一項第五款、第六款或第二項第四款興辦社會住宅，得獎勵租屋服務事業辦理。

住宅所有權人依第十九條第一項第五款、第六款或第二項第四款規定將住宅出租予主管機關、租屋服務事業轉租及代為管理，或經由租屋服務事業媒合及代為管理作為居住、長期照顧服務、身心障礙服務、托育服務、幼兒園使用，得依下列規定減徵租金所得稅：

一、住宅出租期間所獲租金收入，免納綜合所得稅。但每屋每月租金收入免稅額度不得超過新臺幣一萬元。

二、住宅出租期間之租金所得，其必要損耗及費用之減除，住宅所有權人未能提具確實證據者，依應課稅租金收入之百分之六十計算。

前項減徵租金所得稅規定，實施年限為五年，其年限屆期前半年，行政院得視情況延長之，並以一次為限。

第 25 條　社會住宅承租者，應以無自有住宅或一定所得、一定財產標準以下之家庭或個人為限。

前項社會住宅承租者之申請資格、程序、租金計算、分級收費、租賃與續租期限及其他應遵行事項之辦法或自治法規，由主管機關定之。

社會住宅承租者之租金計算，主管機關應斟酌承租者所得狀況、負擔能力及市場行情，訂定分級收費基準，並定期檢討之。第二項租金之訂定，不適用土地法第九十四條及第九十七條規定。

第六章　居住權利平等

第 54 條　任何人不得拒絕或妨礙住宅使用人為下列之行為：

一、從事必要之居住或公共空間無障礙修繕。

二、因協助身心障礙者之需要飼養導盲犬、導聾犬及肢體輔助犬。

三、合法使用住宅之專有部分及非屬約定專用之共用部分空間、設施、設備及相關服務。

第 55 條　有前條規定之情事，住宅使用人得於事件發生之日起一年內，向住宅所在地之直轄市、縣（市）主管機關提出申訴。

直轄市、縣（市）主管機關處理前項之申訴，應邀集比率不得少於三分之一之社會或經濟弱勢代表、社會福利學者等參與。

第七章　罰則

第 56 條　違反第五十四條規定經依第五十五條規定處理，並經直轄市、縣（市）主管機關令行為人限期改善，屆期未改善者，按次處新臺幣十萬元以上五十萬元以下罰鍰。

第二期租屋服務事業辦理承租民間住宅並轉租或媒合承出租及其他服務注意事項

內政部 108.4.18 內授營土字第 1080806953 號

一、目的及依據

為執行租屋服務事業認定及獎勵辦法（以下簡稱本辦法）及社會住宅包租代管第二期計畫（以下簡稱本計畫），租屋服務事業辦理社會住宅相關承租民間住宅並轉租或媒合承出租作業事項，特訂定本注意事項。

二、申請出租住宅應備文件及條件

出租人向租屋服務事業申請出租住宅時，應為出租住宅之所有權人（自然人或私法人），其應備文件如下：

（一）申請書（附件一）。

（二）租賃契約辦理公證切結書（附件二）。

（三）申請人為自然人，應備國民身分證影本；申請人為私法人，應備法人登記證明文件及其代表人之資格證明。但所有權人無法親自提出申請者，得由代理人檢附授權書（附件三）、備妥所有權人證明文件及代理人國民身分證影本提出申請。申請人為未成年者，尤其法定代理人父母雙方於申請書內簽名或蓋章，如父母依法不得代理時，由法院依聲請或依職權為子女選任之特別代理人簽署之，或父母之一方不能行使權利時，由他方行使之。另申請人為外國人者，應檢附中華民國居留證或護照等證明文件。

（四）出租住宅之建築物所有權狀影本、建築物使用執照影本、測量成果圖影本或建築物登記資料，應符合下列情形之一：

1. 主要用途登記含有「住」、「住宅」、「農舍」、「套房」、

「公寓」或「宿舍」字樣。

2. 主要用途均為空白，得依房屋稅單等文件所載全部按住家用稅率課徵房屋稅，認定該建物全部為住宅使用。

3. 非位於工業區或丁種建築用地之建築物，其主要用途登記為「商業用」、「辦公室」、「一般事務所」、「工商服務業」、「店鋪」、「零售業」，或申請人出具主管建築機關核可作第一目用途使用且得免辦理變更使用執照之相關證明文件者，得依房屋稅單或稅捐單位證明文件所載全部按住家用稅率課徵房屋稅，認定該建築物全部為住宅使用。

4. 不符合前三目規定，提出合法房屋證明或經直轄市、縣（市）主管機關協助認定實施建築管理前已建造完成之建築物文件。

（五）社會住宅包租代管計畫出租案件調查表（附件四）。

三、得不受理申請出租住宅情形

出租人申請出租住宅時，若有提供不實資訊、不符實際出租情形或有出售可能性之情事等，租屋服務事業得不予受理申請。

四、屋況確認檢核及簽約租金計算

租屋服務事業應於受理出租人申請出租住宅案件後七日內完成文件審核，符合資格者，於七日內會同出租人進行屋況確認，並填具社會住宅包租代管屋況及租屋安全檢核表（附件五）。

經租屋服務事業完成屋況確認及租屋安全檢核並確定承、出租後，承租民間住宅並轉租案件，與出租人簽訂租賃契約之租金價格，應不超過市場租金價格八折訂定；租屋媒合案件之租金價格，應不超過市場租金價格九折訂定，並無條件捨去至百位數訂定。出租住宅之停車位、水、電、瓦斯、管理費及其他項目等費用，不納入簽約租金計算。

五、申請承租住宅應備文件

民眾向租屋服務事業申請承租住宅，應備文件如下：

（一）申請書（附件六）。

（二）申請人國民身分證影本。

（三）直轄市、縣（市）主管機關所定之資格文件。

（四）未設籍於當地且在該地區就學、就業證明文件。

申請人為未成年者，尤其法定代理人父母雙方於申請書內簽名或蓋章，如父母依法不得代理時，由法院依聲請或依職權為子女選任之特別代理人簽署之，或父母之一方不能行使權利時，由他方行使之。

六、承租住宅申請人資格條件

申請人承租本辦法第三條第一項第三款、第四款之案件，除應符合直轄市、縣（市）主管機關所定一般戶、經濟或社會弱勢資格者外，且以未享有政府辦理租金補貼，及未承租政府興辦之出租住宅者為限。但於申請時切結同意放棄已取得租金補貼或承租政府興建之國民住宅或社會住宅者，不在此限。

未設籍於當地且在該地區就學、就業身分者，申請承租前項案件，除申請人及家庭成員符合住宅法第四條經濟或社會弱勢者之規定外，以一般戶為原則。

現任職務之最高職務列等在警正四階以下或相當職務列等之基層警察及消防人員，不受直轄市、縣（市）主管機關所定一定所得以下之限制。

七、得不予受理情形

租屋服務事業於受理申請案件後，對於文件不齊應為補正者，應一次通知限期補正；逾期不補正或仍不符相關規定者，得不予受理。

八、租期及資格重新審查規定

承租民間住宅並轉租案件，租屋服務事業與出租人簽訂租賃契約為三年，再與入住者簽訂租賃契約租期至少一年，最長至租屋服務事業與出租人之租賃契約截止日止。租屋媒合案件住宅所有權人與入住者簽訂之租賃契約租期至少一年，自住宅所有權人與租屋服務事業簽訂出租人租屋代租代管委託書之日起算三年止。

前項與入住者之租賃契約案件辦理續約者，租屋服務事業應重新協助入住者向直轄市、縣（市）政府辦理資格審查作業，如不符直轄市、縣

（市）主管機關所定承租或領取租金補助資格者，不得繼續承租或領取補助。

九、租金補助及入住者資格變更

　　承租民間住宅並轉租案件之一定所得以下入住者，經直轄市、縣（市）主管機關審核通過，一般戶、經濟或社會弱勢戶以不超過市場租金價格八折承租。經濟或社會弱勢戶再以一定所得區分，第一類：政府補助百分之十二點五之簽約租金。第二類：政府補助百分之三十七點五之簽約租金。

　　承租租屋媒合案件之一定所得以下入住者，經直轄市、縣（市）主管機關審核通過，一般戶、經濟或社會弱勢戶以不超過市場租金價格九折承租。經濟或社會弱勢戶再以一定所得區分，第一類：政府補助百分之二十二點五之簽約租金。第二類：政府補助百分之四十四點五之簽約租金。

　　前二項經濟或社會弱勢戶租金補助（四捨五入至個位數），由入住者填具租金補助費申請書（附件七），由直轄市、縣（市）主管機關每月撥款予租屋服務事業。承租民間住宅並轉租案件，租屋服務事業應按照與出租人簽訂之租賃契約規定，於期限內繳納租金予出租人；租屋媒合案件之租金補助，併同入住者繳納之租金，由租屋服務事業撥款予出租人，如入住者延遲繳納租金，租屋服務事業應善盡催告義務，並於入住者繳納租金後五日內，撥款予出租人。

　　經直轄市、縣（市）主管機關查核入住者資格變更者，依下列規定辦理：

（一）租賃契約存續期間，不符直轄市、縣（市）主管機關所定承租或領取租金補助資格者，不得繼續承租或領取補助。

（二）租賃契約存續期間，符合直轄市、縣（市）主管機關訂定之一般戶、經濟或社會弱勢戶身分轉換者，直轄市、縣（市）主管機關應自知悉其資格變動之日起，限期通知租屋服務事業協助入住者辦理資格變更；其租賃契約重新辦理公證者，不得再次申請補助。

（三）前二款入住者資格變更，其有溢領或追溯租金補助費用者，以入住者資格變動事實發生日次月起，追繳溢領或撥付差額之租金補助及業者包管費或代管費。

十、共住規定

申請人得以共住方式（無需有親屬關係）提出申請，並依下列規定辦理：

（一）每位共住者須個別進行身分資格審查，符合經濟或社會弱勢戶規定者，給予租金補助。

（二）租賃契約應載明租金總額及每位共住者應負擔之租金額度，並分別於租賃契約簽名或蓋章。

（三）共住戶簽約入住後，部分共住者遷離，應以書面向直轄市、縣（市）主管機關提出共住者變更之申請，尤其餘共住者另覓符合資格者共住。

（四）因部分共住者遷離，其餘共住者應負擔遷離者之租金，並不得主張其遷離及變更契約期間減免租金。

十一、公證規定

租屋服務事業辦理承租民間住宅並轉租案件，與入住者簽訂之租賃契約應辦理公證。

租屋服務事業辦理租屋媒合案件之承、出租雙方之租賃契約，應辦理公證，但經住宅所有權人同意不辦理公證且簽具切結書（附件二）者，不在此限。

前二項辦理公證者，應於公證書載明逕受強制執行規定，公證費補助由租屋服務事業於租賃契約簽訂後三十日內，檢附公證費申請書（附件八之一、附件八之二）相關文件向直轄市、縣（市）主管機關提出申請。

十二、居家安全相關保險規定

租屋服務事業辦理承租民間住宅並轉租之案件，與住宅所有權人簽訂租賃契約後，由租屋服務事業協助住宅所有權人與保險業者於簽訂租賃契約後三十日內完成簽訂居家安全相關保險契約，該保險業者以中央主管機

關公告者為限,始得申請補助。

　　住宅所有權人於簽訂保險契約後,由租屋服務事業協助填具居家安全相關保險費申請書(附件九)後,並檢附保險單影本、收據,由租屋服務事業協助向直轄市、縣(市)主管機關申請居家安全相關保險費補助,其補助最高為每年每處新臺幣三千五百元。

　　保險業者基於業務自主、成本考量及契約自主,是否核保、保險額度,由住宅所有權人與保險業者協議定之。

十三、租屋服務事業返還費用情形

　　經查報承租民間住宅並轉租、租屋媒合案件有下列情事之一時,租屋服務事業應自事實發生之日起,將撥付之所有費用返還直轄市、縣(市)主管機關:

　　(一)經查申報資料有虛偽情事。

　　(二)住宅所有權人與租屋服務事業轉租之租賃契約承租人具有直系親屬關係。

十四、住宅出租修繕費補助規定

　　租屋服務事業應代為申請住宅出租修繕費,其住宅每處(以門牌計)每年以實際修繕金額核計,自住宅所有權人與租屋服務事業簽訂租賃契約,或與承租人簽訂租賃契約後,每年補助最高新臺幣一萬元,並得逐年申請住宅出租修繕費至租賃契約終止日止,三年最多申請新臺幣三萬元。

　　經直轄市、縣(市)主管機關審核通過後,撥付予租屋服務事業再轉付住宅所有權人。

　　前項撥付住宅出租修繕費後,提前終止租賃契約或停止租賃住宅者,經查證屬可歸責於住宅所有權人之事由,應由租屋服務事業向住宅所有權人追繳自租賃契約終止日起或停止租賃住宅之日起溢領之住宅出租修繕費,租期未達一年者,住宅出租修繕費用按月數比率核給,未滿一個月者以一個月計算。

十五、申請住宅出租修繕費應備文件及條件

　　租屋服務事業應檢具下列文件,向直轄市、縣(市)主管機關申請住

宅出租修繕費：

（一）住宅出租修繕費申請書（附件十之一）。

（二）出租住宅所有權人修繕同意書（附件十之二）。

（三）租賃契約影本。

（四）修繕前、後之照片。

（五）修繕住宅之原始憑證（統一發票或收據）正本或影本。

申請第一項住宅出租修繕費用之設施設備項目，應為出租人換修出租住宅必要之設施設備，或符合修繕住宅貸款利息及簡易修繕住宅費用補貼辦法第八條所定修繕之設施設備項目，但排除該條第二項之限制。

出租住宅應於簽訂租賃契約前後二個月內裝設住宅用火災警報器、屋內滅火器，其費用得以修繕費用補助之；另於簽訂租賃契約前二個月內換修熱水器含強制排氣設備者，其費用亦得補助之。

十六、代墊租金規定

租屋服務事業依本辦法第三條第一項第四款規定媒合承、出租雙方及代為管理者，其入住者因緊急事由，致生活陷於困境無力支付租金者，得由租屋服務事業協助入住者檢具事實證明文件，向直轄市、縣（市）主管機關申請代為墊付租金轉付予出租人。

前項無力支付租金認定，由直轄市、縣（市）主管機關會同社政主管機關評估認定。

經評估認定符合前項申請條件者，入住者應與直轄市、縣（市）主管機關簽訂還款計畫，直轄市、縣（市）主管機關審核通過後，由租屋服務事業於租賃期限內代為申請墊付租金，其額度最多不得超過三個月，並以一次為限。

入住者應依前項還款計畫規定，自代墊租金期滿後次月起，以一次付清或分期償還方式辦理還款，且還款期限最長不得超過一年，另分期償還之代墊租金，不予計算利息；未依前段規定還款者，直轄市、縣（市）主管機關應依相關法令規定程序催收之。

十七、申請代墊租金應備文件

承租人符合前點規定者,得檢具下列文件,由租屋服務事業向直轄市、縣(市)主管機關申請代墊租金:

(一)承租人代墊租金申請書(附件十一之一)。

(二)還款計畫書(附件十一之二)。

(三)承租人國民身分證影本。

(四)租賃契約書影本。

(五)因緊急事由,致生活陷於困境無力支付租金之事實證明文件。

(六)出租人存摺封面影本。出租人遭強制執行或因其他因素致帳戶無法使用者,得由出租人填具切結書,切結同意將代墊租金按月撥入其指定之帳戶。

租屋服務事業應將前項資料函送直轄市、縣(市)主管機關審查。

十八、追繳代墊租金

有下列情形之一者,自事實發生日起停止代墊租金:

(一)停止租賃住宅。

(二)經查申報資料有虛偽情事。

(三)出租人與租賃契約之承租人具有直系親屬關係。

停止代墊租金後,溢領該墊付租金,其為前項第一款情形者,應按該月之日數比率返還其溢領金額;其為前項第二款、第三款情形之一者,應追繳其已撥付之代墊租金金額。

十九、簽訂出租人租屋代租代管委託書

經租屋服務事業媒合之租屋案件,出租人應與租屋服務事業簽訂出租人租屋代租代管委託書(附件十二)。

註:附件略

高普考不動產租賃題目

一、律師高考

一、甲委託乙管理甲所有而坐落於墾丁青蛙石附近之 A 屋，乙因此
將 A 屋以自己之名義出租予丙，並以經營民宿為其約定之使用
方法。乙與丙同時約定，租金每月新臺幣 100 萬元，租期 10
年。此一租約並已經法院公證。

丙在徵得乙之同意下，於 A 屋頂樓架設一座望遠鏡，以供房客
夜晚觀星之用。此一極具浪漫情調之觀星處所，乃成為丙吸引房
客前來入住之重要亮點。然而，卻因 A 屋至頂樓陽臺樓梯設計
上之缺陷，以致造成房客丁自頂樓陽臺不慎墜落而致重傷，完全
喪失工作能力。乙於事後商請專業之建築師對該有缺陷之樓梯進
行改善，使丙民宿之經營未因丁之受傷而遭受重大影響。

A 屋至頂樓陽臺樓梯之缺陷雖已改善，不料，幾年之後，鄰地所
有人卻在 A 屋前方興建一座十五層樓的大廈，完全遮蔽 A 屋觀
星之視野，A 屋之住房率因此一落千丈，最終只得以歇業收場。
然而在丙歇業時，乙與丙間之租約尚餘 1 年之租期，丙認為乙已
無法履行提供合於約定使用收益狀態之給付義務，所以丙應得免
除該 1 年租金之支付。

稍後，甲因全家移民國外，所以急欲將 A 屋脫手，最後由戊自
甲處取得 A 屋之所有權。戊於取得所有權後，乃即刻向丙請求
返還 A 屋，丙則以其與乙間之租約尚有半年始行屆滿為抗辯。

試問：

（一）甲是否得向乙請求交付丙給付之租金？（10分）

（二）甲、乙、丙三人，何人應對丁之重傷負損害賠償責任？（25分）

（三）丙是否應續為給付所餘1年之租金？（20分）

（四）戊向丙請求返還A屋，是否有理由？（20分）（106律師高考）

二、甲有一棟違章建築房屋，出租給乙，約定作為營業店面之用，租期五年。甲將房屋交付予乙之後，乙請求甲配合提供房屋相關文件資料，以便向主管機關申請營利事業登記，卻遭甲以各種理由推辭，以致乙遲遲未能辦妥營利事業登記手續，店面無法開張。乙乃就其無法如期營業所生損失，起訴請求甲賠償損害。

針對乙之請求，甲提出如下抗辯：第一，違章建築依法不得交易，雙方租賃契約自始標的不能，並且違反法律禁止規定，應屬無效；第二，甲已交付房屋予乙，房屋本身並無任何不能使用之瑕疵，雙方亦未約定甲有配合辦理營利事業登記之義務，乙應自行設法解決，與甲無關；第三，退一步言，房屋既能使用，乙即便未能辦妥營利事業登記手續，依然可以如期開張營業，毫無損失可言。

另，甲、乙損害賠償訴訟進行中，乙一直任令該房屋處於棄置狀態，沒有任何利用規劃。乙之友人丙於是趁機占用該房屋，出資裝潢後，經營餐飲業務，惟生意慘澹，顧客稀少。乙明知丙占用房屋之事，一開始仍不聞不問，執意靜待其與甲間損害賠償訴訟結果。二年後，乙才決定以丙為被告，起訴請求丙返還一筆相當於房屋租金之不當得利。

針對乙之請求，丙提出如下抗辯：第一，其占用房屋，營業業績不佳，虧損連連，又為房屋支出裝潢費用，不但未受有利益，反

而尚有損失；第二，乙任意棄置房屋，全無利用規劃，並未因其占用行為受有損害；第三，乙明知其占用房屋之事，二年期間內均不聞不問，不得再行使權利；第四，退一步言，房屋屬甲所有，丙縱有不當得利，亦應由甲出面請求返還利益，與房屋承租人乙無關。（106 律師高考）

（一）請就上開事實所涉及之法律爭點，說明乙對甲之損害賠償請求有無理由？（30 分）

（二）請就上開事實所涉及之法律爭點，說明乙對丙之不當得利請求有無理由？（30 分）

（三）乙、丙二人不當得利訴訟中，何人應就丙是否無權占用房屋之事實，負舉證責任？（30 分）

（B）1. 甲向乙承租 A 屋之後，甲未經乙之同意，將 A 屋轉租給丙。依民法之規定，下列敘述，何者正確？（108律師高考）

(A)甲將 A 屋全部轉租給丙，轉租契約無效

(B)甲將 A 屋全部轉租給丙，轉租契約有效

(C)甲將 A 屋一部轉租給丙，轉租契約無效

(D)甲將 A 屋一部轉租給丙，乙得請求甲返還 A 屋

（C）2. 乙受甲之概括委任，除部分行為須得甲之特別授權外，其餘乙皆得為甲為之。下列何項行為，無須另得甲之特別授權？（108 律師高考）

(A)和解

(B)將甲之房屋出租 3 年

(C)不動產之買入

(D)提付仲裁

（C）3. 甲男向丙承租套房一間，與女友乙同居，下列何種情形，甲得對丙主張租賃契約為不定期限繼續租賃？（108 律師考試）

(A)甲與丙以書面訂立 2 年期租約，租約期滿丙即表示要收回自

住

(B)甲與丙以書面訂立 1 年期租約，租約期滿甲、乙搬離

(C)甲與丙以口頭訂立 1 年期租約，租約期滿甲因工作派駐國
外，乙仍繼續住在套房內，丙繼續向甲收取租金

(D)甲與丙以書面訂立 2 年期租約，訂約之際丙並表示期滿後須
另訂契約，租約期滿甲繼續居住

（C）4. 甲向乙承租 A 地，租期二年，甲、乙雙方因此訂立一書面契約。
乙立即將 A 地交付予甲占有使用，惟一年後，乙竟將 A 地設定
普通地上權予丙，並至地政機關辦妥登記手續。下列有關本案之
法律效果之敘述，何者正確？（106 律師高考）

(A)丙得向甲請求返還 A 地，因甲構成無權占有

(B)丙不得向甲請求返還 A 地，因甲非占有人

(C)丙得向甲請求給付租金，因甲、丙間有租賃關係

(D)丙不得向甲請求給付租金，因甲、丙間無租賃關係

（B）5. 大學生甲，在學校附近向房屋所有人乙租屋。關於雙方契約約款
之效力，下列敘述，何者正確？（103 律師高考）

(A)雖甲乙約定此租賃契約應經公證，但租賃契約為一不要式契
約，故在未經公證前若就租賃物、價金、期間等已達成協
議，契約仍有效成立

(B)甲乙約定，租金應於每月初支付，若甲遲付兩個月租金則乙
可以終止契約。若甲至 2 月 5 日，仍未支付 1 月及 2 月之租
金，乙縱使定相當期限催告後，於 2 月 15 日仍不得終止契約

(C)若甲乙約定，該屋有熱水器壞掉、漏水等情形需由甲自行修
繕，則此一約定違反出租人之修繕義務應為無效

(D)甲交了女友丙以後，未經過乙之同意即將房屋之一部分轉租
於丙一同居住。對此，不論雙方有無特別約定禁止轉租的情
況下，乙均得終止契約

（D）6. 甲向乙承租房屋，嗣甲離去承租居住之房屋後，行蹤不明，乙非

因自己之過失而不知甲之新住居所。乙以書面通知甲終止房屋租賃契約，此項終止房屋租賃契約之書面通知，下列敘述，何者正確？（102 律師高考）

(A)送達於甲原承租居住之房屋（處所）時生效

(B)送達於甲先前曾居住過之房屋（處所）時生效

(C)須依民事訴訟法寄存送達之規定，以寄存送達方式為通知

(D)須依民事訴訟法公示送達之規定，以公示送達方式為通知

（C）7. 甲有 1 筆土地，乙擅自在該土地上種植果樹，並澆水施肥。不久，甲先將該土地出租並交付於丙，租期 3 年，且辦理公證，然後又將該土地出賣並移轉所有權登記於丁。問：何人對果樹上之果實，有收取權？（102 律師高考）

(A) 甲

(B) 乙

(C) 丙

(D) 丁

（C）8. 甲將其所有 A 屋出賣於乙並辦妥移轉登記，隨後，乙即將 A 屋出租於丙並將 A 屋交付給丙占有。一個月後，甲因乙未在約定日期給付尾款，經甲定期催告後依法解除契約並請求返還 A 屋，乙亦隨即將 A 屋移轉登記予甲。下列敘述，何者正確？（102 律師高考）

(A)甲得向丙主張民法第 767 條請求返還 A 屋之占有

(B)甲解除與乙之買賣契約後，乙、丙間租賃契約隨之無效

(C)乙、丙間租賃契約，對甲仍繼續存在

(D)甲解除契約後，縱乙尚未將 A 屋所有權移轉登記於甲，甲已回復 A 屋所有人之地位

（D）9. 甲與乙成立房屋租賃契約，約定「租期至民國 100 年 12 月 31 日」。下列敘述，何者正確？（101 律師高考）

(A)本例為租賃契約附停止條件

(B)本例為租賃契約附解除條件

(C)本例為租賃契約附始期

(D)本例為租賃契約附終期

（D）10. 甲出租 A 屋予乙，約定甲在每個月初至租屋處收取租金。其後，乙積欠租金 3 個月，甲乃去函催告，請乙於 5 日內繳付租金。乙置之不，未於 5 日內交付遲延的租金。試問：下列敘述，何者正確？（101 律師高考）

(A)本件為赴償債務，甲得直接去函終止契約

(B)本件為赴償債務，甲須再行到租屋處收租而未獲清償時，始得終止契約

(C)本件為往取債務，甲得直接去函終止契約

(D)本件為往取債務，甲應再行到租屋處收租而未獲清償時，始得終止契約

（D）11. 甲向乙承租房屋，惟甲未能依約支付租金，計積欠租金新臺幣 10 萬元，關於乙對甲之租金給付請求權，以及因租金給付遲延而生之遲延利息請求權，依實務見解，其消滅時效期間為何？（100 律師高考）

(A)租金給付請求權及遲延利息請求權，均為 15 年

(B)租金給付請求權為 5 年，遲延利息請求權為 15 年

(C)租金給付請求權為 15 年，遲延利息請求權為 5 年

(D)租金給付請求權及遲延利息請求權，均為 5 年

（B）12. 在租賃契約中雙方約定：「出租人如繼續出租時，承租人有優先承租權。」請問在本約定中：（100 律師高考）

(A)不含條件

(B)只有一個條件

(C)有兩個條件

(D)有三個條件

二、地政公務人員普通考試

一、甲有建地 80 坪，甲乙於 18 年前訂立買賣契約，乙出價新臺幣 800 萬元購買。然甲僅將該地交付予乙使用，且藉故遲未辦理移轉登記。乙於該土地上建有房屋一棟。乙死後，其子丙將該建地與房屋出租予丁作為經營民宿之用。今甲主張該地仍為其所有，向丁請求返還該筆土地。問：甲之主張有無理由？（25 分）（102 地政科普通考試）

二、甲、乙、丙、丁等四人各出資新台幣（下同）五百萬元，買下總價二千萬元之四樓洋房，每人之應有部分各四分之一。甲、乙、丙、丁並約定：「甲使用一樓，乙使用二樓，丙使用三樓，丁使用四樓，各自管理。」請附理由回答下列問題。

（一）何謂「分別共有」？何謂「區分所有」？於本例題中應適用何者？（10 分）

（二）甲未與乙、丙、丁商量，逕自將一樓出租給戊當店面，其效力如何？（15 分）

（三）乙將自己之應有部分，轉讓給己。該分管約定，對己是否有效？（15 分）

三、不動產經紀人

一、甲、乙、丙三人共有房屋一棟，應有部分各三分之一，甲將該房屋出租於丁，又甲看見房屋門窗不 ，僱工修復後交付丁使用。試問：甲將房屋出租於丁之契約效力為何？乙、丙對丁可否主張所有物返還請求權？甲僱工修復房屋門窗是否需事先徵得乙、丙之同意，方得為之？請說明之。（25 分）（102 不動產經紀人考試）

（B）1. 下列有關租賃契約之敘述，何者錯誤？（106 不動產經紀人考試）
    (A)租賃關係存續中，出租人未使租賃物合於約定使用收益狀態，致承租人未達租賃目的者，承租人得拒絕給付租金
    (B)出租人將已交付承租人之租賃物的所有權讓與他人，承租人與受讓人間仍須另立租賃契約始發生租賃關係
    (C)定有期限之租賃契約，當事人約定得提前終止者，於終止契約前應先期通知
    (D)租賃契約經公證並附有逕受強制執行條款者，當承租人有不付租金、租期屆滿拒不搬遷，或房東不返還押租金時，當事人可直接申請強制執行

（A）2. 甲欲向乙租屋 3 年，雙方僅用通訊軟體 Line 互相協商，乙已於對話中允諾，但後來丙出更高租金，於是乙改將該屋出租給丙並交付之，後來丙得乙之同意將該屋再出租給丁，某日丁因大意未關爐火將該屋燒毀，下列敘述何者正確？（105 不動產經紀人考試）
    (A)乙可以向丁主張侵權行為責任
    (B)甲可主張乙丙之租賃契約未以書面簽訂，因此無效
    (C)丙可以向丁主張侵權行為責任
    (D)甲可以向丙主張有優先締約權，因此乙丙之租賃契約對甲係屬無效

（C）3. 下列關於租賃之敘述，何者錯誤？（104 不動產經紀人考試）
    (A)租金，得以金錢或租賃物之孳息充之
    (B)不動產之租賃契約，其期限逾一年者，應以字據訂立之
    (C)未以字據訂立之不動產之租賃契約，無效
    (D)租用基地建築房屋者，承租人於契約成立後，得請求出租人為地上權之登記

（C）4. 甲出租 A 屋給乙。下列敘述，何者正確？（104 不動產經紀人考

試）

(A)租賃期間內，甲不願修繕 A 屋漏水之水管，乙得不經催告，逕行終止契約

(B)A 屋因乙未盡善良管理人之注意致失火燒毀，乙應負損害賠償責任

(C)若 A 屋是輻射屋，乙雖明知仍承租之，其後乙仍得以其危及健康而終止契約

(D)依民法第 347 條，租賃契約準用買賣契約「物之瑕疵擔保」規定，故甲依法僅擔保 A 屋於交付時無瑕疵即可

（C）5. 甲與乙訂立租賃契約，向乙承租房屋，雙方約定租賃期限為二年，未以書面為之，且甲亦未交付押金。下列敘述何者正確？（102 不動產經紀人考試）

(A)租賃契約於甲交付押金後始成立

(B)租賃契約於甲交付押金後始生效

(C)租賃契約未以書面為之，視為不定期限之租賃

(D)租賃契約未以書面為之，出租人得撤銷租賃契約

（B）6. 甲房東將其所有 A 屋出租給乙房客，嗣後甲因財務問題將 A 屋出售與丙。下列敘述何者正確？（102 不動產經紀人考試）

(A)丙擁有 A 屋的所有權，所以丙可以要求乙房客搬遷

(B)若甲、乙之間的房屋租賃契約未經公證且超過 5 年者，丙可以要求乙房客搬遷

(C)若甲、乙之間的房屋租賃契約未定期限者，丙可主張隨時終止租賃契約，要求乙房客搬遷

(D)租期屆滿後，乙得向丙主張返還二個月的押租金

（B）7. 甲向乙承租 A 地種植柚子樹，後來政府公告將徵收 A 地。下列敘述何者錯誤？（102 不動產經紀人考試）

(A)柚子樹為不動產之出產物，屬於乙所有

(B)柚子為天然孳息，天然孳息的收取權為土地所有權人乙

(C)政府徵收乙所有的 A 地，範圍包括甲在 A 地上種植的柚子樹

(D)政府徵收 A 地之補償金歸屬於乙

（C）8. 甲向乙承租房屋居住，因火災致房屋毀損滅失，乙請求甲損害賠償。下列敘述何者正確？（102 不動產經紀人考試）

　　(A)甲因火災致乙之房屋毀損滅失，構成侵權行為，應負抽象輕過失責任

　　(B)甲因火災致乙之房屋毀損滅失，構成侵權行為，應負具體輕過失責任

　　(C)甲因火災致乙之房屋毀損滅失，承租人甲僅負重大過失責任

　　(D)甲因火災致乙之房屋毀損滅失，承租人甲僅負故意責任

（C）9. 甲將其所有土地出租予乙建築房屋。下列敘述何者錯誤？（101 不動產經紀人考試）

　　(A)契約成立後，乙得請求甲為地上權之登記

　　(B)乙將房屋所有權移轉予丙時，原基地租賃契約對於丙仍繼續存在

　　(C)乙出賣房屋時，甲無依同樣條件優先承買之權利

　　(D)甲、乙得約定由乙負擔就土地應納之一切稅捐

（C）10. 甲出租房屋給乙，三天後乙搬入居住，並依約繳交房租，下列敘述何者最正確？（101 不動產經紀人考試）

　　(A)關於房屋租金之請求權，其消滅時效期間為兩年

　　(B)租賃期間若甲將房屋出賣給丙，甲與乙之租賃關係即消滅

　　(C)甲若將房屋贈與丁，並移轉房屋所有權給丁，則乙之租賃契約對丁繼續存在

　　(D)甲若先後將房屋出賣給戊與辛，則基於優先性之考量，僅甲與戊之買賣契約生效

（D）11. 甲將位於忠孝路的一間公寓出租給乙，租期三年，下列敘述何者最正確？（101 不動產經紀人考試）

　　(A)乙若遲繳租金，甲應在兩年內請求乙繳納，否則租金請求權

將罹於消滅時效

(B)甲與乙之租賃契約若未經公證，在乙搬入租賃房屋後，縱使甲將租賃物所有權讓與第三人，甲與乙之租賃契約對於第三人不生效

(C)乙搬入租賃房屋居住後，縱使甲將租賃物所有權基於贈與之原因讓與第三人丙，租賃契約對於丙不生效力，丙得請求乙搬離租屋處並返還房屋

(D)租賃物之修繕，得因雙方當事人之約定，由承租人負責

（B）12. 關於租賃契約，下列何者錯誤？（100 不動產經紀人考試）

(A)出租人不以所有權人為限

(B)未立字據之租約無效

(C)租賃契約之承租人為租賃物之直接占有人，出租人為間接占有人

(D)租賃契約為有償契約

（C）13. 下列何者，非民法所規定關於出租人之義務？（100 不動產經紀人考試）

(A)租賃物之交付義務

(B)對租賃物之修繕義務

(C)租賃物為動物時，其飼料費之支出

(D)租賃物為房屋時，該房屋所應繳納之稅金

（D）14. 乙承租甲所有之土地種植果樹，約定租期二年，未訂立字據。關於此案例，下列敘述何者正確？（100 不動產經紀人考試）

(A)此為定期租賃契約

(B)乙於契約成立後，得請求甲為地上權之登記

(C)若甲於土地交給乙占有後，將土地所有權移轉給丙，乙仍可主張租賃契約對丙成立

(D)就租賃物應納之一切稅捐，由出租人甲負擔

（C）15. 以下有關租賃關係之敘述何者正確？（99 不動產經紀人考試）

(A)租賃物如有修繕之必要，基於使用者付費之原則，應由承租人負擔修繕之費用

(B)承租人有使用收益租賃物之權利，所以可以自行將房間分租，當二房東

(C)甲將其房屋出租與乙，言明租期 3 年，有訂立契約書但未公證。至第 2 年時甲將房屋所有權讓與丙，乙得向丙主張該租賃契約仍存在

(D)租賃之房屋因電線走火發生火災，房屋因而受損時，因承租人未盡善良管理人之責，應負損害賠償責任

（A）16. 甲乙訂立一年的有效房屋租賃契約，甲為出租人，乙為承租人，租賃期限屆滿之後，承租人乙未搬出，仍繼續對該房屋使用收益，而出租人甲也未立即表示反對，乙繼續給付租金，而甲收取乙所交付之租金，則甲乙間之法律關係為何？（98 不動產經紀人考試）

(A)使用借貸

(B)不定期租賃

(C)定期租賃

(D)消費借貸

（C）17. 雕刻家甲承租乙的房子為店面，因租賃關係，甲積欠乙五萬元租金，對於甲放置於租賃房屋內之物，乙可以行使何種權利，以擔保其租金債權？（98 不動產經紀人考試）

(A)抵押權

(B)典權

(C)留置權

(D)動產質權

租賃住宅管理人員資格測驗題庫租賃住宅市場發展及管理條例相關法規

資料來源：內政部108.2.1內授中辦字第1080000558號函

一、租賃住宅市場發展及管理條例及其施行細則（含執業資格、業務責任）

（A）1. 依租賃住宅市場發展及管理條例之規定，租賃住宅係指以出租供下列何者使用之建築物？　(A)居住使用　(B)辦公使用　(C)餐廳使用　(D)店鋪使用。

（B）2. 依租賃住宅市場發展及管理條例之規定，下列何者屬租賃住宅服務業？　(A)公寓大廈管理維護公司　(B)租賃住宅代管業　(C)不動產經紀業　(D)不動產代銷業。

（C）3. 依租賃住宅市場發展及管理條例之規定，下列何者屬租賃住宅服務業？　(A) 不動產經紀業　(B)不動產代銷業　(C)租賃住宅包租業　(D)公寓大廈管理維護公司。

（D）4. 依租賃住宅市場發展及管理條例之規定，受出租人之委託，經營租賃住宅管理業務之公司，下列何者正確？　(A)不動產經紀業　(B)不動產代銷業　(C)租賃住宅包租業　(D)租賃住宅代管業。

（A）5. 依租賃住宅市場發展及管理條例之規定，承租租賃住宅並轉租，及經營該租賃住宅管理業務之公司，下列何者正確？　(A)租賃住宅包租業　(B)租賃住宅代管業　(C)不動產經紀業　(D)不動產代銷業。

（C）6. 依租賃住宅市場發展及管理條例之規定，租賃住宅服務業依法設置從事代管業務或包租業務之人員，下列何者正確？　(A)租賃

住宅經紀人員　(B)租賃住宅仲介人員　(C)租賃住宅管理人員　(D)租賃住宅管理公司。

（D）7. 依租賃住宅市場發展及管理條例之規定，承租租賃住宅，以其全部或一部租與他人居住使用，他人支付租金之租賃行為，下列何者正確？　(A)包租　(B)代租　(C)承租　(D)轉租。

（A）8. 依租賃住宅市場發展及管理條例之規定，以其租用之住宅全部或一部租與他人居住者，下列何者正確？　(A)轉租人　(B)包租人　(C)代租人　(D)承租人。

（B）9. 依租賃住宅市場發展及管理條例之規定，支付租金租用他人承租之租賃住宅供居住使用者，下列何者正確？　(A)次代租人　(B)次承租人　(C)次轉租人　(D)次包租人。

（D）10. 依租賃住宅市場發展及管理條例之規定，承租人為擔保租賃住宅之損害賠償行為及處理遺留物責任，預為支付之金錢，其名稱下列何者正確？　(A)保證金　(B)訂金　(C)租金　(D)押金。

（A）11. 不適用租賃住宅市場發展及管理條例規定之租賃住宅，下列何者正確？　(A)供休閒或旅遊為目的之住宅　(B)由出租人自行經營管理之住宅　(C)供居住使用之住宅　(D)租賃期間超過 30 日之住宅。

（B）12. 某甲將其住宅出租予某乙，其租賃期間至少幾日，始適用租賃住宅市場發展及管理條例之規定？　(A) 60 日　(B) 30 日　(C) 20 日　(D) 10 日。

（A）13. 依租賃住宅市場發展及管理條例之規定，某甲將其住宅出租予某乙，該住宅租賃契約條款，違反住宅租賃契約應約定及不得約定事項之法律效果，下列何者正確？　(A)無效　(B)得撤銷　(C)不成立　(D)效力未定。

（B）14. 依租賃住宅市場發展及管理條例之規定，非具消費關係之租賃契約條款，應約定事項而未記載於契約者，下列何者正確？　(A)未構成契約之內容　(B)仍構成契約之內容　(C)不生效力　(D)無

效。

（C）15. 依租賃住宅市場發展及管理條例之規定，某甲將其住宅出租予某乙，其應約定事項僅以口頭約定，未記載於契約，其法律效果，下列何者正確？　(A)不生效力　(B)無效　(C)仍構成契約之內容　(D)未構成契約之內容。

（D）16. 依租賃住宅市場發展及管理條例之規定，租賃契約條款，一部無效或不構成契約內容之一部，除去該部分，契約亦可成立者，該契約其他部分之法律效力，下列何者正確？　(A)部分無效　(B)全部無效　(C)部分有效　(D)仍為有效。

（B）17. 依租賃住宅市場發展及管理條例之規定，某甲將其住宅出租予某乙，每月租金 10,000 元，某甲得向某乙收取之押金總額，下列何者正確？　(A)不得逾 10,000 元　(B)不得逾 20,000 元　(C)不得逾 30,000 元　(D)不得逾 40,000 元。

（D）18. 依租賃住宅市場發展及管理條例之規定，出租人將租賃住宅交付承租人後，於租賃期間對於租賃住宅品質，下列何者正確？　(A)保持室內空氣新鮮　(B)保持室內濕度適宜　(C)保持室內溫度適宜　(D)保持合於居住使用之狀態。

（B）19. 依租賃住宅市場發展及管理條例之規定，租賃住宅應由出租人負責修繕之項目，如出租人未於承租人所定適當期限內修繕，下列何者正確？　(A)承租人僅得自行自費雇工修繕　(B)承租人得自行修繕，並請求出租人償還其費用　(C)承租人應自行修繕　(D)承租人不得自行修繕

（C）20. 依租賃住宅市場發展及管理條例之規定，出租人對於修繕租賃住宅所為之必要行為，下列何者正確？　(A)承租人得有條件拒絕　(B)承租人得有條件接受　(C)承租人不得拒絕　(D)承租人得拒絕。

（A）21. 依租賃住宅市場發展及管理條例之規定，轉租人簽訂轉租契約時，應向次承租人提供之文件，下列何者正確？　(A)同意轉租

書面文件　(B)建物所有權狀影本　(C)使用執照影本　(D)建物測量成果圖影本。

（C）22. 依租賃住宅市場發展及管理條例之規定，轉租人應於簽訂轉租契約後幾日內，以書面通知出租人？　(A)至多 10 日內　(B)至多 20日內　(C)至多 30 日內　(D)至多 60 日內。

（A）23. 依租賃住宅市場發展及管理條例之規定，承租人未經出租人書面同意，將租賃住宅轉租於他人，出租人提前終止租賃契約，應依規定期限，檢附相關事證，以書面通知承租人，下列何者正確？　(A)終止契約前至少 30 日　(B)終止契約前至少 7 日　(C)終止契約前至少半個月　(D)終止契約前至少 2 個月。

（C）24. 依租賃住宅市場發展及管理條例之規定，承租人死亡，繼承人得主張終止租賃契約。繼承人依規定提前終止租賃契約者，且出租人不得要求任何賠償，應依規定期限，檢附相關事證，以書面通知出租人，下列何者正確？　(A)終止契約前至少 7 日　(B)終止契約前至少 20 日　(C)終止契約前至少 30 日　(D)終止契約前至少 2 個月。

（D）25. 依租賃住宅市場發展及管理條例之規定，住宅承租人因病，有長期療養之需要時。欲在出租人不得要求任何賠償條件下，提前終止租賃契約，其診斷證明之療養時程，下列何者正確？　(A)至少 1 個月以上　(B)至少 2 個月以上　(C)至少 3 個月以上　(D)至少 6 個月以上。

（B）26. 依租賃住宅市場發展及管理條例之規定，住宅租賃契約消滅時，租賃住宅之返還點交後尚有遺留物，除租賃當事人另有約定外，經出租人定相當期限催告，承租人仍不取回時，下列何者正確？　(A)仍擁有其所有權　(B)視為拋棄其所有權　(C)其所有權歸屬未定　(D)其所有權視為滅失。

（C）27. 依租賃住宅市場發展及管理條例之規定，住宅租賃契約消滅時，租賃住宅之返還點交後尚有遺留物，除租賃當事人另有約定外，

經出租人定相當期限催告，承租人仍不取回時，遺留物所需處理費用，下列何者正確？ (A)出租人自行負擔 (B)不得由押金扣除 (C)得由押金扣除 (D)不得請求承租人給付。

（D）28. 依租賃住宅市場發展及管理條例之規定，出租人提供之租賃住宅廣告內容，下列何者正確？ (A)正確性由受託刊登媒體經營者負責 (B)正確性由出租人負責，與他人無關 (C)得約定僅供參考 (D)應與事實相符。

（A）29. 依租賃住宅市場發展及管理條例之規定，受託刊登租賃住宅廣告之媒體經營者明知或可得而知廣告之租賃住宅面積、屋齡、樓層別及法定用途與事實不符者，就承租人因信賴該廣告所受之損害，下列何者正確？ (A)與出租人負連帶賠償責任 (B)與出租人各負責一半賠償責任 (C)與出租人均無關 (D)出租人負責全部賠償責任。

（B）30. 依租賃住宅市場發展及管理條例之規定，受託刊登租賃住宅廣告之媒體經營者明知或可得而知廣告之租賃住宅面積、屋齡、樓層別及法定用途與事實不符者，就承租人因信賴該廣告所受之損害與出租人負連帶賠償責任；其損害賠償責任，下列何者正確？ (A)基於契約自由原則，得自行約定 (B)不得預先約定限制或拋棄 (C)得約定限由出租人負擔 (D)得約定限由刊登者負擔。

（B）31. 租賃住宅市場發展及管理條例之規定，承租人向直轄市或縣（市）政府申請住宅租賃爭議調處，其調處費用，下列何者正確？ (A)繳交 3 成調處費用 (B)免繳調處費用 (C) 繳交全額調處費用 (D)繳交一半調處費用。

（C）32. 租賃住宅市場發展及管理條例之規定，個人住宅所有權人將住宅出租予包租業轉租，契約約定供居住使用多少期間，始得減徵租金所得稅，下列何者正確？ (A)至少 3 年以上 (B)至少 2 年以上 (C)至少 1 年以上 (D)至少半年以上。

（D）33. 租賃住宅市場發展及管理條例之規定，住宅出租期間，每屋每月
租金收入得免納綜合所得稅之金額，下列何者正確？　(A)不超
過新臺幣 2,000 元　(B)不超過新臺幣 3,000 元　(C)不超過新臺
幣 5,000 元　(D)不超過新臺幣 6,000 元。

（A）34. 租賃住宅市場發展及管理條例之規定，租賃住宅每屋每月租金收
入超過新臺幣 6,000 元至 20,000 元之部分，其租金所得必要損耗
及費用之減除標準，下列何者正確？　(A) 53%　(B) 47%　(C)
43%　(D) 57%。

（B）35. 依租賃住宅市場發展及管理條例之規定，某人有一住宅出租 3
年，其每月租金收入新臺幣 10,000 元整，期間委託租代管業管
理，某人 1 年應列認租金申報綜合所得稅金額，下列何者正
確？　(A)（10,000-6,000）* 53% * 12 ＝ 25,440 元　(B)（10,000-
6,000）* 47% * 12 ＝ 22,560 元　(C)10,000 * 47% * 12 ＝ 56,400
元　(D) 10,000 * 53% * 12 ＝ 63,600 元。

（C）36. 依租賃住宅市場發展及管理條例之規定，租賃住宅每屋每月租金
收入超過新臺幣 20,000 元部分，其應列認租金申報綜合所得稅
金額，下列何者正確？　(A)免納綜合所得稅　(B)依該部分租金
收入 53% 計算　(C)按所得稅法相關法令規定　(D)依該部分租金
收入 47% 計算。

（D）37. 依租賃住宅市場發展及管理條例之規定，某人有一住宅出租 3
年，每月租金收入新臺幣 20,000 元整，期間委託租代管業管
理，某人 1 年應申報綜合所得稅金額，下列何者正確？
(A) 20,000 * 53% * 12 ＝ 127,200 元　(B) 20,000 * 47% * 12 ＝
112,800 元　(C)（20,000-6,000）*53% * 12 ＝ 89,040 元　(D)
（20,000-6,000）* 47% * 12 ＝ 78,960 元。

（A）38. 依租賃住宅市場發展及管理條例施行細則之規定，個人住宅所有
權人將住宅出租予包租業轉租，得減徵租金所得稅，其租賃契約
書約定之租賃期間，下列何者正確？　(A)應達 1 年以上　(B)應

達 9 個月以上 (C)應達 6 個月以上 (D)應達 3 個月以上。

（C）39. 依租賃住宅市場發展及管理條例之規定，租賃住宅服務業者向直轄市、縣（市）主管機關申請許可後，多久期間內應辦妥公司登記；屆期未辦妥公司登記者，由直轄市、縣（市）主管機關廢止其許可，下列何者正確？ (A)至多 9 個月內 (B)至多 6 個月內 (C)至多 3 個月內 (D)至多 1 個月內。

（D）40. 依租賃住宅市場發展及管理條例之規定，租賃住宅服務業應於完成公司登記後，多久期間內繳存營業保證金、置租賃住宅管理人員及加入登記所在地之同業公會，檢附有關證明文件向直轄市、縣（市）主管機關申請租賃住宅服務業登記並領得登記證後，始得營業，下列何者正確？ (A)至多 1 個月內 (B)至多 2 個月內 (C)至多 3 個月內 (D)至多 6 個月內。

（C）41. 依租賃住宅市場發展及管理條例之規定，租賃住宅服務業領得登記證後多久期間未開始營業，直轄市、縣（市）主管機關得註銷其登記證，下列何者正確？ (A)逾 1 個月 (B)逾 3 個月 (C)逾 6 個月 (D)逾 9 個月。

（D）42. 依租賃住宅市場發展及管理條例之規定，代管業及包租業組織商業團體之業別，下列何者正確？ (A) 以租賃住宅代管商業為之 (B) 以租賃住宅包租商業為之 (C) 以租賃房屋服務商業為之 (D) 以租賃住宅服務商業為之。

（B）43. 依租賃住宅市場發展及管理條例之規定，租賃住宅服務業營業後，所置租賃住宅管理人員異動時，應於異動之日起多少期間內，造具名冊報請直轄市、縣（市）主管機關備查，下列何者正確？ (A)不得逾 60 日 (B)不得逾 30 日 (C)不得逾 20 日 (D)不得逾 10 日。

（D）44. 依租賃住宅市場發展及管理條例施行細則之規定，租賃住宅服務業或其分設營業處所經直轄市、縣（市）主管機關准予停業登記者，於登記停業期間內，下列何者正確？ (A)非重新辦理商業

登記，不得有營業行為　(B)非經註銷停業登記，不得有營業行為　(C)辦理復業登記與營業行為，可同時進行　(D)非經辦妥復業登記，不得有營業行為。

（A）45. 依租賃住宅市場發展及管理條例之規定，租賃住宅服務業擔任營業保證基金管理委員會委員之人數比例上限，下列何者正確？　(A) 2/5　(B) 1/5　(C) 1/4　(D) 1/3。

（B）46. 依租賃住宅市場發展及管理條例之規定，租賃住宅服務業繳存之營業保證金不足時，全國聯合會應通知租賃住宅服務業者應於幾月內補足，下列何者正確？　(A) 半個月　(B) 1 個月　(C) 2 個月　(D) 3 個月。

（C）47. 依租賃住宅市場發展及管理條例之規定，租賃住宅服務業因合併或變更組織型態時，其所繳存之營業保證金，下列何者正確？　(A) 應重新申請　(B) 應辦理退回　(C) 應隨之移轉　(D) 應請取取回。

（A）48. 依租賃住宅市場發展及管理條例之規定，租賃住宅服務業僱用從事代管業務及包租業務之人員，應具備何種資格？　(A)租賃住宅管理人員　(B)租賃住宅仲介人員　(C)租賃住宅代銷人員　(D)租賃住宅經紀人。

（B）49. 依租賃住宅市場發展及管理條例之規定，租賃住宅服務業應設置幾位專任租賃住宅管理人員？　(A)至少 4 人　(B)至少 1 人　(C)至少 2 人　(D)至少 3 人。

（C）50. 依租賃住宅市場發展及管理條例之規定，租賃住宅服務業每一營業處所，應置幾位專任租賃住宅管理人員？　(A)至少 3 人　(B)至少 2 人　(C)至少 1 人　(D)至少 4 人。

（D）51. 依租賃住宅市場發展及管理條例之規定，專任租賃住宅管理人員受僱租賃住宅服務業之家數，下列何者正確？　(A)得同時受僱於 4 家　(B)得同時受僱於 3 家　(C)得同時受僱於 2 家　(D)至多受僱於 1 家。

（B）52. 依租賃住宅市場發展及管理條例之規定，租賃住宅管理人員證書有效期限，下列何者正確？ (A) 5 年 (B) 4 年 (C) 3 年 (D) 2 年。

（C）53. 依租賃住宅市場發展及管理條例之規定，租賃住宅管理人員證書有效期限期滿前幾個月內，應重新辦理登錄及換證，下列何者正確？ (A)至多 2 個月 (B)至多 3 個月 (C)至多 6 個月 (D)至多 9 個月。

（B）54. 依租賃住宅市場發展及管理條例之規定，包租業與次承租人簽訂租賃契約書後幾日內，將該契約轉租標的範圍、租賃期間及次承租人資訊以書面通知出租人，下列何者正確？ (A) 至多 21 日內 (B) 至多 30 日內 (C) 至多 14 日內 (D) 至多 7 日內。

（C）55. 依租賃住宅市場發展及管理條例之規定，包租業轉租租賃住宅後，出租人提前終止租賃契約者，包租業除應於知悉終止租賃契約之次日起幾日內通知次承租人終止轉租契約，下列何者正確？ (A)至多 10 日內 (B)至多 7 日內 (C)至多 5 日內 (D)至多 3 日內。

（B）56. 依租賃住宅市場發展及管理條例之規定，租賃住宅服務業因其受僱人執行業務之故意或過失致租賃住宅服務當事人受損害者，該租賃住宅服務業應負之責任，下列何者正確？ (A)負賠償責任 (B)與受僱人負連帶賠償責任 (C)免負連償責任 (D)負道義賠償責任。

（C）57. 依租賃住宅市場發展及管理條例之規定，被害人對於租賃住宅服務業之爭議，經基金管理委員會調處決議支付時，應向哪一單位請求代為賠償？ (A) 當地主管機關 (B)中央主管機關 (C)中華民國租賃住宅服務商業同業公會全國聯合會 (D)當地同業公會。

（C）58. 依租賃住宅市場發展及管理條例施行細則之規定，租賃住宅服務業收受租賃住宅服務當事人之有關費用或文件者，下列何者正

確？　(A)通知主管機關　(B)書面登記　(C)掣給收據　(D)上網登錄。

（D）59. 依租賃住宅市場發展及管理條例之規定，租賃住宅服務業應於每季結束後幾日內，將其受託管理、承租或轉租租賃住宅之相關資訊，提供直轄市、縣（市）主管機關，下列何者正確？　(A)至多 3 日內　(B)至多 7 日內　(C)至多 10 日內　(D)至多 15 日內。

（A）60. 依租賃住宅市場發展及管理條例之規定，主管機關檢查租賃住宅服務業之業務，租賃住宅服務業之行為，下列何者正確？　(A)同意　(B)規避　(C)妨礙　(D)拒絕。

（B）61. 依租賃住宅市場發展及管理條例之規定，主管機關檢查租賃住宅服務業之業務時，得查詢或取閱其執行業務有關之紀錄及文件，應保存之年限，下列何者正確？　(A)至少 7 年　(B)至少 5 年　(C)至少 3 年　(D)至少 1 年。

（C）62. 依租賃住宅市場發展及管理條例之規定，非租賃住宅服務業而經營代管業務者，直轄市、縣（市）主管機關得處公司負責人、行為人罰鍰新台幣金額，下列何者正確？　(A) 10,000 元以上 30,000 元以下　(B) 30,000 元以上 100,000 元以下　(C) 40,000 元以上 200,000 元以下　(D) 60,000 元以上 200,000 元以下。

（D）63. 依租賃住宅市場發展及管理條例之規定，租賃住宅服務業廣告內容與事實不符，直轄市、縣（市）主管機關得處罰鍰新臺幣金額，下列何者正確？　(A) 3,000 元以上 10,000 元以下　(B) 6,000 元以上 60,000 元以下　(C) 10,000 元以上 30,000 元以下　(D) 10,000 元以上 50,000 元以下。

（A）64. 依租賃住宅市場發展及管理條例之規定，租賃住宅服務業廣告未註明租賃住宅服務業名稱，直轄市、縣（市）主管機關得處罰鍰新臺幣金額，下列何者正確？　(A) 10,000 元以上 50,000 元以下　(B) 10,000 元以上 30,000 元以下　(C) 3,000 元以上 10,000 元以下　(D) 6,000 元以上 60,000 元以下。

（B）65. 依租賃住宅市場發展及管理條例之規定，租賃住宅服務業分設營業處所未申領登記證即開始營業，直轄市、縣（市）主管機關得處罰鍰新臺幣金額，下列何者正確？ (A) 6,000 元以上 60,000 元以下 (B) 10,000 元以上 50,000 元以下 (C) 30,000 元以上 60,000 元以下 (D) 60,000 元以上 200,000 元以下。

（C）66. 依租賃住宅市場發展及管理條例之規定，租賃住宅服務業未於期限內補足營業保證金，直轄市、縣（市）主管機關得處罰鍰新臺幣金額，下列何者正確？ (A) 3,000 元以上 10,000 元以下 (B) 6,000 元以上 60,000 元以下 (C) 10,000 元以上 50,000 元以下 (D) 30,000 元以上 60,000 元以下。

（D）67. 依租賃住宅市場發展及管理條例之規定，租賃住宅服務業僱用未具備租賃住宅管理人員資格者從事業務，直轄市、縣（市）主管機關得處罰鍰新臺幣金額，下列何者正確？ (A) 60,000 元以上 200,000 元以下 (B) 50,000 元以上 200,000 元以下 (C) 30,000 元以上 100,000 元以下 (D) 10,000 元以上 50,000 元以下。

（A）68. 依租賃住宅市場發展及管理條例之規定，代管業未簽訂委託管理租賃住宅契約書即執行業務，直轄市、縣（市）主管機關得處罰鍰新臺幣金額，下列何者正確？ (A) 10,000 元以上 50,000 元以下 (B) 10,000 元以上 30,000 元以下 (C) 3,000 元以上 10,000 元以下 (D) 6,000 元以上 60,000 元以下。

（B）69. 依租賃住宅市場發展及管理條例之規定，包租業未經出租人同意轉租並簽訂租賃契約書即刊登廣告或執行業務，直轄市、縣（市）主管機關得處罰鍰新臺幣金額，下列何者正確？ (A)6,000 元以上 60,000 元以下 (B) 10,000 元以上 50,000 元以下 (C) 30,000 元以上 60,000 元以下 (D) 60,000 元以上 200,000 萬元以下。

（C）70. 依租賃住宅市場發展及管理條例之規定，租賃住宅服務業規避、妨礙或拒絕主管機關檢查業務，直轄市、縣（市）主管機關得處

罰鍰新臺幣金額，下列何者正確？　(A) 3,000 元以上 10,000 元以下　(B) 6,000 元以上 60,000 元以下　(C) 10,000 元以上 50,000 元以下　(D) 30,000 元以上 60,000 元以下。

（D）71. 依租賃住宅市場發展及管理條例之規定，代管業委託他代管業執行租賃住宅管理服務業務，直轄市、縣（市）主管機關得處罰鍰新臺幣金額，下列何者正確？　(A) 60,000 元以上 100,000 元以下　(B) 30,000 元以上 60,000 元以下　(C) 10,000 元以上 30,000 元以下　(D) 6,000 元以上 30,000 元以下。

（A）72. 依租賃住宅市場發展及管理條例之規定，包租業與承租人簽訂租賃契約書時未提供住宅租賃標的現況確認書，直轄市、縣（市）主管機關得處罰鍰新臺幣金額，下列何者正確？　(A) 6,000 元以上 30,000 元以下　(B) 10,000 元以上 30,000 元以下　(C) 30,000 元以上 60,000 元以下　(D) 60,000 元以上 100,000 元以下。

（B）73. 依租賃住宅市場發展及管理條例之規定，包租業與承租人簽訂租賃契約書時未提供出租人同意轉租之文件，直轄市、縣（市）主管機關得處罰鍰新臺幣金額，下列何者正確？　(A) 3,000 元以上 10,000 元以下　(B) 6,000 元以上 30,000 元以下　(C) 10,000 元以上 30,000 元以下　(D) 30,000 元以上 60,000 元以下。

（C）74. 依租賃住宅市場發展及管理條例之規定，包租業與承租人簽訂租賃契約書時未於租賃契約書載明其與出租人之住宅租賃標的範圍、租賃期間及得提前終止租賃契約之事由，直轄市、縣（市）主管機關得處罰鍰新臺幣金額，下列何者正確？　(A) 30,000 元以上 60,000 元以下　(B) 10,000 元以上 40,000 元以下　(C) 6,000 元以上 30,000 元以下　(D) 3,000 元以上 10,000 元以下。

（D）75. 依租賃住宅市場發展及管理條例之規定，包租業轉租租賃住宅後，出租人提前終止租賃契約，而未於期限內通知次承租人終止轉租契約者，直轄市、縣（市）主管機關得處罰鍰新臺幣金額，下列何者

正確？ (A) 60,000 元以上 200,000 元以下 (B) 30,000 元以上 60,000 元以下 (C) 10,000 元以上 40,000 元以下 (D) 6,000 元以上 30,000 元以下。

（A）76. 依租賃住宅市場發展及管理條例之規定，包租業轉租租賃住宅後，出租人提前終止租賃契約，無正當理由未協調返還租賃住宅者，直轄市、縣（市）主管機關得處罰鍰新臺幣金額，下列何者正確？ (A) 6,000 元以上 30,000 元以下 (B) 10,000 元以上 30,000 元以下 (C) 30,000 元以上 60,000 元以下 (D) 60,000 元以上 100,000 元以下。

（B）77. 依租賃住宅市場發展及管理條例之規定，包租業轉租租賃住宅後，出租人提前終止租賃契約，無正當理由未執行屋況或附屬設備點交事務者，直轄市、縣（市）主管機關得處罰鍰新臺幣金額，下列何者正確？ (A) 3,000 元以上 10,000 元以下 (B) 6,000 元以上 30,000 元以下 (C) 10,000 元以上 30,000 元以下 (D) 30,000 元以上 60,000 元以下。

（C）78. 依租賃住宅市場發展及管理條例之規定，包租業轉租租賃住宅後，出租人提前終止租賃契約，無正當理由未退還預收租金或押金，直轄市、縣（市）主管機關得處罰鍰新臺幣金額，下列何者正確？ (A) 30,000 元以上 60,000 元以下 (B) 10,000 元以上 40,000 元以下 (C) 6,000 元以上 30,000 元以下 (D) 3,000 元以上 10,000 元以下。

（D）79. 依租賃住宅市場發展及管理條例之規定，租賃住宅服務業之租賃契約書，未指派專任租賃住宅管理人員簽章者，直轄市、縣（市）主管機關得處罰鍰新臺幣金額，下列何者正確？ (A) 60,000 元以上 200,000 元以下 (B) 30,000 元以上 60,000 元以下 (C) 10,000 元以上 40,000 元以下 (D) 6,000 元以上 30,000 元以下。

（A）80. 依租賃住宅市場發展及管理條例之規定，租賃住宅服務業未於期

限內提供相關資訊予直轄市、縣（市）主管機關者，直轄市、縣（市）主管機關得處罰鍰新臺幣金額，下列何者正確？ (A) 6,000 元以上 30,000 元以下 B) 10,000 元以上 30,000 元以下 (C) 30,000 元以上 60,000 元以下 (D) 60,000 元以上 100,000 元以下。

（B）81. 依租賃住宅市場發展及管理條例之規定，租賃住宅服務業提供不實資訊予直轄市、縣（市）主管機關者，直轄市、縣（市）主管機關得處罰鍰新臺幣金額，下列何者正確？ (A) 3,000 元以上 10,000 元以下 (B) 6,000 元以上 30,000 元以下 (C) 10,000 元以上 30,000 元以下 (D) 30,000 元以上 60,000 元以下。

（C）82. 依租賃住宅市場發展及管理條例之規定，租賃住宅服務業之租賃住宅管理人員異動，未於期限內報請備查者，由直轄市、縣（市）主管機關限期改正；屆期未改正者，得處罰鍰新臺幣金額，下列何者正確？ (A) 30,000 元以上 60,000 元以下 (B) 10,000 元以上 40,000 元以下 (C) 6,000 元以上 30,000 元以下 (D) 3,000 元以上 10,000 元以下。

（D）83. 依租賃住宅市場發展及管理條例之規定，租賃住宅服務業未置專任租賃住宅管理人員者，由直轄市、縣（市）主管機關限期改正；屆期未改正者，得處罰鍰新臺幣金額，下列何者正確？ (A) 60,000 元以上 200,000 元以下 (B) 30,000 元以上 60,000 元以下 (C) 10,000 元以上 40,000 元以下 (D) 6,000 元以上 30,000 元以下。

（A）84. 依租賃住宅市場發展及管理條例之規定，租賃住宅服務業所屬專任租賃住宅管理人員同時受僱於 2 家以上之租賃住宅服務業，由直轄市、縣（市）主管機關限期改正；屆期未改正者，得處罰鍰新臺幣金額，下列何者正確？ (A) 6,000 元以上 30,000 元以下 (B) 10,000 元以上 30,000 元以下 (C) 30,000 元以上 60,000 元以下 (D) 60,000 元以上 100,000 元以下。

（B）85. 依租賃住宅市場發展及管理條例之規定，包租業簽訂租賃契約書後未於期限內將轉租資訊以書面通知出租人，由直轄市、縣（市）主管機關限期改正；屆期未改正者，得處罰鍰新臺幣金額，下列何者正確？ (A) 3,000 元以上 10,000 元以下 (B) 6,000 元以上 30,000 元以下 (C) 10,000 元以上 30,000 元以下 (D) 30,000 元以上 60,000 元以下。

（C）86. 依租賃住宅市場發展及管理條例之規定，租賃住宅服務業未於營業處所明顯之處及其網站揭示相關文件資訊，由直轄市、縣（市）主管機關限期改正；屆期未改正者，得處罰鍰新臺幣金額，下列何者正確？ (A) 30,000 元以上 60,000 元以下 (B) 10,000 元以上 40,000 元以下 (C) 6,000 元以上 30,000 元以下 (D) 3,000 元以上 10,000 元以下。

（D）87. 租賃住宅市場發展及管理條例施行前已經營代管業務或包租業務者，自施行之日起，得繼續營業期間，下列何者正確？ (A)至多半年 (B)至多 1 年 (C)至多 3 年 (D)至多 2 年。

（A）88. 租賃住宅市場發展及管理條例施行前已訂定租賃契約，其租賃期間持續至本條例施行之日以後，下列何者正確？ (A)得不適用本條例規定 (B)應適用本條例規定 (C)禁止適用本條例規定 (D)當事人不得約定適用本條例規定。

（B）89. 租賃住宅市場發展及管理條例施行前已訂定委託管理租賃住宅契約，其委託管理期間持續至本條例施行之日以後，下列何者正確？ (A)應適用本條例規定 (B)得不適用本條例規定 (C) 禁止適用本條例規定 (D)當事人不得約定適用本條例規定。

（C）90. 租賃住宅市場發展及管理條例施行前已從事代管業務或包租業務之租賃住宅管理人員，自本條例施行之日起，得繼續執業之年限，下列何者正確？ (A)至多半年 (B)至多 1 年 (C)至多 2 年 (D)至多 3 年。

（C）91. 下列何者，屬租賃住宅市場發展及管理條例所稱之租賃住

宅？ (A)供休閒為目的之住宅 (B)供旅遊為目的之住宅 (C)租賃期間超過 30 日之居住使用住宅 (D)政府經營管理之社會住宅。

（A）92. 某甲將所有住宅出租予某乙，其租賃契約並無轉租之約定，依租賃住宅市場發展及管理條例之規定，下列何者正確？ (A)某乙經某甲另以書面同意後，始得將該住宅轉租 (B)某乙經某甲口頭同意後，即可將該住宅轉租 (C)某乙得自行決定將該住宅轉租 (D)某乙得經某甲父親書面同意後，即可將該住宅轉租。

（B）93. 依租賃住宅市場發展及管理條例之規定，承租人毀損租賃住宅，不為修繕或相當之賠償。出租人提前終止租賃契約，應依規定期限，檢附相關事證，以書面通知承租人，下列何者正確？ (A)終止契約前至少 7 日 (B)終止契約前至少 30 日 (C)終止契約前至少半個月 (D)終止契約前至少 2 個月。

（C）94. 依租賃住宅市場發展及管理條例之規定，承租人遲付租金或費用，達 2 個月之租額，經催告仍拒繳。出租人提前終止租賃契約，應依規定期限，檢附相關事證，以書面通知承租人，下列何者正確？ (A) 終止契約前至少半個月 (B)終止契約前至少 7 日 (C)終止契約前至少 30 日 (D)終止契約前至少 2 個月。

（D）95. 依租賃住宅市場發展及管理條例之規定，出租人為重新建築而必要收回。出租人提前終止租賃契約，應依規定期限，檢附相關事證，以書面通知承租人，下列何者正確？ (A)終止契約前至少 30 日 (B)終止契約前至少 7 日 (C)終止契約前至少 2 個月 (D)終止契約前至少 3 個月。

（A）96. 依租賃住宅市場發展及管理條例之規定，承租人因疾病、意外產生有長期療養之需要，欲提前終止租賃契約者，且出租人不得要求任何賠償，應依規定期限，檢附相關事證，以書面通知出租人，下列何者正確？ (A)終止契約前至少 30 日 (B)終止契約前至少 20 日 (C)終止契約前至少 7 日 (D)終止契約前至少 2

個月。

（B）97. 依租賃住宅市場發展及管理條例之規定，租賃住宅未合於居住使用，並有修繕之必要，經承租人定相當期限催告，而不於期限內修繕。承租人欲提前終止租賃契約者，且出租人不得要求任何賠償，應依規定期限，檢附相關事證，以書面通知出租人，下列何者正確？ (A)終止契約前至少 20 日 (B)終止契約前至少 30 日 (C)終止契約前至少 7 日 (D)終止契約前至少 2 個月。

（C）98. 依租賃住宅市場發展及管理條例之規定，因不可歸責於承租人之事由，致租賃住宅之一部滅失，且其存餘部分難以繼續居住。承租人欲提前終止租賃契約者，且出租人不得要求任何賠償，應依規定期限，檢附相關事證，以書面通知出租人，下列何者正確？ (A)終止契約前至少 7 日 (B)終止契約前至少 20 日 (C)終止契約前至少 30 日 (D)終止契約前至少 2 個月。

（D）99. 依租賃住宅市場發展及管理條例之規定，因第三人就租賃住宅主張其權利，致承租人不能為約定之居住使用。承租人欲提前終止租賃契約者，且出租人不得要求任何賠償，應依規定期限，檢附相關事證，以書面通知出租人，下列何者正確？ (A)終止契約前至少 7 日 (B)終止契約前至少 14 日 (C)終止契約前至少 21 日 (D)終止契約前至少 30 日。

（C）100. 依租賃住宅市場發展及管理條例之規定，租賃住宅服務業之委託管理租賃住宅契約書，下列何者正確？ (A)由租賃住宅服務業負責人簽章 (B)應指派租賃住宅業務人員簽章 (C)應指派專任租賃住宅管理人員簽章 (D)應指派租賃住宅行銷人員簽章。

（D）101. 依租賃住宅市場發展及管理條例之規定，租賃住宅服務業之租賃契約書，下列何者正確？ (A)由租賃住宅服務業負責人簽章 (B)應指派租賃住宅業務人員簽章 (C)應指派租賃住宅業務人員簽章 (D)應指派專任租賃住宅管理人員簽章。

（A）102. 依租賃住宅市場發展及管理條例之規定，租賃住宅服務業之住宅

租賃標的現況確認書，下列何者正確？ (A)應指派專任租賃住宅管理人員簽章 (B)應指派租賃住宅工程人員簽章 (C)應指派租賃住宅業務人員簽章 (D)由租賃住宅服務業負責人簽章。

（B）103.依租賃住宅市場發展及管理條例之規定，租賃住宅服務業之屋況與附屬設備點交證明文件，下列何者正確？ (A)應指派租賃住宅工程維修人員簽章 (B)應指派專任租賃住宅管理人員簽章 (C)應指派租賃住宅業務人員簽章 (D)由租賃住宅服務業負責人簽章。

（C）104.依租賃住宅市場發展及管理條例之規定，租賃住宅服務業之租金、押金及相關費用收據，下列何者正確？ (A)應指派租賃住宅業務人員簽章 (B)應指派租賃住宅會計人員簽章 (C)應指派專任租賃住宅管理人員簽章 (D)由租賃住宅服務業負責人簽章。

（D）105.依租賃住宅市場發展及管理條例之規定，租賃住宅服務業之退還租金、押金證明，下列何者正確？ (A)由租賃住宅服務業負責人簽章 (B)應指派租賃住宅會計人員簽章 (C)應指派租賃住宅業務人員簽章 (D)應指派專任租賃住宅管理人員簽章。

（B）106.依租賃住宅市場發展及管理條例之規定，出租人委託代管業時，其住宅租賃契約，下列何者正確？ (A)代管業應指派租賃住宅會計人員簽章 (B)免經代管業簽章 (C)代管業應指派租賃住宅業務人員簽章 (D)代管業應指派專任租賃住宅管理人員簽章。

（C）107.依租賃住宅市場發展及管理條例之規定，出租人委託代管業時，其住宅租賃標的現況確認書，下列何者正確？ (A)代管業應指派租賃住宅會計人員簽章 (B)代管業應指派租賃住宅業務人員簽章 (C)免經代管業簽章 (D)代管業應指派專任租賃住宅管理人員簽章。

（B）108.依租賃住宅市場發展及管理條例之規定，租賃住宅服務業應將其受託管理、承租或轉租租賃住宅相關資訊，提供直轄市、縣

（市）主管機關之期限，下列何者正確？ (A)應於每年結束後 30 日內 (B)應於每季結束後 15 日內 (C)應於每半年結束後 10 日內 (D)應於每月結束後 5 日內。

（D）109. 保全業經營代管業務，依租賃住宅市場發展及管理條例之規定，直轄市、縣（市）主管機關得處公司負責人罰鍰新台幣金額，下列何者正確？ (A) 10,000 元以上 30,000 元以下 (B) 20,000 元以上 50,000 元以下 (C) 30,000 元以上 100,000 元以下 (D) 40,000 元以上 200,000 元以下。

（A）110. 不動產經紀業未具代管業資格者，經營代管業務，依租賃住宅市場發展及管理條例之規定，直轄市、縣（市）主管機關得處公司負責人罰鍰新台幣金額，下列何者正確？ (A) 40,000 元以上 200,000 元以下 (B) 30,000 元以上 100,000 元以下 (C) 20,000 元以上 50,000 元以下 (D) 10,000 元以上 30,000 元以下。

（C）111. 中華民國 107 年 6 月 27 日前已經營代管業務或包租業務之公司，依租賃住宅市場發展及管理條例之規定，得繼續營業期間，下列何者正確？ (A)至多半年 (B)至多 1 年 (C)至多 2 年 (D)至多 3 年。

二、租賃住宅管理人員訓練發證及收費辦法

（C）1. 中華民國租賃住宅服務商業同業公會全國聯合會舉辦之管理人員資格訓練課程時數，下列何者正確？ (A)不得少於 40 小時 (B)不得少於 60 小時 (C)不得少於 30 小時 (D)不得少於 50 小時。

（D）2. 得參加中華民國租賃住宅服務商業同業公會全國聯合會舉辦之管理人員換證訓練之資格，下列何者正確？ (A)公私立高等中等以上學校畢業者。 (B)通過考試院舉辦高等、普通考試及格者。 (C)自學進修學力鑑定考試通過者。 (D)經登錄及領有管

理人員證書者。

三、租賃住宅服務業資訊提供辦法

（C）1. 依租賃住宅服務業資訊提供辦法，租賃住宅代管業與委託人提前終止委託管理契約，應提供直轄市、縣（市）主管機關之資訊，下列何者正確？ (A)提前終止委管契約之違約金 (B)提前終止委管契約書 (C)提前終止委管契約之日期及原因 (D) 提前終止委管契約之關係人。

（B）2. 依租賃住宅服務業資訊提供辦法，包租業與出租人提前終止包租契約，應提供直轄市、縣（市）主管機關之資訊，下列何者正確？ (A)提前終止包租契約之違約金 (B)提前終止包租契約之日期及原因 (C)提前終止包租契約書 (D)提前終止包租契約之關係人。

四、租賃住宅服務業營業保證金繳存、退還及基金管理委員會運作相關規範

（A）1. 依租賃住宅服務業營業保證基金管理委員會組織及基金管理辦法之規定，營業保證基金管理委員會開會應有委員一定比例以上出席，始得開議，下列何者正確？ (A)至少 2/3 (B)至少 1/3 (C)至少 1/4 (D)至少 3/4 。

（A）2. 依租賃住宅服務業營業保證基金管理委員會組織及基金管理辦法之規定，營業保證基金管理委員會決議事項，應有出席委員一定比例以上之同意，始得決議，下列何者正確？ (A)至少 1/2 (B)至少 2/3 (C)至少 3/4 (D)至少 4/5 。

（C）3. 依租賃住宅服務業營業保證基金管理委員會組織及基金管理辦法之規定，營業保證基金管理委員會調處代為賠償案件，應於全國

聯合會受理日起幾日內，指派委員召開調處會議討論，下列何者正確？ (A)至多 10 日內 (B)至多 20 日內 (C)至多 30 日內 (D)至多 60 日內。

（D）4.依租賃住宅服務業營業保證基金管理委員會組織及基金管理辦法之規定，營業保證基金管理委員會調處代為賠償案件，應於調處結果審議決定後幾日內提報全國聯合會並通知當事人，下列何者正確？ (A)至多 30 日內 (B)至多 20 日內 (C)至多 15 日內 (D)至多 10 日內。

歡迎至本公司購買書籍

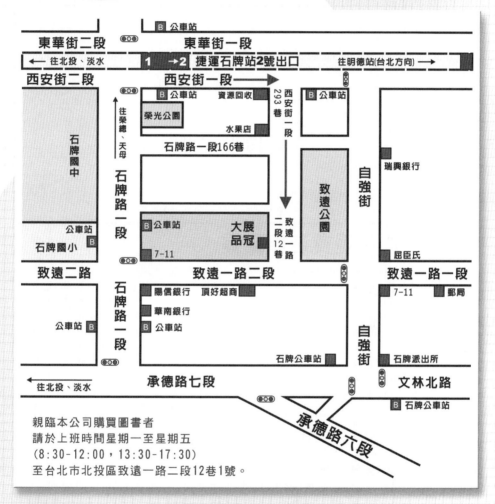

親臨本公司購買圖書者
請於上班時間星期一至星期五
(8:30-12:00，13:30-17:30)
至台北市北投區致遠一路二段12巷1號。

建議路線

1. 搭乘捷運

　　淡水信義線石牌站下車，由月台上二號出口出站，二號出口出站後靠右邊，沿著捷運高架往台北方向走(往明德站方向)，其街名為西安街，約80公尺後至西安街一段293巷進入(巷口有一公車站牌，站名為自強街口，勿超過紅綠燈)，再步行約200公尺可達本公司，本公司面對致遠公園。

2. 自行開車或騎車

　　由承德路接石牌路，看到陽信銀行右轉，此條即為致遠一路二段，在遇到自強街(紅綠燈)前的巷子左轉，即可看到本公司招牌。

國家圖書館出版品預行編目資料

住宅租賃法律彙編 /柯貴勝編著.
——初版，——臺北市，大展，2020 [民 109.09]
面；21公分—（物業管理；1）
ISBN 978-986-346-308-5（平裝）
1.租賃 2.住宅

584.385 109009742

住宅租賃法律彙編

編　　著 /柯 貴 勝
責任編輯 /艾 力 克
發 行 人 /蔡 森 明
出 版 者 /大展出版社有限公司
社　　址 /臺北市北投區（石牌）致遠一路 2 段 12 巷 1 號
電　　話 /（02）28236031，28236033，28233123
傳　　真 /（02）28272069
郵政劃撥 / 01669551
網　　址 / www.dah-jaan.com.tw
E-mail / service@dah-jaan.com.tw
登 記 證 /局版臺業字第 2171 號
承 印 者 /傳興印刷有限公司
裝　　訂 /佳昇與業有限公司
排 版 者 /菩薩蠻數位文化有限公司
初版 1 刷 / 2020 年（民 109）9 月　　　　　　定價 / 480元

大展好書　好書大展
品嘗好書　冠群可期

大展好書　好書大展
品嘗好書　冠群可期